U0540637

宋代家事审判研究

吕佳音 著

songdai jiashi shenpan yanjiu

法律出版社
LAW PRESS·CHINA
北京

图书在版编目（CIP）数据

宋代家事审判研究 / 吕佳音著. -- 北京：法律出版社，2025. -- ISBN 978-7-5244-0522-1

Ⅰ. D923.902

中国国家版本馆 CIP 数据核字第 2025CL6452 号

宋代家事审判研究 SONGDAI JIASHI SHENPAN YANJIU	吕佳音 著	责任编辑 王　曦 装帧设计 臧晓飞

出版发行　法律出版社	开本　A5
编辑统筹　司法实务出版分社	印张　11.625　　字数　259 千
责任校对　王语童	版本　2025 年 8 月第 1 版
责任印制　胡晓雅	印次　2025 年 8 月第 1 次印刷
经　　销　新华书店	印刷　北京中科印刷有限公司

地址：北京市丰台区莲花池西里 7 号（100073）
网址：www.lawpress.com.cn　　　　　销售电话：010-83938349
投稿邮箱：info@lawpress.com.cn　　　客服电话：010-83938350
举报盗版邮箱：jbwq@lawpress.com.cn　咨询电话：010-63939796
版权所有·侵权必究

书号：ISBN 978-7-5244-0522-1　　　　定价：58.00 元

凡购买本社图书，如有印装错误，我社负责退换。电话：010-83938349

前　言

一、本书研究目的和意义

（一）研究目的

民事法律以家族制度为核心，亲属继承等事亦同样重要。宋代法律史在家事方面有重要的发展，不仅反映地方经济的转变，而且密切影响人们的生活。宋代家庭结构在社会层面中发生了重大变化，进而家族的许多问题都与法律相关。当下受社会经济发展和思想多元化等因素影响，家事案件中离婚案件类型居高不下，由此带来了未成年人抚养、财产分割、老年人赡养、妇女权益保护等一系列问题，对社会稳定和谐造成了一定的冲击，也对法院审判工作提出了新的课题和要求。当前，法官审理家事案件的审判理念尚未完全转变，充分运用中华优秀传统文化的宝贵资源推进家事审判改革迫在眉睫。

（二）研究意义

有关宋代家事审判的理念、制度、机制、法文化的学术成果较为丰富，但有关家事审判的专门性学术成果阙如。相关研究多集中在史学方面的静态描述和考证上，而从民事法律角度对官方法律表达与动态的法律实践缺乏相关研究。同时，就研究时空来看,有关南宋和淮南、两浙、江南地区的研究成果集中,但忽视了北宋及河北、京东、河东区域有关家事审判的史料。鉴于国内外已有的研究成果,笔者将在这些前辈的研究成果基础上,将宋代家事审判的司法研究置身于整个中国历史的文化背景中进行考察。第一个视角是对家事审判身份、财产纠纷案件进行类型化分析,归纳宋代家事审判案件的特点,以及在这种特点下所形成的独有经验。第二个视角是从宋代司法理念、思维、审判方法中考察家事审判的内容。以此为我国家事领域法律制度的完善提供历史镜鉴。

二、本书理论观点、主要内容

(一)理论观点

所谓家事,是指家庭、家族和宗族之间有关人身与财产事宜。家事纠纷指宋代家庭、家族、宗族成员基于人身和财产之间发生的纠纷。所谓宋代家事审判,是指宋代司法官通过国家设立的司法机关,依据法、礼、习惯等规定,主要采取调解与判决方式,处理家庭、家族、宗族成员之间基于身份和财产关系而产生的纠纷。本文的核心任务就是在法律儒家化的背景下通过论述宋代家事审判身份、财产案件类型及特点,揭示宋代司法官在探求法理、事理、情理相结合的法律哲学原理中,处理家事案件的司法理念、思维和审判方法。他们秉持"循天理""参法意"的规范性和"达人情"的人文性审判价值理念,在遵循"和合"的整体思维、"天人合一"的实质思维、"经权之道"的衡平思维逻辑中,构建起"义理决讼"的法律体系解释、"察情·依因·据理"的三要素结合的法律论证、"依法·比附·疑谳"的综合权衡的法律推理方法。这些法律理念、思维和法律方法使家事法律在儒家化过程中得到了升华,同时也反映了"从身份到契约"的社会运动论断并不能描述宋代社会的发展转型现象。这也是笔者力图从传统中国的本土问题研究中寻找的家事审判特点和内在逻辑。

(二)主要内容

除前言、参考文献和后记外,本文共分为五章。

第一章为概论。概论部分对"家""户"的概念进行阐释,通过对家、家庭、家族、宗族的含义进行梳理,将古今家事研究对象进行对比分析,对"家事"的概念和范围作出界定。宋代家事审判主要涉及宋代司法官解决家事纠纷的理念、思维和方法。该部分以三个层次对"家事审判的理念""家事审判的思维""家事审判的方法"进行简要论述,最后依据宋代家事案件类型和现代法学中家事案件案由的划分标准,确定本书研究的家事审判范围。

第二章为宋代婚姻案件审判。本章论述了在家庭结构、社会经济和地方习俗的发展与变化的影响下,在"礼"的"理化"和"法化"的过程中,宋代婚姻纠纷呈现出礼法多元规范化解的审判和调解机制。该章将婚姻案件划分为婚约纠纷、非法婚纠纷和离婚纠纷三大类型进行动态考察,探究妇女、财产与家族之间在司法中的变化特点。在契约婚案件中,宋代司法官以礼法结合的整体性思维用法理阐释婚约订立的实质条件,注重审查契约婚中特殊情况下的案件事理,根据"察情·依因·据理"的三要素结合的法律论证,实质考察婚约的合法性,同时运用权衡的法律推理方法审理婚约的解除,兼顾案件的法理与情理。在非法婚案件中,虽然礼的等差仍然是婚姻缔结的规范要求,但是在司法实践中官府通过查明事理、参酌情理,对于因亲属犯奸导致婚姻无效,妇女的合法人身权益受损的情况,准予妇女离婚或改嫁。在此背景下,宋代社会"良贱不婚"反映了家事领域法律的儒家化。在离婚案件中,司法官对于婚姻的成立和解除会从礼法的体系化解释中阐述相关法条的法理,并从维护家庭和谐的大局入手,查明婚姻持续期间,夫妻双方的感情状况、家庭日常生活状态、子女生育情况等,查明导致婚姻纠纷的原因以及其中蕴含的事理和情理。司法官秉持"达人情"的审判理念,尽力使婚姻纠纷能够从社会源头治理,这也体现了法官在身份型案件中"无讼"的实质思维考量,对于处于弱势家庭身份妇女的生存和财产权利给予了一定程度的保护,力求婚姻纠纷的圆满解决。

　　第三章为宋代继承案件审判。本章从法律文本和司法实践两个角度考察宋代继承案件的审判类型及特点。法律文本的静态研究可对宗法制下"继承"的含义、宋代继承案件特点及总体类型进行概括分析,梳理宋代关于继承人(亲子、养子、继子、别宅子、义子、遗腹子、在室女、归宗女、出嫁女、寡妇)的法律制度规定。本章从司法实践中动态考察宋代继承案件的特点及类型,其中在法定继承案件中对宋代家庭成员围绕直系血亲、旁系血亲、宗族成员及外人关于立嗣权的诉讼纠纷进行考察,在财产继承案件中对宋代户绝案件和非户绝案件、遗嘱继承案件的特点及类型进行考察。在以上类型案件中通过研究当事人的诉讼请求、官府的争议焦点、案件的法律事实、裁判依据及裁判结果,揭示法官在整体性、实质性和衡平性法律思维中,借助法律体系解释、三要素结合的法律论证、综合权衡的法律推理方法阐清法理、讲明事理、说透情理的审判技艺。宋代法官对法律规则、法律原则、法律精神、法律事实的论证、法律利益衡量的审判方法,以"义理决讼"的方式进行释法说理的审判技艺,也是法律儒家化在家事领域中的体现。

第四章为宋代家产案件审判。本章从宋代家产的共财与私财的角度考察宋代家产案件的审判类型及特点。"共财"纠纷主要涉及：直系亲属之间（亲子、继子、继母、亲兄弟），旁系亲属之间（叔侄、堂兄弟）侵用未析分家产纠纷；族人关于墓祭田、墓木的纠纷。家产私财纠纷主要涉及父母养老田纠纷、族人亲邻权纠纷。在不动产亲邻先卖法中，司法官对于家族内各分支乃至各核心家庭的财产自主权在不同程度上予以保护和确认，对于卑尊争产诉讼纠纷，司法官从"天理"的公正性和正当性，维护卑一方的正当权益。司法官秉持"参法意"规范性的审判价值理念，以"明事理之义"的无讼实质思维，追求"情理法"衡平价值目标。在家产争诉案件中如法无明文规定时，则以民间习惯为参照或援引相似案例，使用三要素的法律论证和"法意人情一体"的权衡法律方法，保护经济秩序的稳定和交易的合法性。这一变化与家事中的婚姻纠纷和继承纠纷案件特点不同，家事法在家产纠纷中并未呈现出法律儒家化的趋势，而是以社会经济现实为基础，家产纠纷案件的伦理性特征较弱，这也是家族伦理在面对近代私法化中所作出的妥协，致使梅因提出的"从身份到契约"社会变化论断并不准确，应该陈述为"身份与契约"共存，预示传统家事法在近代社会转型中的巨大潜能。

第五章为家事审判的特征和启示。本章将宋代家事审判的总体特征归纳为包容性、伦理性、衡平性的特点。首先，如果我们将中国古代的家事审判和国外的家事审判进行比较，会发现前者体现的价值是以礼法结合为基础的综合社会治理。而后者过多地强调了法律在家事纠纷中的规范性，形成的是法律与道德的分离之治，忽视了道德在家事纠纷解决机制中的重要作用。其次，如果我们将古代的家事审判和今天的家事审判相比，会发现前者更具有伦理性的特征,宋代的家事审判伦理性特征,使其在"厚人伦、美教化、移风俗"中达到较好的社会治理效果,这种审判的伦理性主要体现在家事审判的情理法理一体化方式、家事审判对象的家庭角色伦理化、家事审判原则的司法说理道德化。最后,如果我们将宋代的家事审判方法与普通的家事审判方法相比,会发现前者更关注以法释明纪事,以经义通达说理,而且在家事判词说理中承载着理法情相融的抒情蕴藉思路。本章研究了宋代家事审判的理念、思维和方法,旨在宋代家事法官实现审判的"情理法一体"的价值追求中,提炼可参考的司法启示。宋代家事审判的规范性和人文性法律理念具有"和合"的整体性、"天人合一"的实质性、"经权之道"的衡平性法律思维。

三、研究方法

本书研究宋代家事审判的司法理念和审判方式,因此既要关注宋代家事审判相关文本中的法律规定,又要关注其在司法实践中的运行情况,需要对家事案件进行大量的分析与价值评判。

本书主要采用如下几种方法:

1. 文献分析方法。文献调研是立足于项目研究的需求,有针对性、有目的、有计划地查阅相关文献资料。笔者对现有的宋代家事审判方面的文献进行了梳理。就内容而言,可分为三种类型:一是判牍案例,如《名公书判清明集》《折狱龟鉴》《棠阴比事》等文献。二是法律类文献,如《宋刑统》《宋会要辑稿》《宋大诏令集》《庆元条法事类》《建炎以来系年要录》等。三是宋代名士的官箴世范文集等所记载审理案件的点滴领悟,有助于理解家事审判的具体运行,如陈襄的《州县提纲》、王安石的《临川文集》、司马光的《资治通鉴》、朱熹的《晦庵先生朱文公文集》、陈亮的《龙川文集》、黄干的《勉斋集》、刘克庄的《后村先生大全集》等。本书拟通过梳理上述档案资料,力图形成宋代家事审判的资料汇编,并尽可能呈现宋代家事审判案件的原貌。

2. 案例分析方法。笔者尽可能从宋代原始资料中搜索有关家事审判的个案和判例,可算作案例实证研究;再结合宋代社会变革与转型的时代背景,采用现代法律价值和理论来剖析宋代法官所秉持的审判理念、解纷方法、策略。追寻宋代法律在改革背景下的实施状况,对家事审判和民众的影响。从而总结宋代家事审判的历史启迪,可算作规范分析。

3. 法社会学研究方法。法社会学强调法律受到社会政治、经济、文化、宗教、道德、心理等诸多因素的影响。在过去的学术研究中,宋代法律史的主要关注点是对宋代立法状况和具体法律条文的静态解读。然而,本书试图利用动态法社会学这种与法律紧密相连的研究方法。如笔者运用法社会学"法律多元"的观点,在撰写宋代家事纠纷多元化解机制时,从组织和制度的角度考察家族转向中调解制度的变化,其中不仅考虑调解依据如国家法的作用,还考虑民间家法族规、乡原体例等在家事审判中的重要作用。

4. 比较分析法。研究既注重相关文献的比较分析,也注重历史和现实的比较分析,考察和概括唐宋转型中家事审判的特点,以此展示司法理念、司法制度和机制发展变化的路径和特征,注重立法理论和司法实践、身份与契约、伦理与规范的比较分析。

目 录

第一章 宋代家事审判概论 … 1
第一节 家事概念的界定 … 3
一、家的概念 … 3
二、家事的概念与范围 … 5
第二节 家事审判的理念、思维、方法与范围 … 8
一、家事审判理念 … 8
二、家事审判思维 … 16
三、家事审判方法 … 21
四、家事审判范围 … 29

第二章 宋代婚姻案件审判 … 32
第一节 宋代婚姻概述 … 32
一、家庭结构转变中的婚姻 … 32
二、从不问阀阅到以财定婚 … 35
三、地方习俗中的寡妇改嫁 … 38
第二节 宋代婚姻案件审判实践 … 41
一、宋代婚约案件争讼 … 42
二、宋代非法婚案件争讼 … 54
三、宋代离婚案件争讼 … 61

第三节 宋代婚姻案件成因 …………………… 90
第四节 宋代婚姻案件审判原则 ………………… 92
　一、重实情 …………………………………… 92
　二、重情理 …………………………………… 94
　三、重礼法 …………………………………… 95

第三章　宋代继承案件审判 …………………… 97
第一节 宋代继承概述 …………………………… 100
　一、宗法制下的继承原理 …………………… 100
　二、关于继承权的法律规定 ………………… 105
第二节 宋代继承案件审判实践 ………………… 147
　一、宋代继承案件争讼类型 ………………… 149
　二、关于立嗣权案件争讼 …………………… 162
　三、关于户绝继产案件争讼 ………………… 203
　四、关于遗嘱继产案件争讼 ………………… 211
第三节 宋代继承案件成因 ……………………… 219
第四节 宋代继承案件审判原则 ………………… 222
　一、明人伦 …………………………………… 222
　二、明事理 …………………………………… 223
　三、明均产 …………………………………… 224

第四章　宋代家产案件审判 …………………… 226
第一节 宋代家产概述 …………………………… 227
　一、"家产争讼"风尚 ……………………… 229
　二、"家产争讼"的私权化特色 …………… 240
第二节 宋代家产案件审判实践 ………………… 255
　一、宋代家产案件争讼类型 ………………… 257

二、关于家庭共财案件争讼 …………………………… 267
　　三、关于家庭私财案件争讼 …………………………… 288
　第三节　宋代家产案件成因 ……………………………… 305
　第四节　宋代家产案件审判原则 ………………………… 308
　　一、惟其是 ……………………………………………… 309
　　二、惟其理 ……………………………………………… 310
　　三、惟其公 ……………………………………………… 311

第五章　宋代家事审判的特征和启示 ……………………… 313
　第一节　宋代家事审判的包容性特征 …………………… 313
　　一、礼俗规范与法律规范和合的裁判依据 …………… 314
　　二、"律"典与其他法律形式和合的调整手段 ………… 316
　　三、规则理念与情理因素和合的裁判方法 …………… 318
　第二节　宋代家事审判的伦理性特征 …………………… 320
　　一、家事审判方式：情理法理一体化 ………………… 321
　　二、家事审判对象：家庭角色伦理化 ………………… 323
　　三、家事审判原则：司法说理道德化 ………………… 325
　第三节　宋代家事审判的衡平性特征 …………………… 327
　　一、情理法融通的经权之道 …………………………… 328
　　二、情理法融通的权变技术 …………………………… 330
　　三、情理法融通的衡平执中 …………………………… 331
　第四节　宋代家事审判对现代司法的启示 ……………… 334
　　一、法律解释层面：遵循"和合"整体性思维 ………… 336
　　二、法律论证层面：参考"天人合一"无讼理念 ……… 342
　　三、法律推理层面：借鉴"经权之道"的衡平原则 …… 347

后　记 ………………………………………………………… 355

第一章　宋代家事审判概论

唐宋变革与转型,是法律史学界探讨已久的话题,鉴于学界对唐宋社会"变革与转型"已从政治、经济、文化等角度进行了论证,本书不再赘述。但宋代法律史在家事方面有着重要的发展,与以往研究不同,本书主要从法律史学的角度论证宋代家事审判的"变革与转型"。

研究中国宋代的家事审判,首先要明确如下三个问题。

第一个问题是:何谓"家事"？本书所使用的家事概念,与当今家事概念是否相同？区别在哪？家庭、家族、宗族与家事有什么关联？这一问题在本书的写作中具有基础性的意义,这个问题直接牵涉本书研究对象的确定和史料分析的开展。

第二个问题是:何谓"审判"？笔者在拟题的过程中曾想将"审断"代替"审判"。因为古代文献中将审判二词进行组合使用的情况少,但本书主要探讨官方的"审判",它是以法律为依据,反映了立法者对家事审判的立场。本书中的"审判"是利用宋代史料和案例集如《名公书判清明集》探究宋代司法官处理家事纠纷的理念、思维和方法,因此,笔者不再拘泥于古今对于审判的文字组合差异,一律使用"审判"一词进行表述。

第三个问题是:如何认识与评价宋代家事审判？这与中国古代的司法文化密切相关。俞荣根教授提出中国古代法制体系是

"礼法体系",不仅包含历代的刑事法典,还有礼典、礼俗等,中华法系是以儒家思想为理论基础,标志就是法律的儒家化。宋代的家事审判正处于法律儒家化在家事方面的发展变化过程,应该从古代司法的精神、理念及法律方法这些层面对其进行认识与评价,如司法理念、司法精神、审判方法。司法理念是法官在履行司法审判职责时对法律精神所形成的理性认识和个人感悟,同时在对法律价值的阐释中所形成的一种思维观念模式,其内涵应当包含三个层面:第一个层面是国家层面的司法立场;第二个层面是司法过程中的观念及主导价值观;第三个层面是司法目的,即司法官的价值追求。审判方法泛指法官在审理案件过程中对当事人争议的事实和证据的认定及法律适用的思维方法和工作方法,主要表现的是动态的过程。

本书主要对家事审判案件的身份和契约进行类型化分析,揭示法官在审理家事案件中秉持的"规范性"和"人文性"家事审判理念,借助"据法循理、原情而断"的法律思维,具体表现形式为"原立法之意""明事理之义""参人情之礼"的整体性、实质性和衡平性的法律思维,构建"义理决讼"的法律体系解释、"察情·依因·据理"的法律论证、"依法·比附·疑谳"的综合权衡的法律推理方法,探讨宋代家事纠纷在社会变革中由伦理到秩序呈现的变化趋势,以此呈现古代中国家事纠纷在法律文本、制度与司法实践中呈现的儒家化形态,同时探讨了"从身份到契约"的社会运动论断是否能够描述宋代社会的发展转型现象,并分析其对后世的变化和影响。

第一节　家事概念的界定

一、家的概念

何谓家事？学界和实务界对于家事并无统一认识,在研究宋代家事含义之前,首先要对宋代的家、家庭、家族、宗族含义进行辨析。从社会学的角度对上述概念进行界定,家指建立在婚姻关系、血缘关系或收养关系基础上的人类共同生活的初级社会群体。① 关于家的含义,《说文解字》在第七卷下篇"宀"部中写道:"家,居也。从宀,豭省声。家,古文家。"②《说文解字注》中补充到,"省聲讀家,學者但見从豕而已,从豕之字多矣,安見其爲豭省耶。何以不云叚聲,而紆回至此耶。竊謂此篆本義乃豕之凥也,引申叚借以爲人之凥"③。从字形结构和功能看家最初是指猪(豕)居住的地方,因为猪的生殖能力强,古人就用猪来祈求多子多福。后来引申为人居住的地方。费孝通认为,从人类学的角度看,氏族是根据单系亲属原则所组成的社群,族是由许多家组成的。家族在结构上包括家庭。家庭是由亲子所构成的生育社群,即父母子所形成的团体。④

日本学者滋贺秀三认为要判别公法意义上的家和私法意义上的家。从公法意义上的家应该用"户"字表示,即是为了把家作

---

① 参见许传新、祝建华、张冀编:《社会问题概论》(第 2 版),华中科技大学出版社 2018 年版,第 130 页。
② (汉)许慎撰:《说文解字》(现代版),(宋)徐铉校定,王宏源新勘,社会科学文献出版社 2005 年版,第 390 页。
③ (清)段玉裁撰:《说文解字注·第七篇下》,中华书局 2013 年版,第 341 页。
④ 参见费孝通:《乡土中国　生育制度　乡土重建》,商务印书馆 2011 年版,第 40 页。

为公法上的课税对象。如唐的户令中"诸户主皆以家长为之"。这里涉及中国传统社会长期而普遍存在的法律主体——"户"。对于古代中国"户"的性质的认识，陈顾远认为从政事法上论家族制度，首先视家户为编组单位，其次认为家户是为政令所托，因此，"户"具有公法的性质。① 滋贺秀三认为，"户"属于公法领域，是公法的主体。赵晓耕认为，"户"具有公法性质是正确的，因为它是作为国家征税和社会控制的对象，同时户律多用刑罚手段加以保证实施。但是"户"也具有私法上的属性，因为当"户"经过户籍登记后，不仅获得公法上的主体资格，同时，也被国家赋予了民事主体的资格。"户"内的人口和财产经登记后获得了法律保护的资格。从财产的所有权看，宋代契约中经常以"户"表示财产所有权。如"罗琦诉罗琛盗去契字卖田"一案中，判词记载盗窃田契一事"理或有之"，但是罗琦手中并无一点凭证，通过核查民户簿册，又是兄弟合为一个户籍，无从考证夏税秋税退还缴纳的情况，"官司将何所凭退回交易？"② 因此，鉴于"户"的私法性，家事审判在财产类型案件中会牵涉家户之间的争财纠纷，本书将"户"纳入研究范围。私法意义上的家从广狭两义来分析，广义上总称家系相同的人们为家。滋贺秀三举了关东厅法庭鉴定人的话语来作为例证："所谓的家，指由同一个祖先分家而来的总称为一族的叫一家，因而亦称为同宗，又叫作一家子。"狭义上，将共同维持家计的生活共同体称为家。③

---

① 参见陈顾远：《中国法制史概要》，商务印书馆2011年版，第222页。
② 参见中国社会科学院历史研究所宋辽金元史研究室点校：《名公书判清明集》卷四《户婚门·争业上·"罗琦诉罗琛盗去契字卖田"》，中华书局1987年版，第102页。
③ 参见［日］滋贺秀三：《中国家族法原理》，张建国、李力译，商务印书馆2013年版，第57~61页。

二、家事的概念与范围

尽管前文对家一词进行了界定，但是也很难在具体情境中把握其与家族、宗族、家事等概念与范围的界定，因此，有必要进一步对相关概念和范围作一个简单的梳理和界别。

（一）家事的概念

我国古代宗族是以血缘与宗法伦理为基础，按亲属分类划分，最早记载见于《尔雅·释亲》中。宗族指本宗亲属，即自己出生所在与姓氏缘起的宗族，就是父亲所在的宗族。反映了以男性为中心的宗法思想。[①] 实际上，家庭本来是宗族系统下的组织单位，它的规模可以超过直系亲属范围，将族属成员亦包括在内。[②] 我国台湾学者杜正胜认为应该从五服制度来理解和界定家庭、家族、宗族这三个概念。依据《丧服传》记载内容，父亲和儿子构成了主要的家庭成员，而这个家庭成员的范围还可以扩大至与他们有共同祖先的人群。大功以外至缌服共曾高之祖不共财，可算作家族；至于五服以外的同姓虽共远祖，疏远无服，只能称为宗族。"家庭"是指那些共同生活或者家庭财产没有析分的家庭成员，而"家族"则是指处于五服范围内的亲属关系，"宗族"即是指超出五服之外的具有相同祖先的亲戚血缘关系。[③]

通过上述对家、家庭、家族、宗族的梳理后，我们再看宋代对

[①] 参见丁凌华：《五服制度与传统法律》，商务印书馆2013年版，第110~113页。

[②] 参见王善军：《宋代宗族和宗族制度研究》，人民出版社2018年版，第121页。

[③] 参见杜正胜主编：《中国式家庭与社会》，黄山书社2012年版，第20~26页。

"家事"含义的界定。

在《宋刑统》的"贼盗律"部分对家庭的定义中作出了相关规定,在法律条款"杀一家三人及肢解人"中明确指出:"同一户籍和具有周亲的亲属关系即是同一家庭成员。"①解释说明里进一步补充到,只要他们属于同一个户籍,即使不是血缘关系的亲戚也可以被视为一家人。可见法典对于家人的定义是指登记在同一户之下算是家人,宋人对于家人的含义范围较广。司法审判中对于宗族的范围可从《名公书判清明集》案例中分析,"范宽以富而凌虐其穷困之族叔,动辄以服绝为言,如此,则族之尊长皆可以服绝而毁辱之矣!"②宋代随着经济社会发展,大宗之法,不可以复立,借着"敬宗收族"赋予小宗法更多灵活性。世系也不再要求万世一系,可以"五世则迁"。由此可见,宋代家事主体范围进一步扩大到整个家族、宗族。笔者在本书中是从广义上使用"家事"一词,即家庭、家族和宗族之间有关人身与财产事宜,同时包含户的财产事项。家事纠纷指宋代家庭、家族、宗族成员基于人身和财产之间发生的纠纷。

(二)家事的范围

本书中的绝大多数家事纠纷是由民事法律规范进行调整的,但是家事纠纷具有隐私性和公益性,涉及人事关系复杂,引发民法和刑法相互关联问题,③其中一个重要问题就是"亲属相犯"。

---

① (宋)窦仪等详定:《宋刑统校证》,岳纯之校证,北京大学出版社2015年版,第238~239页。

② 中国社会科学院历史研究所宋辽金元史研究室点校:《名公书判清明集》卷十《人伦门·宗族·"恃富凌族长"》,中华书局1987年版,第392页。

③ 参见范愉主编:《多元化纠纷解决机制》,厦门大学出版社2005年版,第653页。

一些研究者认为,通过使用多种或者单一的行政、民事和刑事方法手段来保持正常的民事法律关系,这是古老的中国社会民事法律的显著特征,同时也是中世纪中国的法律体系相较于西欧和其他地区的法律体系所具有的最主要差异之处。有学者指出:"以行政、民事、刑事等多种或一种手段来维护正常的民事法律关系,正是古代中国民事法律的特点之一,也是中国古代民事法律与西方及当地民法的主要区别之一。"①"亲属相犯"在古时被高度重视,指的是家庭内部有血缘关系的人们之间的相互攻击和侵犯的行为,如辱骂、打斗、杀人、伤害或暴力强奸等,这些行为因为严重破坏了传统的社会道德规范和家庭伦理秩序,而受到古代法制的分级严厉处罚。宋代的具体法律规范是否属于古代家事法律范畴,通常考察它所调整的对象是否属于财产和人身关系。古今家事审判区别在于如何看待这些法律规范所采取的调整手段。第一类是符合今天家事法律概念的法律调整手段,如婚姻、继承、典卖、时效。涉及既有民事、刑事的法律调整手段,在古代中国的法律体系中占据大多数,调整对象虽具有民事性质,但调整手段明显属于行政性质或刑罚内容的法律规范,也应该纳入古代的家事法律范畴。② 如宋代家事审判过程中在婚姻案件和继承案件中会涉及亲属间互相侵犯的刑事行为,具体有亲属犯奸、婚姻期间的家暴、虐待、不孝行为等。因此,本书在论述家事案件时会结合宋代时代特征,在个案中将亲属相犯行为纳入家事审判研究的一个

---

① 赵晓耕主编:《身份与契约:中国传统民事法律形态》,中国人民大学出版社2012年版,第392页。
② 参见赵晓耕主编:《身份与契约:中国传统民事法律形态》,中国人民大学出版社2012年版,第7页。

方面。①

第二节　家事审判的理念、思维、方法与范围

家事审判过程蕴含着科学理性的审判理念、思维和多元复杂的法律方法。宋代家事审判是指宋代司法官通过国家设立的司法机关,依据法、礼、习惯等规定,主要采取调解与判决方式,处理家庭、家族、宗族成员之间基于身份和财产关系而产生的纠纷。本书所指的宋代家事审判主要涉及宋代司法官解决家事纠纷的理念、思维和法律适用方法。可见,宋代家事审判包含三个层次,每个层次都有具体的种类,下面对这三个层次的具体种类进行简要论述。

一、家事审判理念

理念是西方哲学史中的一个重要理论范畴,它在西方哲学意义上是一种基于认识和解释世界本质的普遍范型,这种普遍范型是一种理想的、永恒的、精神性的。② 柏拉图认为理念是事物的原因。③ 黑格尔论理念是自在自为的真理,是总念与客观性之绝对合一。④ 理念是法学家追求法治不断完善的动力和源泉。司法理念是法官对司法的职能、特性和应有运作方式的全面系统考量,

---

① 参见蔡锋主编:《性别与法律研究》,中国妇女出版社2010年版,第182~184页。
② 参见卞建林编:《现代司法理念研究》,中国人民公安大学出版社2012年版,第3~4页。
③ 参见张帆、李建群编:《中外哲学原著导读》(上篇),西安交通大学出版社2001年版,第62页。
④ 参见贺麟:《黑格尔哲学讲演集》,上海人民出版社2019年版,第202页。

这种思考在具体的司法体制模式中、司法组织机构中、司法流程程序等各类司法制度中得到了体现,并且在这些制度的实际执行过程中始终保持。审判理念是法官对于法律关系的自觉认识与表达,是在司法理念的指导下进行,并依据这种理念来把握与呈现司法中的审判关系结构。[1] 张中秋认为,传统中国的司法理念是"平",并通过"平"的制度建设和司法实践将"平"的司法理念落到实处。[2] 陈景良认为,宋代司法传统的两个基本面向是"理性思维的求真"与"价值关怀的向善"。[3] 基于宋代司法理念的思维理性和价值关怀,宋代的审判理念具有规范性和人文性的特点。审判理念是审判制度设计和审判活动展开的理论基础。学界已有研究考察古代审判能够依法而作出裁判,古代司法官具有秉持"理"规范性的审判理念。有学者认为,古代的审判者断案不仅按法而且是要依"理"。[4] "理"的观念在战国时就已出现,指事物的原理、条理、道理等。《庄子·则阳》:"万物殊理,道不私。"宋代程颐将"理"与"道"画上等号,名曰"天理"。宋程朱理学家把"天理"引申为义理之性,朱熹将天理与人伦相联系,天地之气转化为人的气质,即"气质之性"。而这种"性"是一种"仁"爱之"理",朱熹实现了将本体的理转化为人伦的性,建构了完整的以"仁、义、礼、智"为内容的道德原则体系。即宋明理学的"性理"。邓克铭

---

[1] 参见王申:《法官的实践理性论》,中国政法大学出版社 2013 年版,第 271 页。

[2] 参见张中秋、潘萍:《传统中国的司法理念及其实践》,载《法学》2018 年第 1 期。

[3] 参见陈景良:《跬步探微 中国法史考论》,法律出版社 2022 年版,"代序"第 12 页。

[4] 参见李平:《唐代判书中的审判推"理"模式及其当代启示》,载《法律史评论》2023 年第 2 期。

认为从现代法学的判断包括事实上、法律上和价值观念上三种判断,结合宋代"理"的概念,可从事理、法理及法之理念来判断宋代法规范应有伦理性。宋代"理"的规范性表现形式为天理、法理和事理。鉴于宋代士人关于"理"的规范性理解,宋代司法官的规范性审判理念可表述为"循天理、参法意、明事理"。

程颐认为"法"是世界存在物之一。"先王观雷电之象,法其明与威,以明其刑罚,饬其法令"。法与理的关系为"明事理而为之防者也"。① 法之理有两种性质:一是反映事物之条理,二是法应有之理念。他认为首要把握法律之意,即法的最高指导理念"夫法律之意,盖本诸经,先能知经,乃可议律"。② 首先,天理是法之理念的规范性表达。天理在宋代法与理的关系中不仅仅是代表"自然原理",而是将重心转移到道德范畴中,均在人的道德自觉。天理是宋代社会共同遵守的规范,而法也具有此目的,其制定具有正当性,从属于天理。天理作为传统法文化意义上的理想法,人们通常从规则、价值两个层面理解。天理从规则上被视为一种自然法则。蔡枢衡先生在法律史领域指出,在法哲学上所提到的理想法或自然法,即相当于儒家所认为的"天"或"天道";而按照朱熹的观点,天理在道德层面体现为以"仁"为核心的道德价值范畴。朱熹曾说:"须知天理只是仁、义、礼、智之总名,仁、义、礼、智便是天理之件数。"宋代司法官认为依循天理对法律规范进行调适,天理是法的理念。吴雨岩认为"听讼之法,公则平,

---

① 参见梁韦弦:《程氏易传导读》,齐鲁书社2003年版,第194页。
② 参见潘富恩、徐庆余:《程颢程颐理学思想研究》,复旦大学出版社1988年版,第427页。

私则偏"①。他认为处理母子兄弟之间的诉讼应该依循天理平心处断。

其次,作为一种理性的思维,法律思维是一种规范性思维。西方法律文化中的核心概念是理性,中国传统法律文化并未有理性词汇的运用,而是"性理"。宋代法哲学观念是理中寻法,参详法意。朱熹所谓的法理为"下学是事,上达是理。理在事中,事不在理外。一物之中,皆具一理。就那物中见得个理,便是上达"②。现代法学认为法理作为法律的前提,是法律构筑自身体系的逻辑支点。发现法理,进行法理思维都要围绕着对法律规则和现实案例的理解和分析而展开。法理在宋代表现出多种含义:(1)法律规则。如宋真宗在《训刑铭》中云:"明谨刑狱,恻怛温旨。金科玉条,毫析铢累。夫何大吏,灭弃法理。逮于郡邑,滥用笞箠。"③(2)法律原则。范西堂在"漕司送下互争田产"案件中所言:"立法之初,盖自有意""且如田诉,自有专条,引条定断,一言可决"。④(3)正当性的法律精神。如有判词中写道:本司法官对于涉及孤幼的诉讼,尤其不敢草率审理判决,务求"务当人情,合法理"杜绝后患,其他事项一并按拟定判决施行,发文县衙予以配合,具文张榜于集市。⑤

---

① 中国社会科学院历史研究所宋辽金元史研究室点校:《名公书判清明集》卷十《人伦门·母子·"母子兄弟之讼当平心处断"》,中华书局1987年版,第361页。
② (宋)黎靖德编:《朱子语类》卷四十四《论语二十六》,王星贤点校,中华书局1986年版,第1141页。
③ 曾枣庄、刘琳主编:《全宋文》第13册卷二六三《宋真宗 五二》,上海辞书出版社、安徽教育出版社2006年版,第159页。
④ 中国社会科学院历史研究所宋辽金元史研究室点校:《名公书判清明集》卷四《户婚门·争业上·"漕司送下互争田产"》,中华书局1987年版,第120页。
⑤ 中国社会科学院历史研究所宋辽金元史研究室点校:《名公书判清明集》卷七《户婚门·立继·"房长论侧室父包并物业"》,中华书局1987年版,第233页。

最后,是事理,其涉及案件的来龙去脉、本来面目和前因后果。① 宋代判词中涉及的事理是有关案件的事实及其根据与理由。理在此就包含有:一是描述性作用,说明事物的"所以然之故";二是规范性的作用,说明事物的"所当然之故"。② 事理依据此项作用,在内容上可分为:(1)事物本然之理,事物存在的理由,如自然规律,不以人的意志为转移。(2)事情应然之理,人们按照一定的行为规范或标准去行动的理由,可以理解为常理。但是这中间又往往掺杂着诸理,如伦理、法理、情理,不能够完全从中分析辨别。③ 宋代判词中的事理包括事物运行变化的规则和论理法则的方式,以此明辨事理,作为案件事实判断的准则。④ "缪氏子母何以御之?万一信唆教之言,不遵当职之判,越经上官,争讼不已,则何氏之业立见破荡尽净,此其事理之所必至也。"⑤

人文性是宋代审判理念的特点,它的表现形式是情理。人情是传统法律文化中的重要因素。梁治平认为,人情是法治精神的体现,他在《法意与人情》中提及古代司法官员是基于人情而作出变通的裁判。讲人情是中国传统法律文化的特点之一。情理在古代审判实践中语义丰富,其有指向天理伦常、人伦情感的意思,

---

① 参见刘树德:《无理不成"书":裁判文书说理23讲》,中国检察出版社2020年版,第292页。
② 参见黄勇:《道德铜律与仁的可能性》,上海交通大学出版社2018年版,第156页。
③ 参见李平:《唐代判书中的审判推"理"模式及其当代启示》,载《法律史评论》2023年第2期。
④ 参见邓克铭:《宋代理概念之开展》,台北,文津出版社1993年版,第220页。
⑤ 中国社会科学院历史研究所宋辽金元史研究室点校:《名公书判清明集》卷五《户婚门·争业下·"僧归俗承分"》,中华书局1987年版,第139页。

还有包括事理即事物存在的理由、案件的实际情况。① 情理在家事裁判中可作为一项非正式法源。② "情理"一词的解析可以从"情"与"理"两个方面的角度来考虑。"理"这个词被滋贺秀三理解为不仅是在处理问题时的逻辑原则,同时还包括了适用于相似事物的普世法则。对于"情"这一概念,其内涵是多元化的,这正是深入研究中国的情本文化的关键所在。"情"字首先指情节、情况等事实关系;其次是人之常情,即日常生活中普通人的真实感受和心理反应;最后,它还可以象征着在如友情般的场景中,人际的友善关系。综上,情与理相互联结和补充,构成了中国式的理智(良知)。③ 寺田浩明认为,情理论很难揭示在具体个案中依照什么样的基准成为正当性的审判理论。在审判进行顺利的情况下合乎情理才能成为有效的正当性根据。情理尽管是地方官处理纠纷的基本准则,但却不是对于大众同样适用的客观规范。可见情理论并未能提供一个全面的说明,也不是一个个具体审判的正当性基础本身。④ "情理"这个词汇被黄宗智定义为一个多层面的复合表达方式,它既能传达出"天理"和"人情"中蕴藏的伦理道德价值,同时也能体现出以常规思维审视案件时的现实性和实用性。("理"在这里作通俗的"道理"解释)

---

① 参见李德嘉:《允执厥中:情理在古代法官法律发现过程中的作用》,载《人大法律评论》2018年第3期。
② 参见李帅、黄颖:《情理在法律裁判中的运用——以家事裁判为例》,载《法律方法》2017年第2期。
③ 参见[日]滋贺秀三:《清代诉讼制度之民事法源的概括性考察——情、礼、法》,范愉译、王亚新校,载王亚新、梁治平、赵晶编:《明清时期的民事审判与民间契约》,法律出版社2022年版,第43~50页。
④ 参见[日]寺田浩明:《权利与冤抑——清代听讼和民众的民事法秩序》,王亚新译,载王亚新、梁治平、赵晶编:《明清时期的民事审判与民间契约》,法律出版社2022年版,第258页。

范忠信等人认为,古代中国式的观念中情理法是三位一体的。"情理"在有些场合并不一定指"天理和人情",而是指日常的道理,这种道理并不是指摆不上桌面的"人情"。从理论上讲,法律应该尽量符合"情理",虽然理论上应尽可能使法律与"情理"相符,但实际上很难实现这一目标。除已纳入法律的某些"情理"之外,许多"情理"仍散落在法律之外。① 俞荣根提出天理、国法、人情形成一个三角形关系,"天理"代表的是天之道和天之理,"国法"代表的是帝王之法、天子之法。"人情"在这一序列关系中不是私情,而是"民情""民心"。"天理"为最高依据,体现的内容就是民情和民心,"国法"要顺应民情,服从民心。② 崔明石提出从事实与规范的角度对宋代名公判案中"情"的含义进行分析:一是包括事理,含有案件事实的意思;二是表达的是规范。人情或法意在具体的案件中成为司法官员判案的依据。《名公书判清明集》中的"情"例句指向为:(1)人情,包括习俗(良俗)、人际关系(亲人之间的伦理秩序、邻里之间的友好关系)、情感(公序)、私情、事实、人之常情。(2)事情,包括情节、情况。③ 焦宝乾指出事实与规范并不是二元对立的,而是一个双向运行的过程,这种法律决策不是简单的形式逻辑推理,而是要借助其他手段来体现,比如辩证推理和实质推理。④

---

① 参见范忠信、郑定、詹学农:《情理法与中国人》(修订版),北京大学出版社2011年版,第24~26页。
② 参见俞荣根:《天理、国法、人情的冲突与整合——儒家之法的内在精神及现代法治的传统资源》,载《中华文化论坛》1998年第4期。
③ 参见崔明石:《事实与规范之间:情理法的再认识——以〈名公书判清明集〉为考察依据》,载《当代法学》2010年第6期。
④ 参见焦宝乾:《事实与规范的二分及法律论证》,载《法商研究》2005年第4期。

笔者认为,情理要先从情理的单个词含义进行解析,情含有情感、人际关系、公序良俗、案件实情之意;理是一种行为规范和判断标准,是人们在日常生活中使用的基本准则,含有常情、常理、常识之意。① 再结合情理规范在法律论证和法律推理中的类型属性,如在法律论证中情理在入法前作为事实规范从客观事实、价值事实进行论证分析,情理如何连接个案事实与之相对应的规范,价值事实规范发挥着民事法律事实规范对客观事实的违法性价值的初次评判功效,告知民众如果违反该事实规则,将可能涉及民事法律方面的违法性评价,但是这种表面看起来符合构成民事违法行为的价值事实,实际上并不具有实质法意侵害性,并不能作为入罪化处理。依据规范事实是指民法规范面对实质法意侵害事实,能够依据民法的法意保护原则和比例原则将情节严重的客观事实作为民事违法行为判断的依据事实的规范类型。司法官在法律推理中将规范依据事实分层级进行分析,情理在入法后呈现为立法目的或者法律原则,可作为裁判依据。司法官通过情理使个案事实能够与规范依据事实相互契合。② 宋代判词通过讲明情理中的三层级事实:(1)客观事实(案件实情),如胡石壁在"妻已改適谋占前夫财物"案中写到"但其男张良贵,系是张巡检之子,与徐巡检之家有何干预,而辄横与词诉,意在骗胁,情理可憎,合示薄罚,决竹篦二十,押出本府界"③。(2)价值事实(人情和事理),如在"双立母命之子与同宗之子"案件中,仓司在

---

① 参见王静:《同案同判下司法技术与情理的平衡》,载《法学论坛》2022年第1期。
② 参见熊波:《论刑法事实规范的层级区分方法》,载《社会科学》2022年第12期。
③ 中国社会科学院历史研究所宋辽金元史研究室点校:《名公书判清明集》卷十《人伦门·夫妇·"妻已改適谋占前夫财物"》,中华书局1987年版,第378页。

拟笔过程中提到"稽之条令既如此,参之情理又如此,欲牒鄂州,具照已行,并立黄臻、黄禹龙二人,将关书二本,当官抽拈为定,仍依旧付毛氏掌管"①。(3)规范依据事实(公理、法理、事理和人情),如范西堂在案件"因奸射射"中明确祖先立法,②就是参酌了人情和公理。

"祖宗立法,参之情理",其中祖宗立法就是明确需要参酌的人情和公理,无不体现在国法中,如果违背人情、违逆公理,不能够成为法律而传于后世。宋代司法官的人文性审判理念可表述为"达人情"。宋代司法官析法酌情的审判思维和情法两平的审判技巧成为历代后世审判艺术的典范。吴恕斋在"执同分赎屋地"案中提到仔细审阅案卷,研究案情,"则于法意人情"尚有应当参考斟酌之处。其他土地田地,不许他人赎回也可以。但涉及祖坟的田地,被不肖子孙卖掉,稍有仁孝之心的后人设法赎买回来,这个本意是好的,怎么能不允许赎回呢?"此人情也。"③

二、家事审判思维

法官思维依托于法的理念、规则和方法。法官的法律思维主要是指在处理案件时,通过逻辑推断,准确地理解案件中涉及的法律问题和法律条款规定,并真正掌握相关法律条款规定所设定的价值观、精神内涵和立法目标,并在此基础上正确运用法律,解

---

① 中国社会科学院历史研究所宋辽金元史研究室点校:《名公书判清明集》卷七《户婚门·立继·"双立母命之子与同宗之子"》,中华书局1987年版,第222页。
② 参见中国社会科学院历史研究所宋辽金元史研究室点校:《名公书判清明集》卷十二《惩恶门·奸秽·"因奸射射"》,中华书局1987年版,第448页。
③ 参见中国社会科学院历史研究所宋辽金元史研究室点校:《名公书判清明集》卷六《户婚门·赎屋·"执同分赎屋地"》,中华书局1987年版,第165~166页。

决社会争端。① 审判的方式和结果是由法官的思维决定的。法学在英国和美国,并不是以一种"学术"来传授的,而是作为一门"技艺"传授,这种以法律实践理性技艺是一种特殊的法律 tech(技能)。这种"审判"与"艺术"的结合都源自实践和理论之间的问题。② 家事法学的伦理性法治是中华法系的核心特征之一,中华法系注重从整体上构建整个文明秩序,它精深的机理使得"天理""国法""人情"能够相互结合,不受法律技术层面如立法、审判的局限性操作,能够塑造古代传统法理和社会治理的协同机制,为中华优秀传统法文化提供滋养源泉。③ 这就要结合我国的国情、文化背景,综合考量法、理、情等因素,才能提高民众对法治的认同。④ 宋史专家吴钩曾在《宋:现代的拂晓时辰》中叹赏道:"大宋名公的司法理念与仲裁技艺,纵是千载之下,也未过时。"宋代司法官在规范性和人文性的价值理念指导下,遵循思维路径为整体观中的社会治理技艺,实质观中的非讼化解矛盾,衡平观中的经权之道运用,促进家事纠纷从总体上进行考量,得到实质性的纠纷化解。

首先,宋代判词说理体现的是整体观中的社会治理技艺。判词说理的核心在于彰显中国法律的情理文化精神,判词背后体现的是司法官释法说理的思维路径,展现了儒家提倡的"和合"思

---

① 参见王军伟:《试论职业法官思维的构成及特性》,载法律图书馆2005年11月3日,http://www.law-lib.com/lw/lw_view.asp?no=6226。
② 参见郑戈:《韦伯论西方法律的独特性》,载李猛编:《韦伯:法律与价值》,上海人民出版社2001年版,第6页。
③ 参见张文显:《中华法系的独特性及其三维构造》,载《东方法学》2023年第6期。
④ 参见刘树德:《无理不成"书":裁判文书说理23讲》,中国检察出版社2020年版,第384页。

维。"和合"可作为代名词,意指中国古代官员的综合性思维。它喻示万事万物虽不相同,但可以通过调和不改变其内在本质。①"和合"蕴含着不同性质的文化元素,在不同语境下确保它们能够和谐共生,维护个人之间的和睦相处,社会之间的和谐有序,国家之间的安全稳定。②"和合"是中华优秀传统法律文化,它的表现形式为整体思维,说明古代司法官审理案件提炼的不仅仅是一门司法技术,而且是一种社会治理的技艺。③ 司法官断案的裁判依据具有多元性,同时还要兼顾天理和人情,这就需要法官具有整体性的裁判思路。其中关注的正是司法实践中不能忽视的情理。《名公书判清明集》记载"夫欲弃其妻诬以暧昧之事"一案,④为了达到与被告虞士海离婚,诬告虞士海与他人通奸。司法官胡石壁查明此案属于原告江滨叟诬告作为被告的妻子通奸,被告不符合离婚"七出"的条件,依据法律规定是判不离的。但从情理剖析本案夫妻情义已尽,可以判离。"迁延岁月,使虞氏坐困,不愿复合。"于是判决离婚。"虞士海既称情义有亏,不愿复合,官司难以强之,合与听离。"孔子曰:"夫礼,先王以承天之道,以治人之情。"⑤司法官以整体化思维方式结合个案的"情"与"理",以法律为依据、准确适用法律、释明法理,正确理解立法目的和法律

---

① 参见龙大轩:《道与中国法律传统》,商务印书馆2022年版,第42~43页。
② 参见陈松青:《文化视域下的社会主义核心价值观培育和践行》,武汉理工大学2020年博士学位论文,第70~71页。
③ 参见里赞:《司法或政务:清代州县诉讼中的审断问题》,载《法学研究》2009年第5期。
④ 参见中国社会科学院历史研究所宋辽金元史研究室点校:《名公书判清明集》卷十《人伦门·夫妇·"夫欲弃其妻诬以暧昧之事"》,中华书局1987年版,第380页。
⑤ (清)阮元校刻:《十三经注疏·礼记正义》卷第二十一《礼运第九》,中华书局2009年版,第3063页。

原则。

其次,古代纠纷的解决注重遵循实质思维逻辑中的非诉化解模式。判词的释法说理功能不仅要依法裁判,而且还要关注个案的情理,实现法律效果和社会效果的有机统一。苏力曾经强调,在中国追求法治的过程中,最关键的并不是照搬西方的法律制度,而应更加关注中国人在传统情理文化环境中形成的行为模式。这就需要参考古代"天人合一"的法哲学观,采用"无讼"的实质思维。① 对于古代的人们来说,他们认为宇宙是由对立和协调构成的一个完整体系,这个协调体现在了所有事物的有条不紊中,而且自然的概念被视为世界起始的源头,人类也被纳入其中,也就是所谓的"天人合一"。古代社会希望达到"天人合一",自然与社会井然有序,整个社会的矛盾与事物都能有机统一,从而达到均衡。这种"天人合一"的思想反映到司法上就是追求"无讼",在家事审判中司法官以"无讼"理念实质考量个案的情理法,非诉化地处理家事纠纷。《名公书判清明集》中记载了吴雨岩审理的"母子兄弟之讼当平心处断"一案。② 原告韩闶携母亲一起状告兄长韩应之"不孝",法官经审理查明系原告诬告兄长,若依法定罪,韩闶则为不悌之罪、韩应之则为不孝、不友之罪。对韩闶采取刑讯逼供,使其认罪服法,既伤母亲之心,又损害兄弟之情,审判结果未能体现民意,恐怕会酿成一起冤假错案。最终此案以法官居中劝解、母子三人和好审结。可见裁判文书中不仅要讲清

---

① 参见吕丽、潘宇、张姗姗:《中国传统法律制度与文化专论》,华中科技大学出版社 2013 年版,第 185 页。
② 参见中国社会科学院历史研究所宋辽金元史研究室点校:《名公书判清明集》卷十《人伦门·母子·"母子兄弟之讼当平心处断"》,中华书局 1987 年版,第 361 页。

法理,而且同时要结合案情讲明事理和讲透情理,①促进家事纠纷的实质化解。

最后,"情理法一体"的衡平法制原则。法律不可能对所有生活领域没有遗漏地作出规定,它总是不够完备的。在面对法律规范冲突的时候,法官对于不同基本权利与利益之间的衡量是确立以何法解决问题的一种独立技术。宋代司法官在面对案件事实无法轻易地涵摄在法律规范之下时,通过在裁判文书中融通情理法,使得法内要素和法外要素之间能够连接,提高裁判的可接受度。② 他们以"情理"变通法律,追求的是法律原则和事实规范之间的衡平性。通过考察情理在司法实践中的运用,法官根据情理进行逻辑推断,用衡平法制原则通观个案的法理与情理,这样才能在法律规范与法律事实推理中实现逻辑自洽,提高裁判结果的社会认可度,追求情理法之间的价值衡平。③ 胡石壁在"典卖田业合照当来交易或见钱或钱会中半收赎"判词中曰:"殊不知法意人情,实同一体。"④殊不知国法与人情实际上同为一体,既不可曲从人情而违反国法,也不可固守国法而违背人情。"权衡于两者之间"即国法与人情两者之间权衡,做到上不违反国法,下不违背人情,那么就能顺畅而没有弊害了。宋代家事判词能够将法律评价和道德评价有机结合,同时释明法理、阐明事理、讲明情理,增进

---

① 参见江必新:《坚持法理情的统一 切实让人民群众感受到公平正义》,载《人民司法》2019 年第 19 期。

② 参见[德]托马斯·M.J.默勒斯:《法学方法论》,杜志浩译,李昊、申柳华、江溯、张彤校,北京大学出版社 2022 年版,第 811~813 页。

③ 参见张本顺:《"法意、人情,实同一体":中国古代"情理法"整体性思维与一体化衡平艺术风格、成因及意义》,载《甘肃政法学院学报》2018 年第 5 期。

④ 中国社会科学院历史研究所宋辽金元史研究室点校:《名公书判清明集》卷九《户婚门·取赎·典卖田业合照当来交易或见钱或钱会中半收赎》,中华书局 1987 年版,第 311 页。

民众对司法裁判的法律认同和情理认同。

三、家事审判方法

宋代家事审判方法指宋代司法官在家事审判中的法律适用方法,包括法律解释、法律论证和法律推理三种形式。

首先为"义理决讼"的法律体系解释。宋代司法官重视法律中的义理,即法理,源自宋代经学中对义理之学的重视,宋易之学的特点之一是《周易》的高度哲理化,[①]尤其是程颐易学由具体的"义理"向抽象的"天理"转变。"因天地交际之道,明否泰不常之理,以为戒也。"朱熹在《易象说》中说:"直据辞中之象以求象中之意,使足以为训戒而决吉凶。"[②]朱熹易学的最终目的在理。在《名公书判清明集》记载的"从兄盗卖已死弟田业"案件中,该案法官结合多个法条规定和案件实情,保护善意第三人的合法权益。以法律体系解释阐明义理,司法官在判词中指出朱府是著名贤人的门第,"举动悉循理法",绝对不肯从事这样的交易,未必不是被丘庄与家奴之辈所误导。[③]

其次为"察情·依因·据理"的三要素结合的法律论证。法律论证中对事实命题的推理方法要求司法官要仔细甄别法律规范中各类型的事实要件。法律论证体现的是司法官对于实质法意的保护原则,因此宋代司法官注重对案件事实和价值予以区分,且在此基础上结合情理对于事实类型予以细化,通过判词法

[①] 参见朱伯崑:《易学哲学史》(第2卷),华夏出版社1995年版,第8页。

[②] 曾枣庄、刘琳主编:《全宋文》第251册卷五六三七《朱熹 二一〇》,上海辞书出版社、安徽教育出版社2006年版,第206页。

[③] 参见中国社会科学院历史研究所宋辽金元史研究室点校:《名公书判清明集》卷五《户婚门·争业下·"从兄盗卖已死弟田业"》,中华书局1987年版,第144页。

律论证区分释法与说理的不同,用现代法学话语表达就是区分裁判依据和裁判理由的不同。陈兴良认为法的形态从层次上应当区分事实、价值和规范。这就要从伦理学上诉源此思想的出处,休谟和康德提出在事实与价值的基础区分上,可将伦理学作为一种价值判断进行总结。摩尔在此基础上将伦理学问题划分为三类:一是元伦理学的问题,研究"什么是善"的伦理学的本质问题。二是伦理学理论问题,研究哪些事物其本身为善,即作为目的的善。三是伦理学实践问题,研究如何达到善的行为,即作为手段的善。由此联系法学史中自然法、实在法、行动中的法的发展历史,法社学在自然法与实在法的二元区分基础上,提出行动中的法命题,突破了理念的法与规范的法二元格局,对法学研究具有重要的意义。[①] 有学者引用华严宗等佛教宗派中的"事理论"思想,结合南宋理学家在《易经》中的狱讼五卦(噬嗑、贲、丰、旅、中孚),意指狱贵明"情"思想,由此提出事实与规范的二元区分理论,并说明这种理论为宋代独有的断由制度所吸收,在该制度中详细包含事理、"因依"、法律事实。但该学者并未结合宋代司法实践来说明事理如何适用,仅以事实与价值区分的观点有些以偏概全。[②]

邓克铭认为,宋代的事理从研究什么是理的元问题入手,北宋诸儒关于事理并没有形成统一的意见,这就为研究如何通过具体的事物认识事理奠定了基础,[③]北宋通过性理研究,联系实在的

---

① 参见陈兴良:《法学:作为一种知识形态的考察——尤其以刑法学为视角》,载《刑事法评论》2000 年第 2 期。
② 参见王小康:《"法"中求"理":南宋士大夫的法律哲学与裁判方法》,中南财经政法大学 2021 年博士学位论文,第 90 ~ 91 页。
③ 参见邓克铭:《宋代理概念之开展》,台北,文津出版社 1993 年版,第 23、36、55 ~ 56、220 页。

经验生活来观察事理,摆脱依附佛教或老庄来认识事理,朱子最终成为集大成者,将事理、性理等统一于一"理"的规范中。邓克铭又联系宋代理概念在法律适用中的实践来阐述事理,在事实与规范的基础上,进一步重点关注价值理念,他认为宋代的司法官并不一定在判决书中写到"事理",但是综合观察判词的内容可知,事理作为判断案件事实真伪的标准,是一般人或者社会通行的规范性观念,最终司法官以此作出价值评断。卡尔·拉伦茨曾说过要理解法规范就必须要挖掘其中所包含的评价以及该评价的作用范围;在适用规范时,应依据规范来评价待判断的事件。①综上,对于法律论证中的事实规范,可围绕案件的客观事实、价值事实、依据规范事实进行三要素区分,以此能够显示出事实与规范的良性互动。② 宋代法律论证是建立在查清案件事实的基础上。这种重事实的客观性源自宋代易学。宋易的特点是强调经学的经世致用。唐代李鼎祚在《周易集解》的序言中说:"郑则多参天象,王乃全释人事。"③朱子的《周易本义·中孚》卦辞解曰:中孚䷼的卦象由两个阴爻和四个阳爻组成,卦象的结构"为卦二阴在内,四阳在外",相当于"木在泽上,外实内虚"④。暗含《离》䷝象,朱子通过《易经》儒学阐述狱贵明情之意。宋代司法官在用比附进行法律论证时要遵守"理法"规则,即狱讼的实情和法律的公理。

公家的事由官吏处理,遵循规则为"是非有理,轻重有法"。

---

① 参见[德]卡尔·拉伦茨:《法学方法论》(第6版),黄家镇译,商务印书馆2020年版,第276页。
② 参见熊波:《论刑法事实规范的层级区分方法》,载《社会科学》2022年第12期。
③ (清)李道平:《周易集解纂疏》,中华书局1994年版,第5页。
④ 参见(宋)朱熹撰:《周易本义》卷之二《周易下经·中孚》,廖名春点校,中华书局2009年版,第209~210页。

不能因一己私利违背公理,也不能因顺从人情曲枉法律。① 翁浩堂在"业未分而私立契盗卖"中,用儒家经义进行案例比附,②讲明事理"此皆是彦德起意并包,利取全业,指侄为儿,名不正则言不顺,此仲乙所以不伏,此非理破荡之由也"③。宋代司法官员不仅要尊重事实的客观性,而且注重法律论证过程中的价值判断,对价值事实和依据规范事实进行区分,秉持公理心运用法律规范对生活事实进行综合价值考量,即在事实与价值之间进行互动。司法官通过明确的犯罪事实和相应的法律规定,由地方郡县政府向中央宪司机构提交申请并等待裁定,这被称为详细审查;如果案件中存在与实际情节不符的过重的处罚或过于宽松的情况,且"事有疑虑,理可矜悯",则应由中央宪司机构将情况上报给皇帝"具因依缴奏朝廷",通常情况下会得到宽大处理,这就是所谓的呈报案例,此项制度被纳入了法律典章规定。④ 综上,宋代家事审判中的法律论证在事实、法律和价值三分法理论基础上,可用宋代语境下的三要素词语进行概括描述即"察情·依因·据理"。

最后为"依法·比附·疑谳"的综合权衡的法律推理方法。综合权衡的法律推理方法是古代经权之道司法技巧的体现。⑤ 经权之道源自儒家经典,也是古代官员们最常采纳的从政理国的政

---

① 参见中国社会科学院历史研究所宋辽金元史研究室点校:《名公书判清明集》卷一《官吏门·申儆·"谕州县官僚"》,中华书局1987年版,第6页。

② 参见马凤春:《"例"的法律史研究》,中国政法大学出版社2020年版,第30页。

③ 中国社会科学院历史研究所宋辽金元史研究室点校:《名公书判清明集》卷九《户婚门·违法交易·"业未分而私立契盗卖"》,中华书局1987年版,第303页。

④ 参见刘琳等点校:《宋会要辑稿》第14册《刑法四之五七》,上海古籍出版社2014年版,第8477页。

⑤ 参见肖建新:《论朱熹的法制思想》,载《北大史学》2007年。

治策略,司马迁曾说:作为一名合格的大臣,必须了解和熟悉《春秋》这部书,它会让你明白如何处理常规事务,而不是"守经事而不知其宜",学会应对突发事件的方法,而不是"遭变事而不知其权"①。经权的思想可以追溯到中国哲学的原典《易经》。东汉郑玄综合各家意思,提出"易有三义",他在《易赞》及《易论》中说:"易一名而含三义;易简一也,变易为权。"通过简易对经权关系从总体上进行把握。它是司法官在衡平法制原则论证过程中对于经权之道的灵活运用。

有学者将南宋的狱讼裁判方法从大体上分为"稽者有律,当者有比,疑者有谳",该学者引用陈锐在《宋代的法律方法论——〈以名公书判清明集〉为中心的考察》(2011年)一文中的观点,认为宋代名公断案时运用的法律方法如演绎论证、类比论证和价值衡量,可与传统的"经学诠释学"、"比附"及"与涵摄相类似的推理"方法类比,由此用现代法学的词语可表达为:"稽者有律"可对应演绎推理,"当者有比"可对应比附类推,"疑者有谳"可对应援理造法,意思是援引儒经礼义进行法律续造。该观点为笔者区分宋代法学方法与法律方法作出铺垫。② 陈锐提出宋代法律方法论证模式主要是演绎论证、类比论证、价值衡量,他总结出宋代名公在进行法律说理时,交叉运用多种法律论证方式进行论证。古代的法律方法与西方的法律方法具有不同的特点,虽然从形式上不似亚里士多德的逻辑学,但确有实质追求论证的可靠性。③《法理

---

① (汉)司马迁:《二十四史全译·史记》卷130《太史公自序》,安平秋编译,汉语大词典出版社2004年版,第1556页。
② 参见王小康:《"法"中求"理":南宋士大夫的法律哲学与裁判方法》,中南财经政法大学2021年博士学位论文,第178~180页。
③ 参见陈锐:《中国传统法律方法论》,中国社会科学出版社2020年版,第135~138页。

学》(马克思主义理论研究和建设工程重点教材2010年版)一书中将法律推理的种类分为两种类型:形式推理和实质推理。形式推理主要是运用演绎推理、归纳推理和类比推理解决法律问题的方法。"稽者有律"与"当者有比"可归入形式推理中的演绎推理和归纳推理;根据宋代法律方法实质追求论证的可靠性,"疑者有谳"应归入实质推理,方能体现宋代法律方法中的实质论证和推理的特点。

胡仁智认为,两汉国家的司法权力结构在地方上表现为一般情况下依据法律的明文规定,但是专杀之权由郡县的守令专断。刘颂将裁判程序主要分为"主者守文"、"大臣释滞"以及"人主权断",因此胡仁智认为两汉的司法格局可概括为"主者守文""大臣释滞""人主权断"。但是她又指出宋代的官吏能够真正依据法律条文来"守文"会受到诸多其他因素的影响,如何运用现代法律术语描述古代法律方法,还是要结合法律儒家化的时代背景进行研究,尤其在与伦理密切相关的家事审判领域。①

经权之道是宋朝权衡法律方法的体现,"经"代表了法律的原则,"权"表示灵活变通处理事情的方式。宋代司法官判决不仅需要遵循法律法规的明确规定,还需依据具体案例中的情况作出相应的变通调整,这就体现了宋代法律方法的实质论证。因为古代司法官审判的要旨在于解决纷争、恢复和谐。为了避免司法官根据个案随意进行出入人罪,凭借个人的喜好选择具体的论证模型,因此就需要将法的解决方案置于法律方法的检验步骤之下,

---

① 参见胡仁智:《两汉郡县官吏司法权研究》,西南政法大学2007年博士学位论文,第155、158~159页。

提高判词说理的正当性。① 宋代家事案件的法律适用中的优点是权衡法律方法在判词说理中的运用。法官需要在具体案件中权衡各种论证模型，以此检验何种合理的论证为在法律上最有说服力的解决方案。综上结合法律方法论，从宋代家事审判释法说理的角度出发，考察宋代司法官注重权衡的实质法律推理方法，可将宋代法律推理方法概括为由形式推理的"依法"与"比附"推理方法，到注重说理的法律效果实质推理的"疑谳"推理方法，即"依法·比附·疑谳"的综合权衡法律推理方法。

宋孝宗乾道三年（1167年）国家在正月发布诏令，强调刑事案件事关重大"狱，重事也"，案件的审理首先必须遵循法律的规定即"稽者有律"，如果法无明确规定的情况下，可以参照之前类似案例的审判即"当者有比"，而对于重大疑难案件的审理则需要集体进行复查审议和讨论即"疑者有谳"。② 这条诏令的大意就是有律文可以稽查以作根据，有断例可以参照，有疑难则申请复审。确立了"稽者有律"的法律优先论证规则，这也符合南宋初年律令混乱的时代背景。"除刑部许用乾道刑名断例，司勋许用获盗推赏例，并乾道经置条例事指挥，其余并不得引例"。③ "国家以法为本，以例为要，其官虽贵也，其人虽贤也，然而非法无决也，非例无行也"。④ 由于立法者制定的抽象法律规范永远无法与个

---

① 参见［德］托马斯·M. J. 默勒斯：《法学方法论》，杜志浩译，李昊、申柳华、江溯、张彤校，北京大学出版社2022年版，第815~817页。
② 参见汪圣铎点校：《宋史全文》卷二十四下《宋孝宗二》，中华书局2016年版，第2041页。
③ （元）脱脱等撰：《二十四史全译·宋史》卷199《志第一百五十二 刑法（一）》，许嘉璐、安平秋、倪其心编译，汉语大词典出版社2004年版，第4094页。
④ （宋）叶适：《叶适集·水心别集》卷十五《外稿·上殿札子》，刘公纯、王孝鱼、李哲夫点校，中华书局1961年版，第834~835页。

案事实直接对接起来,需要结合个案具体化,以形成适用于个案的规范。这就涉及法的续造。法的续造包括法律漏洞的填补。类推适用和目的性扩张就是法律漏洞填补的方法。①"当者有比"即比附类推,是宋代司法官运用的法律漏洞填补方法,宋代继承了唐代的比附推理方法。"岂为在律无条,遂使独为侥幸"(《唐律疏议·贼盗律》)意即参照法律对某种犯罪的处罚,对性质相近的犯罪比附断案,作出处罚。"凡律、令、敕、式或不尽载,则有司引例以决。"②宋代也相继编纂《熙宁法寺条例》《崇宁断例》《绍兴刑名疑难断例》等,为比附类推断案提供法律依据。③

比附类推规则是为了初步证明推定某种法律解决方案的合理性。"有司所守者法,法所不载,然后用例。今引例破法,非理也。"④当然为了限制司法官吏在比附类推中的随意自由裁量权,最终还是需要权衡优先规则、比附类推规则的适用余地。⑤高宗曾说:"但恐诸路灭裂,实有情理可悯之人,一例不奏,有失钦恤之意。"⑥"疑者有谳"就是司法官吏需要探究与权衡法律的价值、当事人的利益,以此提高释法说理的正当性。"其自今革玩习之弊,

---

① 参见雷磊:《法理学》,中国政法大学出版社2019年版,第177~183页。
② (元)脱脱等撰:《二十四史全译·宋史》卷210《志第一百五十四 刑法(三)》,许嘉璐、安平秋、倪其心编译,汉语大词典出版社2004年版,第4140页。
③ 参见中华文化通志编委会编:《中华文化通志 第6典 学术法学志》,上海人民出版社1998年版,第219页。
④ (元)脱脱等撰:《二十四史全译·宋史》卷199《志第一百五十二 刑法(一)》,许嘉璐、安平秋、倪其心编译,汉语大词典出版社2004年版,第4092页。
⑤ 参见[德]托马斯·M.J.默勒斯:《法学方法论》,杜志浩译,李昊、申柳华、江溯、张彤校,北京大学出版社2022年版,第793~800页。
⑥ (元)脱脱等撰:《二十四史全译·宋史》卷210《志第一百五四 刑法(三)》,许嘉璐、安平秋、倪其心编译,汉语大词典出版社2004年版,第4142页。

明审克之公,使奸不容情,罚必当罪,用迪于刑之中,勉之哉,毋忽!"①

儒家的经权思想对于宋代的立法和实践产生了重要的影响,这种"执经达权"思想通过宋代司法实践的权衡推理方法得到贯彻实践。《朱子四书语类》中有言:"经是万世常行之道,权是不得已而用之,须是合义也。"这就是朱熹提出的"常则守经,变则行权"的思想,揭示了宋代家事裁判在经权思想影响中的理性说理要求。在天理、国法、人情、风习等多元因素的支配影响和综合协调作用下,司法官对案件进行了符合现实情况逻辑需求的适宜处理。②

四、家事审判范围

家事审判属于民事审判的范围,民事审判的依据源于民法。关于中国古代是否存在民法,学界展开多次争辩。瞿同祖曾提出:"中国古代民法不发达,这是很多人的共识。"徐道隣反驳道:"认为中国传统法律,没有民法与刑法之分。这是不对的。中国传统法中民刑之分,在诉讼法里表现得最为显露。"③陈顾远先生认为中国古代法制是"民、刑相分""诸法分离"。先生从实体与程序两方面对"民、刑相分"进行解析,就"实体法意义"而言刑属于刑事法,而民事法在礼,自西周开始礼与刑就分属两个领域,"出于礼"方能"入于刑";秦汉之后,规范财产、户口、婚姻、继承

---

① (元)脱脱等撰:《二十四史全译·宋史》卷200《志第一百五三 刑法(二)》,许嘉璐、安平秋、倪其心编译,汉语大词典出版社2004年版,第4122页。
② 参见顾元:《衡平司法与中国传统法律秩序——兼与英国衡平法相比较》,中国政法大学出版社2005年版,第107~110页。
③ 李广宇:《判词经典:从上古到南宋》,法律出版社2022年版,第313页。

等民事的礼,更与作为刑事法或刑法典的律并行不悖。就"程序法意义"而言,《周礼注疏·卷十·大司徒》郑玄注解:"争罪曰狱,争财曰讼。"①对于"诸法分离",陈顾远先生认为,中华法系在立法体例和编纂形式方面的特点表现为"泛文主义",即形式多样、内容繁杂。

古代法制不仅由礼包括的民事法、刑律代表的刑事法、令典标志的政事法,以及民约家规习惯法等所构成,还有礼制礼书、政令政典、乡规民约与家法族制存在。②学界很多法史学家通过列举各种史籍,证明古代中国民事诉讼无论是实体的审判制度还是诉讼程序,都呈现规范化的形态,笔者认同中国古代存在民法。但是涉及规模化、成文化的家事判例编纂,是在南宋才出现的。《名公书判清明集》中有关家事审判的案件范围划分标准分为三类:一是以法律关系划分为户婚门,涉及婚姻、财产、继承方面的纠纷。具体有:(1)争业、赎屋、抵当、争田业、争屋业、赁屋、争山、争界至;违法交易、取赎、坟墓、墓木、赁屋、库本钱、争财、婚嫁、离婚、接脚夫、雇赁。(2)立继、户绝、归宗、分析、检校、孤幼、孤寡、女受分、女承分、遗嘱、遗腹、别宅子、义子。

二是按照法律主体范围划分为人伦门,涉及父子、夫妻、兄弟、叔侄、宗族之间的纠纷。具体有:父子、母子、夫妇、兄弟、孝、不孝、乱伦、叔侄、宗族、乡里。

三是以亲属间侵害行为划分为惩恶门,涉及亲属相犯方面的纠纷。具体有:奸秽、诱略、告讦、妄诉、诬赖。由于家户之间的财产纠纷不仅涉及争财还有户绝检校,将另外在财产类型案件中作

---

① (清)阮元校刻:《十三经注疏·周礼注疏》卷第十《大司徒》,中华书局2009年版,第1525页。
② 参见陈顾远:《中国法制史概要》,商务印书馆2011年版,第390~391页。

为单章陈述。综上,宋代家事审判的范围包括婚姻、继承、财产类型的案件。因此本书根据《名公书判清明集》中家事案件类型和现代法学中家事案件案由划分的标准,将宋代家事审判调整对象以人身和财产分为大类,具体案由有婚约纠纷、非法婚纠纷、离婚纠纷、立嗣权纠纷、户绝继产纠纷、遗嘱继产纠纷、家庭共财纠纷、家庭私财纠纷。

第二章 宋代婚姻案件审判

本章将透过宋代史料中有关宋代家事婚姻类型案件探究宋代家事在司法中存在的各种问题,例如,作为审判对象中的家人主要矛盾是什么?作为审判者的士大夫对于家事纠纷的态度如何?是否愿意受理?审判的依据有哪些?审判过程中如何认定争议焦点、事实?如何进行推理和取证?如何定罪和量刑?审判的结果是否达到同案同判的效果?家事案件的判决有无可预期性、普遍性、一致性和稳定性的功能?有无达到公平公正、移风易俗和促进社会进步的结果?

第一节 宋代婚姻概述

婚姻法规是中国古代民事法律规范中的重要组成部分,随着家庭结构的变化,婚姻模式随之发生变化。婚姻逐渐由礼制变为由礼法调整,宋代的婚姻继承了唐代婚姻立法,但在婚约、结婚、离婚方面有了新的变化,这与中国古代家族制度发展密切相关。

一、家庭结构转变中的婚姻

在唐朝之前的时期,北方的政治型门阀贵族世家主导了家庭结构形态,他们的主要作用和效能在于确保并维护名门望族的社会身份地位，从而获得世袭独特享有的权利。然而自宋朝以降，随着科举制度的发展，士人阶级兴起，人们摆脱了过去世族门阀的控制，成了独立的个体家庭，家庭的结构和功能也有了一些新特点，如家庭趋于小型化，父家长权力增大。① 同时，宋代与唐代不同，户籍中不含奴婢之类的人，家庭人口的认定以血缘关系为标准，这使得宋代的家庭规模和结构不同于"唐型"家庭（祖父母、父母与子孙同居的三代同堂），稍微偏向"汉型"，即以夫妇及其子女组成的核心家庭为主体，与父母同居者不多，成年兄弟在一起同居更少，相当于两者的折中。② 宋代总结唐末五代的战乱，门阀世族"旧式的以血缘关系为纽带的宗族组织也随之崩溃"。宋代倡导新的家族组织，即以"敬宗收族"为特征的宗族制度逐渐确立，这种家族组织有两种形式，一是许多个体小家庭聚族而居，二是一个大家庭累世同居共财。③ 实践中宋代家庭特色更趋向于小家庭聚族而居，与法家青睐父权制小家庭有相似之处，强调父权的核心地位，但功能上又不同于秦法中的法家色彩，父权制大家族法制逐渐向私有产权实践妥协。④ 婚姻习俗在家庭结构转变中的发展与变化可概括为从"婚姻不问阀阅"到"以财定婚"。

宋代的婚姻制度在社会变革转型中，男女身份的不平等是最普遍的特征，但是随着家族制度的发展，逐渐在结婚、婚姻关系、离婚方面发生变化。古典的一夫一妻制取代对偶婚制，象征"文明时代开始的标志之一"。但也绝不意味着"男女间的和好"，而

---

① 参见邢铁：《宋代家庭研究》，上海人民出版社2005年版，第2~7页。
② 参见杜正胜编：《中国式家庭与社会》，黄山书社2012年版，第26~27页。
③ 参见李华瑞编：《"唐宋变革"论的由来与发展》，天津古籍出版社2010年版，第49~51页。
④ 参见赖骏楠、景风华：《法律儒家化未曾发生？——以家庭法制为中心》，载《学术月刊》2023年第2期。

是代表着妻子一方的一夫一妻制,男子对女奴隶的统治和多妻制。① 恩格斯在《家族、家庭、私有制和国家的起源》中阐述了这个观点。帝制时代的婚姻是一种古典的一夫一妻制,"男子的统治"是它的一个重要属性。"一夫一妇,不刊之制",意即一夫一妻制度是不可更改的规定。自古以来,唐朝的律典一直被认为是中国传统法律典章的代表之作,其中明确了一夫一妻制度是婚姻成立的基本要求,并严格限制一夫多妻制,即禁止重婚。《宋刑统·户婚律》照抄了唐律的条文并规定:"诸妻无七出及义绝之状,而出之者,徒一年半。"凡是妻子没有触犯七出及义绝的情由,丈夫却休弃的,处徒刑一年半。妻子虽然犯有七出,但是法条又规定了出妻的限制性条款,即妻子如果具备三不去的情由,丈夫依然休弃的,处杖刑一百,这几种情形下都要追回妻子继续复合成为夫妻。若犯恶疾及奸者,不用此律。[疏议曰]伉俪之道,义期同穴,一与之齐,终身不改。故妻无七出及义绝之状,不合出之。七出者,依令:"一无子,二淫泆,三不事舅姑,四口舌,五盗窃,六妒忌,七恶疾。"②

古典制的一夫一妻制具有极大的片面性,它是"妻子方面的一夫一妻制,而不是丈夫方面的一夫一妻制"。尤其在宋代君主独裁统治下,在小家庭模式下要求建立以户人为首,以父权为尊的家内秩序结构,女子在家从父,既嫁从夫的礼教规范被纳入法中,而且维护丈夫公开的或秘密的多偶制。即使妇女因为妒忌,

---

① 参见[德]恩格斯:《家庭、私有制和国家的起源》,载中共中央马克思恩格斯列宁斯大林著作编译局编译:《马克思恩格斯全集》第21卷《家庭》,人民出版社1973年版,第88~91页。

② (宋)窦仪等详定:《宋刑统校证》,岳纯之校证,北京大学出版社2015年版,第188~189页。

反抗这种事实上的一夫多妻制,法律不但不保护,而且皇权也会干涉司法,维护父权的象征、父权的地位。宋太宗太平兴国初年,王宾补为东头供奉官、亳州监军。王宾的妻子嫉妒蛮横,王宾难以驾驭,当时监军不允许带家属到任职的地方,其妻擅自到亳州。王宾将此事禀告皇上。太宗召来他的妻子,叫卫士揪住她,打一百杖,把她发配给忠靖士兵为妻,一天晚上死去。①

妇人的妒忌威胁到丈夫的官场前程和家庭地位,皇权暴力干预家事婚姻的例子也不多见。宋代法律规定丈夫可以对妻子行使"七出"的权力,采取文明的离婚有三种方式:(1)丈夫主动离婚:"出妻";(2)强制离婚:"义绝";(3)协议离婚:"和离"。而对于男方不能完全掌握离婚主动权,为维护家族秩序,国家权力干涉家庭婚姻也会发生,但这也反映了国家层面对于家庭内部父权制的维护。

二、从不问阀阅到以财定婚

婚姻制度随着家族制度的发展而变化,父权制小家庭模式下的身份伦理秩序也随之有所松动。按照这个逻辑推理,婚姻关系不太注重"门当户对",诚如史学大师郑樵的名言"婚姻不问阀阅",②那又问什么呢?恩格斯曾经表示过婚姻制度中的一夫一妻制并非基于自然条件下生成的,而是由经济要素条件决定的,也就是私人所有制战胜了最初的自然生长的公有制的结果,这种结

---

① 参见(元)脱脱等撰:《二十四史全译·宋史》卷276《列传第三十五 尹宪 王宾》,许嘉璐、安平秋、倪其心编译,汉语大词典出版社2004年版,第6300页。

② 张邦炜:《试论宋代"婚姻不问阀阅"》,载张邦炜:《宋代婚姻家族史论》,人民出版社2003年版,第39页。

构表现为以私有制为基础一夫一妻制度的家庭结构形式。① 宋东侠在《宋代厚嫁述论》一文中指出：宋代"商品经济的高度发展、义利观念的根本转变，导致婚姻关系中的门第婚让位于财婚，婚姻论财成为一种颇具时代特征的社会现象。这种社会现象又不可避免地促成遍及社会各个阶层的厚嫁风气，给当时社会造成极大的消极影响"。② 宋真宗年间，北宋官员王质曾经代理江陵府事务，有人控告有个百姓约定结婚日期而延误期限，这位百姓说因为贫困无钱办理婚事，所以违背约期。王质问这件婚事的费用是多少，拿出自己的钱资助他。③ 可见平民百姓对于婚姻费用的增加也是苦不堪言，因为婚嫁失时的情况都会闹到官府，而依靠官员私自资助的个例也不是长久之计。

宋代婚姻论财之风不仅造成子女婚嫁错失良辰，也产生了宗室联姻不限门阀、寡妇改嫁的现象。宋真宗以后，随着皇族人口的剧增，子孙繁衍，其中不乏"贫无官"者，④宗室出现贫困问题日渐严重。为扭转婚姻"不顾门户，直求资财"的社会倾向，宋神宗在即位不久后，于治平四年（1067年）秋七月下诏要求查报富人与妃嫔家联姻，攀附获取官职。⑤ 可见皇室对于宗室婚姻的标准首先要求就是门第，但是理想终归败给现实。宋神宗年间，宗室

---

① 参见［德］恩格斯：《家庭、私有制和国家的起源》，载中共中央马克思恩格斯列宁斯大林著作编译局编译：《马克思恩格斯全集》第21卷《家庭》，人民出版社1973年版，第77页。

② 宋东侠：《宋代厚嫁述论》，载《兰州大学学报》2003年第2期。

③ 参见（元）脱脱等撰：《二十四史全译·宋史》卷269《列传第二十八　王旭　王质》，许嘉璐、安平秋、倪其心编译，汉语大词典出版社2004年版，第6160页。

④ 参见刘琳等点校：《宋会要辑稿》第1册《帝系四之十九》，上海古籍出版社2014年版，第109页。

⑤ 参见（元）脱脱等撰：《二十四史全译·宋史》卷14《本纪第十四　神宗赵顼（一）》，许嘉璐、安平秋、倪其心编译，汉语大词典出版社2004年版，第213页。

有人把女儿卖嫁到民间,官吏奏请罢免他。监察御史里行彭汝砺上奏(对神宗说):"这虽然是远亲,却都是皇家的子孙后代,不能让民间卑贱之人拿财物来换取,希望改写婚法。"①皇帝因为财政冗费的原因,要对宗室人员费用进行裁减。熙宁二年(1069年)九月,宋神宗向陈升之、王安石询问道:"现在赋税收入不多,如何在用度上节约。"陈升之、王安石皆言"兵及宗室之费"②。但皇室又不情愿因为资财的缘故,让宗室血脉低嫁贱流,于熙宁十年(1077年)根据宗室血缘关系的远近,又诏:"应祖免以上亲不得与杂类之家婚嫁。"③但即使有这个规定,现实中也很难贯彻执行。北宋后期,民间婚嫁流行着家有县主封号的,明码标价:"每五千贯买一个。"帽子田家凭着雄厚的资财,以买为娶,多次婚买县主,以致"家凡十县主"。当时身为太皇太后的高后听到这件事情,气愤地说:"国家宁要汝钱也?是何门当户敌?"韩忠彦及王岩叟也只有附和安慰太后,皆曰:"人臣家亦求门户,不可不谨。"④

宋人慎于择婿,但皇室对于宗室婚姻不仅向下要求其恪守门当户对,又要向上管控其威胁到皇权,以防止宗室权臣联姻,如此看来娶公主也不一定是个美差。治平三年(1066年)九月,宋英

---

① 参见(元)脱脱等撰:《二十四史全译·宋史》卷346《列传第一百五 彭汝砺》,许嘉璐、安平秋、倪其心编译,汉语大词典出版社2004年版,第7702页。

② 刘琳等点校:《宋会要辑稿》第1册《帝系四之三二》,上海古籍出版社2014年版,第116页。

③ (元)脱脱等撰:《二十四史全译·宋史》卷115《志第六十八 礼(十八)嘉礼(六)亲王纳妃》,许嘉璐、安平秋、倪其心编译,汉语大词典出版社2004年版,第2232页。

④ (宋)李焘:《续资治通鉴长编》卷四百七十二《哲宗元祐七年四月戊午条》,上海师范大学古籍整理研究所、华东师范大学古籍整理研究所点校,中华书局2004年版,第11264~11265页。

宗发布禁令,禁止妃嫔公主以下推荐五服以内亲属的丈夫。① 为防止后妃公主培养自己的势力,以权谋私、插手皇族事务。宋神宗以加强宗室规范管理、避免党争为由,在熙宁二年(1069年)十二月癸亥朔,发布了诏令:复减后妃公主及臣僚推恩。宋哲宗在元祐三年(1088年)继续发布诏令,禁止宗室与内臣家联姻。② 元祐六年(1091年)五月己未初一国家出台了更加细致的规定,下诏:"因娶宗室女得以任官者,不超過朝請大夫、皇城使。"③可见,历代皇帝对于外戚干政还是保存戒备之心,宗室婚姻既不能用权谋私又不能论财致富,还要维持宗室表面封号的尊贵,实属不易!

三、地方习俗中的寡妇改嫁

前面提到宋代"直求资财"之风盛行,从贵族到平民皆不可幸免。而这种"直求资财"的风气又造成厚嫁之风,寡妇再嫁也是这一风气下的产物。这里需要厘清再嫁与改嫁两个概念的含义。学界争论在于将两者不时混为一谈。④ 首先从单个字的含义说起。《说文解字》谓"嫁":"女適人也。"清代段玉裁注解为:"妇人外成以出適人为家。按自家而出谓之嫁。至夫之家曰归。"⑤"再"字是"一举而二也"。注解为:"凡言再者重复之词"。⑥

---

① 参见(元)脱脱等撰:《二十四史全译·宋史》卷13《本纪第十三 英宗赵曙》,许嘉璐、安平秋、倪其心编译,汉语大词典出版社2004年版,第208页。
② 参见(元)脱脱等撰:《二十四史全译·宋史》卷17《本纪第十七 哲宗赵煦(一)》,许嘉璐、安平秋、倪其心编译,汉语大词典出版社2004年版,第264页。
③ (元)脱脱等撰:《二十四史全译·宋史》卷17《本纪第十七 哲宗赵煦(一)》,许嘉璐、安平秋、倪其心编译,汉语大词典出版社2004年版,第267页。
④ 参见柳立言:《浅谈宋代妇女的守节与再嫁》,载柳立言:《宋代的家庭与法律》,上海古籍出版社2008年版。
⑤ (清)段玉裁撰:《说文解字注》第十二篇下,中华书局2013年版,第619页。
⑥ (清)段玉裁撰:《说文解字注》第三篇下,中华书局2013年版,第160页。

"改"字所谓"更也"。① 其次从词语详析。《现代汉语词典》对于"改嫁"的解释是:妇女离婚后或丈夫死后再跟别人结婚。②"再嫁"的释义为:妇女再婚。从上述字的含义再到词语组合的释义推断,再嫁侧重从结婚次数阐释,改嫁侧重从婚姻效力和事实状态评析。那么,对于采用哪个词语能够准确陈述寡妇携带奁产再次嫁人的情况,还要从历史资料中结合查看。以北宋两大宰相争娶富婆寡妇柴氏为例,恰好也说明士大夫同样追求婚姻论财,何故如理学家所说"饿死事小,失节事大",宋朝因重视妇女贞节,而无厚嫁之风?

宋真宗咸平四年(1001年),薛居正儿子薛惟吉的寡妇柴氏"无子早寡,尽畜其货产及书籍论告,欲改适齐贤"。从宋史的书面记载看"改适"就是改嫁的意思,前提是"无子早寡"。再结合宋代出台有关妇女改嫁的规范文件,仁宗嘉祐四年(1059年)皇室出台规定:"宗妇少丧夫,虽无子不许更嫁。"此时担任大宗正的汝南郡王赵允让曰:"'此非人情',乃为请使有归。"③从这里可见寡妇"无子不许更嫁",上文在《说文解字》中已经解释过"改"字所谓"更也"。因此,史料中所用多为改嫁,笔者对学界有的观点认为改嫁的前提是丈夫休妻或妻子主动离异,而再嫁是丈夫先死的说法不敢苟同。既不适合用"再嫁"与"已婚"对比,也不宜用"再嫁"与"守节"对比,笔者认为用"改嫁"与"守节"倒是能反映史实。

---

① (清)段玉裁撰:《说文解字注》第四篇下,中华书局2013年版,第125页。
② 参见中国社会科学院语言研究所词典编辑室编:《现代汉语词典》(第7版),商务印书馆2016年版,第417页。
③ (宋)李焘:《续资治通鉴长编》卷一百九《仁宗嘉祐四年十一月庚子条》,上海师范大学古籍整理研究所、华东师范大学古籍整理研究所点校,中华书局2004年版,第4598页。

这里继续说柴氏能否顺利携带资产嫁给张齐贤的事,薛安上当然不想让她的继母携带巨款改嫁,于是就有继子薛安上"诉其事"。本案因为原被告牵涉两大中央官员,皇上也不想公开审理这桩家丑案件。"上不欲置于理,命司门员外郎张正伦就讯",想让双方私下和解,奈何"柴氏所对与安上状异"。柴氏的答辩状词与薛安上的诉状与不同,"柴遂言敏中尝求娶己,不许,于是阴庇安上"。真宗就询问向敏中柴氏所说是否属实。敏中言:"近丧妻不复议婚,未尝求婚于柴。"真宗信任宰相的话,就打算不再追究此案。但柴氏击鼓申冤,于是皇帝将此案件交由御史台审理。经御史台查明有关向敏中的案件事实为书证"并得敏中质宅"和盐铁使王嗣宗的证词"敏中议娶王承衍女弟,密约已定而未纳采"。且该证词又有王氏亲口承认,皇帝于是处罚"敏中前言为妄,罢为户部侍郎,出知永兴军"[①]。御史台同时也查明柴氏的状词是"齐贤子太子中舍宗诲教柴氏为词"。案件到此真相大白,两大宰相为资财争娶柴氏插手此案,皇帝同样处罚张齐贤,他被剥夺了太常卿的职务("齐贤坐责太常卿"),并被调往西京("分司西京")。张宗诲则是被贬为海州别驾("宗诲贬海州别驾")[②]。

从这里看出宋代妇女再嫁不难,社会舆论并不是普遍谴责女子改嫁,宋真宗之所以插手柴氏家事案件审理,是因为牵涉朝廷重臣以权谋财扰乱司法,不得已才出面干预,而且也没有谴责柴氏不为薛家守节。宋代男子选择妻子的标准"纵再醮者,亦可论之"。当然也不能触犯结婚的基本条件"同姓不婚","但知求好

[①] (元)脱脱等撰:《二十四史全译·宋史》卷282《列传第四十一 向敏中》,许嘉璐、安平秋、倪其心编译,汉语大词典出版社2004年版,第6428页。

[②] (元)脱脱等撰:《二十四史全译·宋史》卷265《列传第二十四 张齐贤》,许嘉璐、安平秋、倪其心编译,汉语大词典出版社2004年版,第6084页。

婿,都不思其姓氏"①。宋朝经济和家族制度的变化发展,对于宋人婚姻的影响是重大的。随着宋朝小家庭结构的转变,妇女、财产与家族制度发展仍值得深入讨论和研究。下面从南宋名公的案例集中透视宋代婚姻案件的司法特征,以此探究妇女、家族与司法之间的关联变化。

综上,宋代的婚姻在家庭结构、社会经济、地方习俗的发展与变化的影响下,由礼乐逐渐转变为礼法调整的民事法律关系,家事案件中的婚姻纠纷在"礼"的"理化"和"法化"过程中,呈现出礼法多元规范化解的审判和调解机制。②虽然随着家庭结构模式的转变,宋型家庭结构不同于唐朝的父权大家庭结构,而是三代五口之家的小家庭模式,体现了儒家伦理庶民化的趋势。婚姻的缔结和解除具有一定的自由度,出现了"以财定婚"、"不问阀阅"、寡妇改嫁盛行的民间风俗倾向,但由于宋朝实行的收宗敬族家族制度,婚姻案件具有伦理化的特征,国家在婚姻等级制度方面维护不同阶层人士之间的婚姻缔结和解除。

第二节　宋代婚姻案件审判实践

唐宋变革之际,科举举士兴起,家族制度发生变化,尤其是宋代以降,家族组织以东南地区血缘型为主要形态,其主要功能是敬宗收族。这种功能下要求家族组织是聚族而居的大家族,③但

---

① (宋)李昉等编:《太平广记》卷242《李睍》,中华书局2020年版,第3424页。
② 参见张学炳:《由礼乐到礼法——宋初理学转向中的张载礼法思想》,载《中国政法大学学报》2021年第2期。
③ 参见徐扬杰:《宋明以来的封建家族组织述论》,载《中国社会科学》1980年第4期。

是并不是宋朝家族存在的普遍形式。随着门阀氏族的衰落,与唐朝门阀氏族大家庭不同,宋代主要家族组织形式是独立小家庭模式,直系血缘关系成为维系小家庭独立性的纽带,即排斥了外人,如奴婢。这一时期也是婚姻观念和婚姻制度的转型期。一方面,国家倡导敬宗收族加强父权、夫权地位,强化宗族的社会功能地位。宋朝的婚姻关系从纵向父母子女关系、家族内部伦理关系、夫妻关系呈现伦理化色彩。另一方面,随着商品经济的发展,婚姻注重资财,从唐朝门阀世族衰落到宋朝独立小家庭出现,婚姻缔结向着契约化方向发展。① 这一变化使宋朝的婚姻纠纷与前朝不同。本节对宋代婚姻纠纷进行类型化考察,并透过婚姻纠纷来透视宋代司法官处理此类案件的理念、思维与方法。

一、宋代婚约案件争讼

《名公书判清明集》记录南宋时期的家事纠纷主要集中在卷四至卷十,共计230个案件。其中婚姻纠纷为19个案件。可见,官方记载的婚姻纠纷司法案件较少,并不是家事纠纷中的主要矛盾,但也能为我们提供宋朝婚姻纠纷的动态运行过程。宋代婚姻观念从"不问阀阅"到"论财"风尚的转变,使"买卖婚"现象较为严重,妇女的人身依附性加强,社会地位较弱。民众在婚姻中重利轻礼的不良习俗,要求司法官在处理案件的同时承担教化民众的义务,儒家法律呈现庶民化的倾向。民众在婚姻中依旧重视不同社会阶层主体的门第和等级界限,作为儒家士大夫阶层的司法官员重视考察婚姻案件中的伦常关系。宋代婚姻缔结符合礼和法的要求,对于违反礼法的非法婚案件,司法官严厉打击。男性

---

① 参见吴秋红:《责任、和谐:中国古代婚姻家庭法优秀传统的史鉴价值》,载《黄冈师范学院学报》2019年第1期。

虽在婚姻中享有法定的"七出"离婚权,但是司法官在审理案件中会根据案件实情和情理,审查双方的过错程度,保护妇女作为弱势群体的合法权益。本节将婚姻案件纠纷分为三类:婚约纠纷、非法婚纠纷、离婚纠纷,以此进行类型化的动态考察。

宋代随着经济的发展,文化较为昌盛。婚姻程式、习俗在继承唐代的基础已经日益成熟正规,然而在重财观念影响下,婚约的契约效力存在不稳定性,司法案例中常常有毁弃婚约的现象。司法官秉持"达人情"的理念,采用实质思维考察案件情理,力求衡平案件中的情理法关系。

(一)婚约案件争讼类型

(1)从婚约纠纷中可以推断宋代婚姻在于重视资财、不问阀阅。(2)宋代名公对于婚约纠纷处理依据礼法,承认婚约的效力。从案件审理结果看名公支持履行婚约的占50%、驳回履行婚约的判决占50%。(见表1)

表 1 婚约纠纷

序号	审判司法官	具体案件	审判结果	审判依据	案涉时间	案涉地点	出处
1	蔡久轩	妻逝之后不许悔亲	判决履行婚约	礼	未知	未知	页344《名公书判清明集》卷九《户婚门·婚嫁》
2	翁浩堂	女已受定而复雇当责还其夫	否定后立婚约,驳回原告请求	法	未知	未知	页345《名公书判清明集》卷九《户婚门·婚嫁》
3	胡石壁	嫂嫁小叔人状	承认婚约效力,驳回原告请求	礼、法、情	未知	未知	页344《名公书判清明集》卷九《户婚门·婚嫁》
4	刘后村	女家已回定帖而翻悔	履行婚约	法、字迹证据	未知	未知	页346《名公书判清明集》卷九《户婚门·婚嫁》
5	刘后村	定定争婚	否定后立婚约,归还财礼,判给后夫	法、情	嘉定十三年(1220年)	未知	页348《名公书判清明集》卷九《户婚门·婚嫁》
6	赵惟斋	诸定婚无故三年不成婚者听离	否定婚约,返还财礼	法意、人情	绍定二年(1129年)	福建路	页349《名公书判清明集》卷九《户婚门·婚嫁》

(二)婚约案件争讼

1.婚约形式的契约化

宋代婚姻的一个重要特征就是重视资财,订婚形式以婚书契约化为成立要件。以往研究多从妇女的嫁资方面分析,却忽视了婚约的订立和聘财的索取也是资财婚的一个方面,宋代司法官注重审理查明案件事理,保护合法婚约的法定效力。同时调解的制度化设计,使司法官要以维护家庭和谐为审判目的,注重家事案件的"情理法"统一,以非讼化审判方法处理家事纠纷。[1] 以下将从宋代家长主婚权的加强和婚约形式的契约化两个方面,对宋代妇女婚嫁权和婚书契约缔结情况进行动态考察。南宋司法官蔡久轩是理学名门之后,他审理的"甍逝之后不许悔亲"一案中,涉及女方缔结婚约并收取聘财,但在男方意外去世后反悔。判词中说道:一寸布帛都可作为成亲信物,何况是双倍的丝绢之数呢!女方在徐侍郎选拔任用之时与之缔结婚约,却在徐侍郎身故去世之后背弃婚约。蔡司法官认为婚书的订立不以书面形式为要式行为,收取聘财的行为也视为订婚的预约成立。且从人情角度讲"揆之公议,毋乃不可乎?"于是他又说:如果男女双方四年之间互不往来,那么正值徐侍郎去世期间应该是忧伤时期,怎么可以仓促成婚呢?既然婚约已经缔结,聘财也收取了,就要按照六礼的程序履行婚约,"滕州照已行催与结绝,申"[2]。可见司法官在司法实践中对于婚书的订立或聘财的收取即认定订婚成立,违背婚

---

[1] 参见左卫民主编:《中国司法制度》,中国政法大学出版社2021年版,第273页。

[2] 中国社会科学院历史研究所宋辽金元史研究室点校:《名公书判清明集》卷九《户婚门·婚嫁·"甍逝之后不许悔亲"》,中华书局1987年版,第344页。

约的效力则是法和情不允许的。

再如,南宋司法官对于婚约案件的审理也不是一味地和稀泥,而是实质考量案件的情理,明之于法、晓之以理。司法官刘后村在"女家已回定帖而翻悔"一案中称:谢迪虽然不肯承认订婚的书贴,"但引上全行书铺辨验",发现这件书贴是谢迪的儿子谢必洪亲笔书写,谢迪当初状词也说没有写回贴。如今却一并对回帖隐瞒不认,是什么使他心中烦乱,"前后不相照应如此"①。契约在诉讼中的证据作用凸显,婚书的形式虽没有统一的格式和标准,但是民间的"定贴""定亲帖子"也被认为是订立婚约的形式。刘后村曾说:"公事到官,有理和法。"《宋刑统》规定:凡是许配嫁女,已经回报了婚书即有了私约,(这里的私约是指预先知道男人有年老、幼小、疾病、残伤、非亲生、非嫡子等情况)如果反悔又许婚给他人的,杖一百;已成婚姻,徒刑一年半;后娶者知道其反悔之情的,减一等治罪,"女追归前夫",前夫不娶的,退还聘礼,"后夫婚如法"。② 对于女方父亲悔亲的举动,他搬出法条说:凡是许配嫁女,已经回报了婚书及有了私约,而随便反悔的,杖六十。如果反悔又许婚给他人的,杖一百;已成婚姻,徒刑一年半,女子追回归前夫。这里需要注意的是南宋时期对于北宋订立的法律是否作了部分改动,从司法官援引法条看,南宋对于已成婚姻的处罚较轻。从北宋的"已成者,徒一年半"变为"已成者徒一年"。

被告谢迪在案中狡辩否认婚书就是定亲帖子,刘后村解释道:定亲书贴虽然不是婚书,难道不是私约吗?《宋刑统》律文还

---

① 中国社会科学院历史研究所宋辽金元史研究室点校:《名公书判清明集》卷九《户婚门·婚嫁·"女家已回定贴而翻悔"》,中华书局1987年版,第346页。

② (宋)窦仪等详定:《宋刑统校证》,岳纯之校证,北京大学出版社2015年版,第181页。

规定:虽然没有允婚书约,但接受聘礼亦同。

《宋刑统》注文解释:聘礼没有数量多少的限制。但是,本案女方接受绢丝一疋,难道不是聘财吗?刘后村又结合定亲帖子内容,继续补充道:况且定亲书贴上开具嫁妆的数目,写明"谢氏女子与刘教授家的刘宣教议婚亲之事",书贴内容记载的议论婚亲之事清楚详尽,"又非其他草帖之比"。司法官讲到这里意思很明确,本案事实清楚,岂容尔谢迪狡辩,定亲帖子不是婚书,明明收了聘财而且还白纸黑字写进帖子中,这样要赖悔亲怎么可以。刘后村虽然主张依法谢刘两家应当成婚,但勉强成婚不利于两家交好,刘后村还是给了谢迪一个回旋的余地,"官司未欲以文法相绳",官府不想依靠法规强制,要求谢迪父子"更自推详法意,从长较议",不要等到官府依法执行后才后悔莫及,于是先命人将"两争人并押下评议,来日呈"。

宋朝时期,调解实现制度化,[①]地方官吏的职责之一就是劝解息诉。调解被引入司法程序。案件审理过程的调解异常艰辛,"女家已回定帖而翻悔"一案就引发了后续的六次调判。一判:字迹不可能掩饰,还说定帖是假帖,行得通吗? 男婚女嫁不是小事,为什么不在议婚之初周详审慎? 既然回复订婚书帖,却要反悔,应不应该成婚。"由法不由知县",刘司法官还是将法律摆在首位。同时让当事人自己揣摩原判决,从长计议,原承办官员一并劝导刘颖母子,既然双方已经对簿公堂,"纵使成婚,何有面目相见",只是希望双方辨明义理罢了。一方面刘后村请原审司法官从中调解,也私下劝解男方消气。另一方面又以刑罚为威,"今晚更无定论,不免追人寄收"。第一次调解失败,知县不能当调解人。二

---

① 参见何勤华等:《中华法系之精神》,上海人民出版社 2022 年版,第 368~370 页。

判:和解之事,岂会没有同乡亲戚可以从中调停,"知县非和对公事之人",照对已经判决了的裁判文书监督索要绢丝与书帖,限一日呈送。第二次的调解方案失败了,原因是女方家长也没按时交绢丝书帖。三判:订婚书帖分明,条令法规分明,还不从长商议,又不提交绢丝书帖,"必要讯荆下狱而后已,何也?"限定今晚为最后日期。刘司法官要用刑罚来惩戒当事人不诚信的行为。四判:"公事到官,有理与法",形势权贵之人为何要来干预?谢迪四处寻求书信,又托人来恳求,说他依据权贵也不为过吧。既然回复定亲书帖给别人,又自己反悔,若依据条令法规,只能依据婚约成婚,再限定今晚另行处置。刘司法官态度明确依据法和理应该依约成婚,找人说情也不行。五判:法律规定:凡是违背先前婚约的,与他人成婚,追回还前夫,"已嫁尚追,况未嫁乎?"官司打到这里,双方感情很难维系,但刘司法官劝解说刘颖如果没有拒绝成婚的意思,谢迪只得践行婚约,否则,争讼没有止境。"仰更详法制"双方再参详法律制度的规定从长计议商定,呈报。若男方坚持成婚,那么女方就应该履行婚约,仍然给两家商议的时间。六判:"照放,各给事由",最终刘司法官根据两家的约定将相关人员释放,此案审结。

2. 契约婚的特殊情况

南宋名公处理婚约纠纷的案件也不是一律支持男方诉求,而是实质考察婚约的成立要件及内容的合法性。司法官会根据案件特殊情况,对法律规定有漏洞的情形,对立法目的进行"明事理以义"的解释,以情理劝谕当事人息诉。如有的结婚主体虽违背礼的道德要求,但是结婚形式和程序合法,国家也承认婚姻的效力;与此相反,若婚姻的内容违反法律规定,国家就会主动干预否定婚约效力。此类情况有寡妇改嫁、卖妻偿债和悔弃婚约等。

(1) 寡妇改嫁

宋朝从国法和民间法的角度来说,都是允许改嫁的。先从寡妇改嫁说起,俗话说"寡妇门前是非多。"如胡石壁审理"嫂嫁小叔入状"一案,[①]他在判词开篇中谴责被告阿区的失节行为,阿区一个妇人却三次更换丈夫,"失节固已甚矣"! 谴责归谴责,但是胡司法官还是支持阿区改嫁,但是李孝德是她的小叔,怎么有权力掌控她的命运呢? 即便因为她背弃自己兄长而憎恨她,就应该在她改嫁给李从龙之时向官府陈告控诉她的罪行,如此就名正言顺了。阿区在第二次嫁人时,作为小叔的李孝德没有权力干涉前嫂子的婚事。从人伦秩序上讲,如今阿区既然嫁给李从龙很久了,那么阿区已是李从龙的妻子,不再是李孝标的妻子了,也就不是李孝德的嫂子了。那么,在李从龙死后,阿区第三次嫁人就更与李孝德无关。李从龙死后,再嫁还是不嫁,只能由阿区自主决定即可,"李孝德何与焉"? 胡司法官给出的理由很简单,由家长决定女子的主婚权,况且婚嫁必须遵从父母之命,宋代的主婚人为(祖)父母、周亲。周亲乃指伯叔父母、姑、兄弟、姐妹、侄。[②] 阿区改嫁给梁肃,有主婚人叔祖李伯侃,送嫁人族叔李孝勤,是符合结婚合法要件,不能按照钻穴逾墙的偷情私奔行为对待。李孝德"其又何辞以兴讼乎?"因此,官府是承认阿区婚姻的合法性,但对于兴诉之人还是要惩戒。"小人不守本分,不务本业",专门喜好打官司诉讼,以此称霸乡里,将来破家荡产、伤生丧命,起因都在于此。如果不审问定罪,如何平息争议? 李孝德责杖刑一百,其

---

① 参见中国社会科学院历史研究所宋辽金元史研究室点校:《名公书判清明集》卷九《户婚门·婚嫁·"嫂嫁小叔入状"》,中华书局1987年版,第344页。

② 参见(宋)窦仪等详定:《宋刑统校证》,岳纯之校证,北京大学出版社2015年版,第187页。

他人一并释放。

（2）卖妻偿债

宋代婚姻坚持聘娶形式的一夫一妻婚姻制度,立法保护订婚而未成婚的婚姻,禁止卖妻偿债,不能将已经定聘未嫁之女未经离婚就雇于他人为妾、婢。如在翁浩堂审理的"女已受定而复雇当责还其夫"案件中,①翁司法官认为买卖已定婚女为非法。根据姜一娘的供词,康家曾经将她转嫁给吴亚二家,已经收取钱款了。姜百三卖掉已经受聘的女儿,固然有罪,也确实是出于贫困的无可奈何之举,现在境况如此羸备,"安得有钱可监"? 根据法律规定实际取得聘财也符合婚约的缔结,前后两次均成立有效的订婚形式,"今见阿吴论取,却作徐贡元名担庇"。《宋刑统》在"婚嫁妄冒"法条中,注文解释称:虽然没有许婚的文书,但只要接受了聘礼,也属许婚。注文又解释称:如果后悔又许婚给他人的,杖一百;已成婚姻,徒刑一年半。后娶者知道其反悔之情的,减一等治罪。女子追回前夫,前夫不再娶的,退还聘礼,后夫依法结婚。②翁司法官考虑此案背后女方家中贫困才不得已卖女,拖延时日长久,会使人家父子、夫妻离散而不得团聚,仁人君子都会动心不忍。并援引荆国公返还人妻之事,昔日荆国公王安石出钱九十万买妾,听闻该女子的丈夫因为运送大米的船只丢失,卖妻偿债,急忙吩咐遣还该女子,使其夫妻团聚,"此岂非吾党所当共慕"? 此时作为阿吴担保人徐贡元也动心不忍,司法官于是判决徐贡元有

---

① 参见中国社会科学院历史研究所宋辽金元史研究室点校:《名公书判清明集》卷九《户婚门·婚嫁·"女已受定而复雇当责还其夫"》,中华书局1987年版,第345页。

② 参见(宋)窦仪等详定:《宋刑统校证》,岳纯之校证,北京大学出版社2015年版,第181~182页。

志向于科举及第,听闻这些应当动心不忍了。传唤其仆人取回状词,同时先责成将姜一娘还给其丈夫成婚,依照相关法律办理。

  立法虽然禁止一女二嫁,且规定:女子追回前夫,前夫不再娶的,退还聘礼,后夫依法结婚。面对法律文本与司法实践之间的差异,司法官也要根据案情灵活变通。如刘后村在审理另外一起"定夺争婚"案中,①案件事实为:吴重五家贫,妻子死时,同姓人吴千乙为其处理后事,并将其幼女带回自己家中作为自己儿子的媳妇。吴重五外出归家,也庆幸女儿有了归宿,对女儿的事情不再过问。然而,此幼女又被吴千乙卖给翁七七为儿媳妇。吴千乙等人却辩称,当初是想娶阿吴为妻,但是自知同姓不能成婚,就将其改嫁给翁七七的儿子。案件争议焦点在于:一女二嫁,是否以前婚为合法婚姻,女追还前夫?刘司法官认为同姓成婚是触犯法条禁令,离婚纠正就可以了,"岂应改嫁,接受财礼"。吴重五明知在嘉定十三年(1220年)十一月,吴千二将阿吴嫁给翁七七的儿子为媳妇,固然违法,但是吴重五后来是知情的,但其将女儿当做婚嫁的摇钱树,虽然曾经收取过翁七七官会二贯,但是又将阿吴抢回去复嫁给李三九为妻,致使翁七七到州府县衙告状。审理结果:刘司法官本来依据法律,但是实际情况有变。依法应当将阿吴还给翁七七的儿子,但阿吴既然嫁给李三九并且怀有身孕,一定要归还翁七七的儿子,万一阿吴生产的时候有什么不测,那么吴重五、李三九必然兴起诉讼,不但翁七七家不得安生,官府也多出事端了。根据案件情理,阿吴再嫁后怀孕,如果生硬执行法律,两家人势必会因为孩子问题发生纠纷,到时候官府难以调和。审理中采取的调判策略:司法官私下与翁七七调解此案,"喻以此

---

  ① 参见中国社会科学院历史研究所宋辽金元史研究室点校:《名公书判清明集》卷九《户婚门·婚嫁·"定夺争婚"》,中华书局1987年版,第348页。

意,亦欣然退归",翁七七欣然退让顺从,不愿意娶回阿吴,只是要求监督返还聘财即可,另行婚娶。判决结果:责成李三九领回阿吴。吴千乙、吴千二、吴重五所犯罪行在朝廷赦令颁布之前,姑且免予定罪,监督三人赔付原收取的官会,交还翁七七。

(3)悔弃婚约

司法官需要根据案件的人情事理对比考察,兼顾情与法。宋代法律规定婚约一经订立,非因法定事由是不能解除的。除非男方存在重大过错。这些法定事由包括:①婚期已满三年不娶;②移乡编管;③男方外出三年不归;④和娶人妻及嫁之者;⑤被夫同居亲强奸。① 可见婚约订立时间超过三年,男方不举办婚礼,女方可以单方面提出离婚。赵惟斋审理的"诸定婚无故三年不成婚者听离"一案中,②原告陈鉴起诉被告刘有光将义女魏荣姐送交成亲。事实及理由:最初议婚的时候,陈家与刘家因三代世交商议婚事,如此姻亲加世交,本来尽善尽美了。只是因为男方家拖延五年,不曾成婚,才使女方家有中止婚约的想法,双方的争议从此开始。官府经审理查明男方与女方从宝庆元年(1225年)议婚,至绍定二年(1229年),男方家到县衙起诉,催促成婚,那么从议定婚事到起诉,前后历时五年。司法官认为男方违背订婚法律规定,致使女方有中止婚约的想法,"已违'诸定婚无故三年不成婚者听离'之条"。县衙受理案件之初,到县丞审定都采取调解策略,"皆行劝谕择日还亲,亦可谓曲尽人情"。根据法令本意除非

---

① 参见杨一凡、田涛主编:《中国珍稀法律典籍续编》第一册《庆元条法事类·户令》,戴建国点校,黑龙江人民出版社2002年版,第922页。
② 参见中国社会科学院历史研究所宋辽金元史研究室点校:《名公书判清明集》卷九《户婚门·婚嫁·"诸定婚无故三年不成婚者听离"》,中华书局1987年版,第349页。

有特殊情况,才能不适用上述法条,"正谓无故不成婚者设,设如有故者,则不然也"。原告陈鉴辩解称"其父坦出安吉州避寇身故",司法官结合陈鉴父亲陈坦在绍定二年向县衙提交的最初状词,已经诉称从安吉州的庄园返回。司法官认为虽然男方家是有原因不得已才拖延婚约,但是从最初起诉之时也已经过了三年,如果女方家退还聘财要求解除婚约并不违法。本案的诉讼争议焦点在于女方是否应退还聘财?该案事实涉及人员众多,关系较为复杂。男方虽然有过错,但是女方也并非无过错方。司法官起初认为女方家不履行婚约是有道理的,虽然先背弃婚约的是女方家,但是听闻女婿陈鉴不务正业而破落、不学无术,作为母亲爱女情切,不得不对此有所顾忌,"于三年之条实无碍"。可是又据原告陈鉴诉称魏荣姐已经嫁给浦城县毛六秀为妻,那么所议之女已嫁人且又不退还前件婚约的聘财,女方就有过错在先,"其母不能经官自陈改嫁,各还聘财,遂引忍陈鉴之词"。案情争执点原来在此:原告男方单方拖延婚约期限,女方收取聘财后想用替换女儿方式吞并婚财,以此将婚嫁失时之错完全归结于男方。可见案件当事人均是为了各自不正当利益,双方都非善类。女方母亲赵氏辩称不是不答应成亲,因为所嫁之女是她的后夫刘贡元与前妻所生之女刘一姐,而陈鉴在诉讼中称议亲对象是自己与前夫所生之女魏荣姐。

案件审理到此刻首先需要确定具体的被告:议亲的对象究竟是谁?司法官审理查明定亲的对象是魏荣姐,指出赵氏话语的破绽,"却不思先来在县所供,乃谓夫刘贡元前妻一女,又在湖北招亲。如此则凯所议之妻,果魏荣姐而非刘一姐明矣"。结合刘贡元的供词为"陈凯所定者,是其前妻之女刘一姐","刘一姐以疾不起"。官府至此才明确诉讼主体是作为被告的刘一姐。原来女方家的意图是想用魏荣姐这个活着的人继续持有财礼,以此抵赖刘一姐此已死之人的财礼,恰好可以援引已成婚而不用返还聘财的法条,至此两家的诉争不断。

司法官根据上述事实认为从人情来讲,成亲之后婚姻难以保全,现在两家都背弃婚约,各怀怨恨,不适宜再结为亲家。男女婚姻之讼与其他类型的诉讼案件不同,两家的纠纷不是一朝一夕可以平息,"倘强之合卺,祸端方始"。由于女方过错在先,遂判决"所有聘礼当还男家,庶得两尽人情"。从本案人情事理看,司法官在情法之中做了兼顾,如果执意依法裁断,"则后日必致仇怨愈深,紊烦不已"。为防止案生案,既要断之以法,也要参以人情。

综上,宋代家事案件的婚约纠纷呈现出以论资财为重,婚姻缔结不遵守礼法规范,由此导致婚约纠纷较多。司法官秉持规范性和人文性的审判理念,以实质思维审查婚书的订立或聘财的收取,从礼法结合的整体性思维中用法理阐释定婚成立的实质条件,注重婚约纠纷的非诉化解决,并对契约婚中的特殊情况如寡妇改嫁、卖妻偿债和悔弃婚约,根据"察情・依因・据理"的三要素结合的法律论证,实质考察婚约的合法性,寡妇改嫁符合婚姻成立的条件,官府承认再婚的合法性,保护寡妇的正当婚姻权益。司法官对于卖妻偿债的非法婚约效力予以否定,以"明事理之义"对当事人的感情、子女生育实际情况进行审查与核实,参酌案件情理作出合法合理判决。婚约的解除需要符合法定事由,司法官采取"依法・比附・疑谳"的综合权衡的法律推理方法,查明婚姻缔结男女双方各自的过错,讲明事理,兼顾案件的法理与情理。

二、宋代非法婚案件争讼

婚姻是家庭的基础,在礼法传统婚姻制度语境下,"门当户对"在社会观念中成了衡量男婚女嫁条件的常用语。北宋以来,随着商品经济的日益发展,人们在崇尚金钱物质财富的背景下,"门当户对"的婚姻观念发生流变,"庸耕不敢姻士大夫"的状况开始松动,"婚姻不问阀阅"逐渐流行。如果说"门第婚姻"与"士庶不婚"是魏晋南北朝门阀制度的体现,那么宋朝时期的"良贱不婚"正是反映了门阀制度的衰落过程。宋朝婚嫁纠纷中关于婚书和聘财纠纷多于结婚纠纷,说明随着宋代经济政治文化的发展,婚姻论财作为缔结婚约的首选,但是宋朝还是注重等级制婚姻,礼依然作为宋代社会维系的基础。虽然个案数量不多,但也能从侧面反映这一时期的结婚状况。

（一）非法婚案件争讼类型

非法婚纠纷案件类型有两类:良贱不婚与和娶人妻。司法实践中非法婚姻特点主要是违反礼法规则,而导致无效。无效的原因有四个方面:一是由于涉及主体特殊,一个是士大夫,另一个是已嫁的妇女。二是涉及立法规定的婚姻限制性条款:良贱不婚与和娶人妻。三是司法官依据礼法规则,权衡情理因素,判决此类案件不合情理不合法理,所以婚姻无效。且官府对待此类案件的态度都是消极的:驳回男方的结婚诉求。四是保护妇女的人身权益,打击婚姻中的亲属犯奸行为导致婚姻无效,注重事理的法律论证,案件的常情常理。此类无效婚姻官府支持妇女的离婚和改嫁。

（二）非法婚案件争讼

1. 良贱不婚

宋代的士大夫不仅通晓法律、重视法制而且推崇法治,因此在尚法的宋朝,国家对士大夫阶层在婚姻方面作出违法乱纪之事不仅要给予道德谴责,而且在刑事和行政方面给予不同的惩处。美国比较法学者格伦顿认为比较法律体系的基本结构轮廓应当由下述组成部分构成,"该法律体系的历史、文化和分布状况;法律结构或机构;法律的作用和各种法律工作者;法律程序;法律的分类和渊源",①那么考察宋朝具体的法律模式及其法文化结构的时候决不能忽视对此模式产生的人的研究——士大夫。宋朝随着门阀氏族的消亡,拥有知识分子地位的士大夫阶层的社会群体开始成为历史舞台中的主角。他们的权利并非来自世袭的血统传承,而只能够依赖于伦理道德和思想意识形态的力量来建立有利于自己社会身份地位的层级结构。他们在"文章、经术、吏事"等领域都有所涉猎。"上下之分,尊卑之义"被强烈地提及,同时还坚信父亲与儿子之间的关系,君主与大臣之间的关系,如同天下的定理一样,是无法确定的原则,"无所逃于天地之间"。② 对于家族组织的建设,宋代士大夫在总结唐代门阀氏族的衰落后,主张收宗敬族,实行宗子法。作为官僚士大夫的张载曾说要想管理并控制全国民众的思想和人心,需要"收宗族,厚风俗,使人不能忘本"。让人们无法忘记的根源,在于明确记录家谱、世代传承及设立嫡长子继承的宗子之法。③ 士大夫为首的地主阶级精英们热衷修订家族的世系谱牒记录、设立家庭财产、建立严格的家训和族群制度规定、创立兴办家族学校和公益教育机构、优化完善

---

① [美]M.A.格伦顿等:《比较法律传统序论——比较法的范围、目的、法律传统和方法论》,载《环球法律评论》1987年第2期。
② (宋)程颢、程颐:《二程集》卷五《二先生语五》,王孝鱼点校,中华书局1981年版,第77页。
③ 参见(宋)张载:《张载集·经学理窟·宗法》,章锡琛点校,中华书局1978年版,第258页。

对祖先的敬拜仪式并提倡"尊尊""亲亲""敬宗""收族",形成尊崇家族与凝聚亲情的家庭和宗族管理的风尚。

良贱不婚从国家层面讲是为维护社会伦理秩序,从社会层面讲是为维护家族自身血统关系的高贵与长久不衰。国家层面重视伦理道德,志在重整宗族制度。社会层面又是如何?[①] 家族的兴盛与婚姻密切相关。宋代的家法族规内容广泛,其中就包括了婚姻。宋代的学者程颐曾经指出:管理家庭的人需要处理的是众多人的事务。如果不能用法律和规则来约束他们的话,人们的行为就会变得无法无天,最终可能导致后悔,"则人情流放,必至于有悔"。破坏了尊卑有序的关系,混淆了性别界限,伤害到亲情与道义,对道德规范造成损害。[②] 理学哲学家陆九渊对谢希孟的行为进行了严厉批评,他指控谢希孟沉溺于妓院中。陆九渊对此斥责并说道:难道你不觉得羞耻吗?竟然每天和这种低等贱娼的女人待在一起!"独不愧于名教乎"?听到这番话,谢希孟感到非常羞愧并且向陆象山表达谢意与道歉,从此以后再也不敢这样做。[③] 宋朝对娼妓的态度是有限度的反对,方式主要有官府的民事判决(无刑事处罚)和官员的降级处理。蔡久轩在"士人娶妓"一案中,判词简短,足以看出名公对待公举士人娶官妓一事的态度,公众推举的读书人娶官妓为妻子,岂不成了礼教的罪人?岂不被士

[①] 参见王善军:《宋代宗族和宗族制度研究》,人民出版社2018年版,第13页。

[②] 参见(宋)程颐:《周易程氏传》卷三《家人》,载(宋)程颢、程颐:《二程集》第3册,王孝鱼点校,中华书局1981年版,第885页。

[③] 参见(明)蒋一葵:《续修四库全书·子部·杂家类·尧山堂外纪一百卷》第1194册《卷六十 宋》,上海古籍出版社2002年影印明刻本,第559~560页。

友们耻笑？名公们的态度是"不可！不可！大不可"！① 但是并没有作出相关处罚。至于对官员的降级处理，根据情况不同，后期也会再次录用。宋神宗时期，宋乔年"用父荫监市易，坐与倡女私及私役吏失官，落拓二十年。女嫁蔡京子攸"，后蔡京当政"始复起用"，②家法族规体现维护身份等级制度要求。同居共财大家庭虽然是宗族组织的理想境界，但是随着宋朝政府经济政策的变化，如按财产划分户等、按户等征派赋役等，事实上，宋代普遍存在的是小家庭模式。③ 这种以血缘为纽带的小家庭模式，以礼治密切了与基层社会的联系，从士庶不婚到良贱不婚，儒家伦理开始大众化，说明礼的等差是婚姻缔结的具体要求，是家事法律儒家化的一个体现，这也是宋朝社会在转型中的一个变化特点。

《唐律疏议》在"诸与奴娶良人女"法条中解释道："人各有耦，色类须同。良贱既殊，何宜配合。"④唐代对于良贱通婚是严加禁止。宋朝因袭唐律，却又在《宋刑统》"主与奴娶良人"法条中进行了更加细致的规定，援引《户令》：凡是奴婢欺骗诈称良人，与良人、部曲及客女结为夫妻的，其所生的男女，如果部曲及客女不知情的，按良人；如果部曲、客女知情的，按贱民。如果是部曲、客女欺骗诈称良人，与良人结为夫妻的，其所生男女，如果良人不知情的，按良人；如果良人知情的，按部曲、客女。全部必须离婚。如果良人、部曲及客女被欺骗诈称为夫妻关系存续期间所生的男

---

① 中国社会科学院历史研究所宋辽金元史研究室点校：《名公书判清明集》卷九《户婚门·婚嫁·"士人娶妓"》，中华书局1987年版，第344页。
② （元）脱脱等撰：《二十四史全译·宋史》卷356《列传第一百十五　宋乔年》，许嘉璐、安平秋、倪其心编译，汉语大词典出版社2004年版，第7906页。
③ 参见王善军：《宋代家庭结构初探》，载《社会科学战线》2000年第3期。
④ （唐）长孙无忌等：《唐律疏议注译》，袁文兴、袁超校，甘肃人民出版社2017年版，第402页。

女,经过一年以上不理者,后来虽然辩称不知情的,都各自依照知情法处理。如同奴婢等人逃亡在别的地方,对外欺骗诈称为良人,依照前法处置。《宋刑统》还规定:凡是杂户都不得与良人为婚姻,违反的杖责一百。官户娶良人女为妻子的"亦如之"。① 虽然从蔡久轩对"士人娶妓"一案的态度并未对士大夫用刑惩处,但是"良贱不婚"也是礼治在家族制度中的反映。如果纵向观察唐以来"士庶不婚"到"良贱不婚",也是身份伦理秩序减弱的表现。这可能与士大夫重视资财婚有关。

2. 和娶人妻

宋代坚决打击家庭中的犯奸行为,司法官注重此类案件的事理与情理,对于受害者支持离婚或改嫁,给予一定的人身保护,但是改嫁必须符合礼法的规定。由于家庭关系的重要性,贞洁并不是为了巩固夫妻之间的关系,而是为了确保家庭血统的纯洁。宋朝人士非常看重家庭关系,对子女的教育、培养生育与小家庭有着紧密的联系,这表明宋代人民对家庭关系的重视和家庭观念的加强。而不能仅仅理解为对妇女的歧视。②

如蔡久轩审理"将已嫁之女背后再嫁"案中,③涉及司法官对家族伦理中的奸罪、妻擅自改嫁、虚假诉讼的司法处理。判词中说:胡千三调戏儿媳妇,尽管没有成奸,"然举措悖理甚矣",阿吴确实难以再次回到其家中。但此事也只是据阿吴所说,没有经过官府审问核实。蔡司法官虽对阿吴片面之词有怀疑,然认为公公

---

① 参见(宋)窦仪等详定:《宋刑统校证》,岳纯之校证,北京大学出版社2015年版,第190~191页。
② 参见贾贵荣:《宋代妇女地位与二程贞节观的产生》,载《山东社会科学》1992年第3期。
③ 参见中国社会科学院历史研究所宋辽金元史研究室点校:《名公书判清明集》卷九《户婚门·婚嫁·"将已嫁之女背后再嫁"》,中华书局1987年版,第343页。

调戏儿媳妇举止违背事理,不符合作为士大夫阶层的理学家所维护的封建纲常名教,故而掩饰此类家丑事件。阿吴如果返归胡千三家,必定会发生投水上吊的祸事,但其背弃夫家违法私自出嫁,"又岂可再归胡氏之家"?如果强行将阿吴遣返,必会造成公公犯奸不成、逼迫儿媳投水上吊自杀之类的悲剧。但是对于阿吴父亲吴庆乙受其兄吴大三的教唆,竟然将阿吴藏匿起来,暗地里嫁给外州人,通过"乃妄经本司"状告他的女儿下落不明。依照法律的规定,应当追究吴庆乙的罪责,以反坐之罪处吴庆乙杖刑一百,并处编管邻州的刑罚。

《宋刑统》在《诸色犯奸》法条中规定:凡是与缌麻以上亲及缌麻以上亲等的妻通奸,与妻前夫之女和同母异父姐妹通奸的"徒三年"。① 本案中因为证据问题,阿吴公公的行为未经官府审查核实,就不能定罪处罚。从民事法规看是可以判离的,《庆元条法事类》中《户令》规定:"诸奸同居缌麻以上亲及缌麻以上亲之妻者,虽未成,男子勒出别居。""被夫同居亲强奸,虽未成,而妻愿离者,亦听",②但阿吴又被父亲擅自改嫁,司法官还是不认可擅自改嫁的婚姻效力。名不正,则言不顺,知县责成交付官牙,将其再行改嫁,裁断地十分恰当,这种事姑息不得。胡千三的行为由于没有经过官府的审查核实,难以追究罪责,"未经勘正,难以加罪"。官府在司法实践中对于家事犯奸罪持否定态度,维护妇女的合法权益,给予妇女改嫁自主选择权。如果胡千三再有诉告,请知县将胡千三交狱吏查实"正其悖理之罪,重作施行",以作为

---

① (宋)窦仪等详定:《宋刑统校证》,岳纯之校证,北京大学出版社2015年版,第357页。
② 杨一凡、田涛主编:《中国珍稀法律典籍续编》第一册《庆元条法事类·户令》,戴建国点校,黑龙江人民出版社2002年版,第922~923页。

对身为家公却行为举止悖乱者的惩戒。从案件审理看司法官在司法实践中对于妇女改嫁的态度是不反对的。本案阿吴的父亲将其背嫁与外州人,可见妇女在婚姻中还是物化的对象,与家族中父权核心地位密不可分。

综上,宋代婚姻缔结虽然受资财社会风气的影响,婚姻与唐代相比,缔结具有一定的自由度,但是宋朝提倡收宗敬族的宗族治理制度,儒家伦理向大众化发展,表现为士庶不婚到良贱不婚,礼的等差仍然是婚姻缔结的具体要求。另外,司法官秉持达人情的审判理念,对于家庭中亲属犯奸行为导致婚姻无效的,官府保护妇女的合法人身权益,通过查明事理、参酌情理,准予妇女离婚或改嫁。宋朝社会在转型中呈现出家事儒家化的特征,司法实践中官府严厉打击良贱通婚,虽然与唐朝的士庶不婚相比,儒家伦理化色彩渐弱,但是从历史进程中看国家在维护宗族血缘延续、基层社会治理中,依旧起到了干预婚姻在宗族制度中的联姻作用。

三、宋代离婚案件争讼

《宋刑统》在卷十四《户婚律》中规定离婚解除的条件有三种:"七出"、"义绝"、"和离",宋律虽与《唐律疏议》规定相同,但在家事习惯法和司法实践中也不尽于此。司马温公在《书仪·昏仪上》中提到幼议婚并指出这种婚姻形式的缺点,"及其既长,或不肖无赖,或身有恶疾,或家贫冻馁,或丧服相仍,或仕宦远方,遂至弃信负约,速狱致讼者多矣"[①]。礼以"义"起,并以"仪"明,于是订立数千年以来的民事方面的规章制度,这在中国的历史上是

---

① (宋)司马光:《景印文渊阁四库全书·经部一三六·礼类》第142册《书仪卷三·婚仪上》,台北,商务印书馆1983年影印本,第474页。

具有实实在在的特殊意义。礼作为调整社会综合规范体系,具有法的属性,婚姻须依照其规范来实行。① 宋代法律实践中离婚类型案件由于不合"礼义"的婚姻关系,法律会要求离婚。如"七出"中的妒、"义绝"中犯奸、和娶人妻、移乡编管、拐卖妇女。这里的"义绝"包括夫对妻族、妻对夫族的殴杀罪、奸非罪,及妻对夫的谋害罪、夫族与妻族互相杀害等。② 笔者需要指出的是在离婚案件类型中仅仅讨论奸非罪导致夫妇离婚,其他义绝类型的情况由于本书研究范围所限,在之后的研究中再对亲属相犯进行更加细致的讨论。典雇妻女与拐卖妇女一样,都是不符合婚姻中的"礼",法律不承认这种婚姻效力,因此也同样纳入本书研究范围。

(一)离婚案件争讼类型

(1)司法实践中司法官基于维护家庭和谐,在案件审理过程中会保障妻子一定程度的离婚权。(2)离婚案件中涉及犯奸类型较多,官府大多数持否定态度。(3)官方坚决打击贩卖妇女的犯罪,否定典卖妻子的契约效力。(见表2)

---

① 参见陈顾远:《中国法制史概要》,商务印书馆2011年版,第262~263页。
② 参见(宋)窦仪等详定:《宋刑统校证》,岳纯之校证,北京大学出版社2015年版,第189页。

表 2 离婚纠纷

序号	审判司法官	具体案件	审判结果	审判依据	案涉地点	出处
1	刘后村	妻以夫家贫而叱离	调解	礼、法、情	未知	页 345《名公书判清明集》卷九《户婚门·婚嫁》
2	王实斋	缘妒起争	判决将妾改嫁	礼、情	未知	页 381《名公书判清明集》卷十《人伦门·夫妇》
3	翁浩堂	婚嫁皆违条法	判决离婚	法	未知	页 352《名公书判清明集》卷九《户婚门·离婚》
4	未知	已成婚而夫离乡编管者听离	判决驳回原告复婚的请求	法	未知	页 353《名公书判清明集》卷九《户婚门·离婚》
5	胡石壁	妻背夫悖舅断罪听离	判决离婚	礼、法	未知	页 379《名公书判清明集》卷十《人伦门·夫妇》
6	胡石壁	女嫁已久而欲离亲	调解和好	礼、情	未知	页 379《名公书判清明集》卷十《人伦门·夫妇》

续表

序号	审判司法官	具体案件	审判结果	审判依据	案涉地点	出处
7	胡石壁	夫欲弃其妻诬以暧昧之事	判决离婚	礼、法、情	未知	页380《名公书判清明集》卷十《人伦门·夫妇》
8	胡石壁	既有暧昧之讼合勒听离	判决离婚	礼、情	未知	页388《名公书判清明集》卷十《人伦门·乱伦》
9	蔡久轩	时官贩生口碍法	判决	法	未知	页357《名公书判清明集》卷九《户婚门·雇赁》
10	蔡久轩	卖过身子钱	判决	法	江南东路	页357《名公书判清明集》卷九《户婚门·雇赁》
11	天水	官族雇妻	调解	礼、法、情	未知	页382《名公书判清明集》卷十《人伦门·夫妇》

(二)离婚案件争讼

法律虽然规定女子结婚后脱离父宗加入夫家,在父权制家族制度下,女子离婚权操控在丈夫手中。但是也有例外的情况,如因经济状况、买卖妻子、丈夫编管和家庭中的犯奸行为,女子可以提出离婚,这也是司法审判中对男子单方法定离婚权的限制性措施。法律规定妻子妒忌的丈夫享有休妻的权利,司法官在处理此类案件并未依法判处离婚,审判的目的在于维护家庭和谐。下面从男方的离婚权限制、女方的离婚权保障、买卖人妻、犯罪编管、亲属犯奸和拐卖妇女等方面动态考察"离婚"案件。

1. 男方离婚权的限制

第一种情况是由于男方经济贫困,女方可单方面提出离婚,这是对男方享有单方法定离婚权的否定。面对此种情况,拥有儒学背景的宋代司法官在道德谴责之余会从实际出发,依礼和情进行教化,尽量采取调解手段解决离婚纠纷,以求家庭和谐。如刘后村审理的"妻以夫家贫而仳离"一案反映的正是"妻弃夫之条"的悍妻形象。[①] 面对妻子嫌弃丈夫贫穷而离婚,刘司法官谴责之余还是以礼教为先进行调解,他在判词中说,"夫有出妻之理,妻无弃夫之道"。虽然女方的哥哥"丘教授偶中高科,门户改变",但是此时妹妹丘氏已经嫁给黄桂为妻,且育有五个女儿。由于"黄桂不善营连,家道凋零",身为哥哥的丘教授就抢回妹妹,强令黄桂"写离书"。刘司法官指责这是违背道义的事情,"岂非此等事有以累妻其阴骘欤"?黄桂又于七年后想复婚,刘司法官叹息道,"匹夫不可夺志,黄桂若真有伉俪之谊,臂可断,而离书不可写",

---

[①] 参见中国社会科学院历史研究所宋辽金元史研究室点校:《名公书判清明集》卷九《户婚门·婚嫁·"妻以夫家贫而仳离"》,中华书局1987年版,第345页。

况且这件事都过去七年了,已经太迟。虽说如此,刘司法官还是从女方家进行劝解入手,黄桂没有违反义绝的婚姻法则行为,而丘氏教授抢走了他的妻子和他们所生的女儿,并将她们带回了丘氏家中,世界上怎么可能存在没有父亲的家庭呢?从孩子的角度考虑也不能没有父亲。刘司法官给出调解方案"如黄桂者夫妇可以复合,宜以丘氏还之"。即使不能复合,"亦既悯念黄桂贫乏,资助钱物,使之别娶"。司法官在此案中并没有依照妻背夫擅行的义绝条款,"背夫擅行,有怀他志,妻妾合徒两年"。①

第二种情况是因为丈夫骗婚逃亡,致妇女生活贫困不能自理,可以剥夺男方享有法定的离婚权,允许妇女改嫁。先看北宋时的立法规定:宋真宗在大中祥符七年(1014年)根据一个案件,修改丈夫获取妻子资产亡去的法律条款。此前的法律规定是丈夫骗娶妻子的财产后逃亡六年,妻子才能要求离婚改嫁,而对于因婚姻导致生活贫困的妇女,这个条款未免有些不近人情。比如,当京城的居民结婚之后,过了一个月的时间,他们带着所有的财产离开了家。然而,根据法律规定,丈夫逃亡离开家满六年后妻子才可以再婚,使得他们的妻子因为生活贫困和寒冷而被逼无奈,只能通过登闻鼓上诉向国家请求援助,因此皇帝根据这种特殊情况"乃特降是诏"。皇帝于是通过新诏修改旧律:从现在开始,如果有不逞之民为骗取女方奁产在新婚之后就离家出走,并带走了所有财产导致女方无法维持生计的情况,允许她们再次嫁

---

① (宋)窦仪等详定:《宋刑统校证》,岳纯之校证,北京大学出版社2015年版,第189页。

人以维系正常生活,"自今即许改适"。① 宋仁宗天圣年间,时任枢密直学士的李若谷在知并州时,对以婚姻之名骗取钱财的赘婿、亡赖之徒进行法律规制,赋予被害妇女离婚及改嫁的权利,即入赘的女婿、不务正业之人抛弃妻子离去的,为他们限定期限,到时不回来,就允许妻子改嫁,"赘婿、亡赖委妻去,为立期,不还,许更嫁"。②

第三种情况是司法审判中不会因妇女的妒忌导致夫妻感情不和而判决离婚,这也是对男方法定离婚权的限制。司法官对于妇女因妒而导致感情不和的离婚案件,以维护家庭和谐为宗旨,非讼化地调处家庭纠纷,这也是司法审判中对男方法定离婚权的限制。法律规定符合"七出"条款中的"妒忌",是丈夫休妻的法定离婚权利。妒忌的感情缘起于经济基础,并非人的本性,因为物质上的贫穷,会产生产业上的嫉妒,妇女在家族地位中的从属性,且自身具有一定的经济利益,如佥产、租赁、买妻等。妇人之妒又大多与丈夫纳妾有关,妾的存在往往又威胁妻子在家庭中的财产和继承权。如王实斋审理的"缘妒起争"一案就与此相关。③岳父因女婿宠妾,两人发生争执,"只因妾桂童生子,黄定偏于爱,余氏专于妒"。王司法官认为对于余氏妒忌一事道德谴责即可,他认为妇人不贤惠,世间多有之,应当斥责不贤惠妇人。实际上有的士大夫认为妒是人之常情,不可强力免去,道德谴责可以,上

---

① (宋)李焘:《续资治通鉴长编》卷八二《真宗大中祥符七年正月壬辰条》,上海师范大学古籍整理研究所、华东师范大学古籍整理研究所点校,中华书局2004年版,第1861页。
② (元)脱脱等撰:《二十四史全译·宋史》卷291《列传第五十　李若谷》,许嘉璐、安平秋、倪其心编译,汉语大词典出版社2004年版,第6595页。
③ 参见中国社会科学院历史研究所宋辽金元史研究室点校:《名公书判清明集》卷十《人伦门·夫妇·"缘妒起争"》,中华书局1987年版,第381页。

纲上线用法律惩戒未免小题大做。

朱熹在《家礼》中对妇女的要求是子妇"无私货、无私畜",对待父母和舅姑要求是"柔"和"敬",而没有将妒忌写入家族规约,"凡子受父母之命,必籍记而佩之。时省而速行之。事毕,则返命焉;或所命有不可行者,则和色柔声,具是非利害而白之";同时要求"凡子妇未敬未孝,不可遽有憎疾"。① 刘司法官对于岳父殴打女婿一事,认为同是一家人应以和睦为上,这一情节就不必追究,"余文子诉黄定殴打一节,据知证店主人以为余文子故入店内寻争,此不必问"。关键在于妾氏生子,地位威胁到妻子,可能会发生宠妾灭妻的悲剧,有违家庭伦理,最终判词审理结果为:经审查决定黄定当厅跪拜其岳父,对其以往过失谢罪,请余文子当厅将女儿亥姐交由黄定领回,同时监督其限期将桂童改嫁,另寻乳母,"庶息两家纷纷之讼"。以此平息两家人的纠纷诉讼,其余人释放,呈报。可见妾并不属于家庭成员,司法官在司法实践中维护妇女在家庭中的合法权益,但不包括妾。从此案可看出妻子的妒忌并非大事,妾在家庭中的地位才是关键,尤其是妾生子后的家庭财产权和继承权可能会发生变动。这里不得不讨论一下妾的地位。

《说文解字》解释"妾"的含义为"有罪女子给事之得接于君者"。《春秋》传云:"女为人妾。妾,不聘也"。清代段玉裁注解:"左传妾字之义别于上文有罪女子之得接者也。内则曰聘则为妻。奔则为妾不必有罪"。② 《白虎通义》中认为,"妾"这个词意味着接见,指的是一种定期相见的女性角色,"以时接见也"。妾

---

① (宋)朱熹:《朱子全书》第7册《家礼·卷一》,王燕均、王光照点校,上海古籍出版社、安徽教育出版社2002年版,第882~883页。
② (清)段玉裁撰:《说文解字注》第三篇上,中华书局2013年版,第103页。

只是有时可以和丈夫在一起的女人,但不能算正式配偶,《礼记·曲礼上》中记载:"买妾不知其姓,则卜之。"古代婚姻制度规定一夫一妻多妾制,依据礼制,妾与妻在礼法上具有等差,同时也显示两者在身份上的高低。从立法上保障妻的地位:一是结婚仪式。《宋刑统》在婚嫁妾冒中规定:"一夫一妇,不刊之制,有妻更娶,本不成妻,详求礼法,止同凡人之坐。""诸以妻为妾、以婢为妻者,徒二年;以妾及客女为妻、以婢为妾者,徒一年半。各还正之。"① 二是丧礼仪式。《宋刑统》规定:凡是居父母及丈夫丧期而嫁娶的,徒刑三年;嫁娶妾减三等治罪。"各离之""礼数既别,得罪故轻"。② 因为妾不同于妻,可以选择姓氏,从情理上来说属于贱人,礼仪上有所区别,所以得罪也轻。《丧服》中有关妾的服制规定,"妾为女君、君之长子,恶笄有首,布总"。妾要为正妻、正妻所生的嫡长子服丧。古代诸侯为嫡妻、嫡妇(嫡子之妻)有服,而为妾、庶妇无服。但是妾所生之子从情理上要为母服丧,如果不服从情理上难通,因此只能在五服之外寻找变通之服,"公子为其母,练冠,麻,麻衣縓缘;为其妻,縓冠,葛绖带,麻衣縓缘。皆既葬除之",该句中的公子,即诸侯之妾子;其母,即诸侯之妾;其妻,即庶子之妇。③ 从服制看出丧服等级越低,亲属关系越远。妾在家庭中严格来讲都不属于亲属范围。

婚姻法律中有关禁止娶妾的规定,一是同姓不婚。买妾的时候不知道她的姓氏,则"取决蓍龟",是为了防止同姓为婚。同姓

---

① (宋)窦仪等详定:《宋刑统校证》,岳纯之校证,北京大学出版社2015年版,第182页。
② (宋)窦仪等详定:《宋刑统校证》,岳纯之校证,北京大学出版社2015年版,第184页。
③ 丁凌华:《五服制度与传统法律》,商务印书馆2013年版,第73~75页。

的人,即曾为同祖宗,不管是作为妻子还是妾氏,均属乱法,"乱法不殊"。《户令》规定:娶妾也需要订立婚契,这就可以证明妻、妾,都属于婚姻。比照礼和令的规定,二者得罪没有区别,"得罪无别"。① 从《户令》的民事法律效力上承认娶妾也要立婚契,属于婚姻,只是与正妻身份等级有别。二是刑事犯奸。法律规定:凡是曾经是祖免亲的妻,相互嫁娶的,各处杖一百;嫁娶缌麻及舅、外甥妻的,徒刑一年;嫁娶小功以上亲属妻的,按奸论处。嫁娶妾的,各减二等治罪。这些情况下的结婚都要离婚,"并离之"。② 综上,从宗法制度要求,妾不属于五服之内的亲属,不具有家庭中的正式成员身份。从法律文本规定,妾不具有合法的女性家庭地位,身份等级同婢。从司法实践中考察婚姻关系中,妾不享有妇女的合法权益,司法官考量的妇女是具有正妻地位的女子,这样才能维护家庭、家族和社会秩序的稳定与和谐。妾在家庭、家族中具有发言权与妾生子有关,会牵涉妾地位的改变,相关财产权和继承权也会发生变化。后续会在家事纠纷中的财产和继承类型案件中再进行分析。

2. 女方离婚权的保障

第一种情况是丈夫死亡、犯罪,允许妇女改嫁。"在法:已成婚而移乡编管,其妻愿离者听。"③该条将在后续离婚一节中详细论述。法律对于丈夫死亡,妇女因贫改嫁如何规定的?且看《宋

---

① (宋)窦仪等详定:《宋刑统校证》,岳纯之校证,北京大学出版社2015年版,第183页。

② (宋)窦仪等详定:《宋刑统校证》,岳纯之校证,北京大学出版社2015年版,第186页。

③ 中国社会科学院历史研究所宋辽金元史研究室点校:《名公书判清明集》卷九《户婚门·婚嫁·"已成婚而夫离乡编管者听离"》,中华书局1987年版,第353页。

刑统》规定：凡是居父母及丈夫丧期而嫁娶的，徒刑三年；嫁娶妾减三等治罪，各都要离婚，"各离之"。法条随后所附疏议解释道：父母丧，终身悲痛，三年之后才能从吉服，这是自然的礼仪。丈夫为妇人的天，况且不能再嫁。如果居父母及丈夫丧期，是指在二十七个月内；如果男人自身娶妻，妻女出嫁的，各处徒刑三年，"各徒三年"。①

宋哲宗元祐年间，为了防止家境贫寒的平民女子，在丈夫亡故后失去生存能力，法律规定作了相应的修改，即在丈夫丧期百天之后就可以再嫁：如果女子居父母丧期内或者丈夫丧期内因为贫困而不能维持生活的，允许她们可以在一百天后选择出嫁或者再婚，"并听百日外嫁娶之"。②苏辙曾说：最近才开始实行女子居父母丧期内或者丈夫丧期内因为贫困而不能维持生活的，可以在一百天后结婚的规定。这已经对传统道德礼教规范产生了损害，但仍然有百姓可能通过变通来实施这个规定，因为女子在家庭婚姻中处于较为柔弱的一方，担心她们会陷入难以预料的风险之中，"恐有流落不虞之患也"。③

南宋法律规定"诸居夫丧百日外，而贫乏不能存者，自陈改嫁"。④南宋对于地区经济发展不平衡，田地贫瘠差异，调整相应的婚姻制度。宋宁宗开禧元年（1205年），修改《皇官庄客户逃移

---

① 参见（宋）窦仪等详定：《宋刑统校证》，岳纯之校证，北京大学出版社2015年版，第183~184页。

② 孔凡礼撰：《苏轼年谱》卷三十二《元祐八年》，中华书局1998年版，第1084页。

③ （宋）苏轼：《苏东坡全集》（第6卷）卷五十《奏议·乞改居丧婚娶条状》，北京燕山出版社2009年版，第2844页。

④ 中国社会科学院历史研究所宋辽金元史研究室点校：《名公书判清明集》卷十《人伦门·夫妇·"妻已改適谋占前夫财物"》，中华书局1987年版，第377页。

法》。夔路转运判官范荪上奏说他所任职的路一级地区施、黔等州地区由于位于偏远的山区和峡谷中,"绵亘山谷,地广人稀",土地面积宽阔但人口密度低下,因此很多拥有较多土地的人需要雇佣人来耕种。一些富有家庭则引诱农民全家搬离此处。为了解决这个问题,请求对皇祐时期制定的关于农户搬迁的规定加以修定:对于成为客户的家庭成员来说,他们可以被劳役耕作而不影响到他们的家人。而如果身为客户的家庭成员去世了,他的妻子若选择再婚的话,应允许她自由决定自己的生活方式,女儿也可以自主选择是否要结婚,"女听其改嫁"。① 这是关于佃客依附性减弱的明文规定。南宋绍兴初年,鼎州士兵周祐的妻子向官府乞求改嫁,原因是"告夫死无以自存",程平国待制守鼎州数年,程听闻此事后,"程与之钱,使殓死者,而从其请"。②

第二种情况是富寡改嫁,如前文提过的向敏中、张贤齐争娶寡妇柴氏改嫁案。这说明宋代士大夫对于妇女守节的观念并不保守严格,给予了妇女一定的自由,但是这种自由有限制的,因为妇女的主婚权依旧掌控在家长手中。对于丈夫外出失踪,妻子如何保障自己的婚姻权利,宋神宗元丰元年(1078年)御史黄廉对此发表意见。他认为:普通百姓傅泽的妻子经常到开封府来请求判决离婚事宜,因为她的丈夫已经离家出走并且音讯全无,她被允许可以重新再次嫁人,"许令改嫁"。后傅泽归来向官府论理,官府经审查是其妻子为雇卖给开封府判官苏涓为婢,而作的"妄

---

① (元)脱脱等撰:《二十四史全译·宋史》卷173《志第一百二十六 食货(上一) 农田之制》,许嘉璐、安平秋、倪其心编译,汉语大词典出版社2004年版,第3458页。

② 上海师范大学古籍整理研究所编:《全宋笔记》第9编第7册《夷坚志补·卷第二·鼎州兵妻》,大象出版社2018年版,第27页。

乞改嫁",但是国家对知情且雇买的苏涓,所作出的处罚也只是降级处理,"乃止出涓知寿州"。①

3. 男方犯罪导致离婚

在男方"买卖人妻"和犯罪编管时,立法和司法给予女子一定的离婚自由权。女子虽然出嫁后从属于夫族,但是离婚主动权是掌握在丈夫一方。法律有规定,"妻妾擅去者,徒二年。因而改嫁者,加二等",理由是"妇人从夫,无自专之道"。② 前面提到的刘后村在审理的"妻以夫家贫而仳离"案件中感叹道:"夫有出妻之理,妻无弃夫之道",③如果因男方的犯罪行为侵犯女方的人身权益,法律赋予妇女以离婚权利。

一是禁止买卖人妻。"婚嫁皆违条法"案涉及两个法律关系,一个是叶四卖妻和吕元五买妻行为,另一个是阿邵改嫁吕元五的行为。针对第一个买卖妻子行为,翁司法官在判词中对将人妻再嫁的法律进行释明:凡是和娶他人妻子及嫁给和娶之人者,各自处以二年徒刑,如果丈夫将自己妻子出嫁处以同等处罚,同时双方离婚,"仍两离之"。④ 这条法律的前提是两相情愿娶别人妻及嫁自己妻的,都要判处徒刑两年,同时妻与所嫁的丈夫都要离婚。判词中写道:叶四娶阿邵为妻,没有能力供养,自己写下休书、领钱字据并按下指模,将阿邵嫁给吕元五,吕元五父子共支付官会

---

① (宋)李焘:《续资治通鉴长编》卷二百九十五《神宗元丰元年十二月壬寅条》,上海师范大学古籍整理研究所、华东师范大学古籍整理研究所点校,中华书局2004年版,第7178页。

② (宋)窦仪等详定:《宋刑统校证》,岳纯之校证,北京大学出版社2015年版,第182页。

③ 中国社会科学院历史研究所宋辽金元史研究室点校:《名公书判清明集》卷九《户婚门·婚嫁·"妻以夫家贫而仳离"》,中华书局1987年版,第345页。

④ 中国社会科学院历史研究所宋辽金元史研究室点校:《名公书判清明集》卷九《户婚门·离婚·"婚嫁皆违条法"》,中华书局1987年版,第352页。

三百贯,还有未尽余款二百贯寄放在叶万六家中,"寄留叶万六家"。司法官对叶四的行为不耻,因为叶四又向官府起诉要回妻子。既然已经亲笔写下收取钱款的字据,却又向官府诉讼理论要求吕元五返还自己的妻子,若是如此可以要回妻子,那么妻子是可以随意出卖的了,"是妻可以戏卖也"。此时买方吕元五也非善类,娶妻不合礼制。吕元五贪图阿邵为妻,让裴千七夫妻与杨万乙诱骗叶四,虽然叶四已经书写契约,但是内心仍有不甘,还在犹豫之际,吕元五竟敢将阿邵留在家中据为己有,若如此可以得到妻子,那么妻子就可以抢夺了,"是妻可以力夺也"。针对第二个阿邵改嫁行为,司法官批评阿邵一介女流,却无守节之道。根据法条规定"诸妻擅去,徒二年",阿邵身为叶四的妻子,虽然丈夫不是良人,应当依靠娘家,却委身于吕元五,唯恐不能迅速改嫁,如果这样可以免罪,那么妻子就可以擅自离弃丈夫了,"是妻可以擅去也"。

翁司法官根据案件情理变通判决为三人依法应当判处徒刑,暂且由所在县衙各责杖一百,依照法律条令判决双方离婚,"照条两离之"。叶四和吕元五均不能得妻,同时将阿邵交付牙人别与召嫁。对于擅自制造事端、离散人家夫妻的杨万乙、裴千七、叶万六也应当判处徒刑。

二是丈夫犯罪被编管。根据法律的规定:如果男子已经结婚而因为犯罪被迁徙到其他地方接受编管,这种情况下他的妻子可以选择离婚。同样地,丈夫若在外面待了三年没有回家,也是可以允许妻子选择离婚再次改嫁,"亦听改嫁"。就是前文提到的丈夫犯罪移乡编管,允许妇女改嫁。《名公书判清明集》中的"已成婚而夫离乡编管者听离"一案中卓一之女婿林莘仲因犯罪被判处编管,①"而六年并无通问",司法官认为"揆之于法,自合离婚"。前文已提过离婚的方式有三种:七出、义绝、和离。前两种离婚方式对于妻子来说,都有损颜面和声誉。

《宋刑统》规定"若无此七出及义绝之状辄出之者,徒一年半"。"诸犯义绝者离之,违者徒一年。"宋朝对于不符合法律规定的离婚,要对男方进行刑事处罚。元朝更加注重离婚的契约文书的订立。元朝法律规定:"诸出妻妾,须约以书契,听其改嫁。以手模为徵者,禁之。"②只有第三种方式对于夫妻双方来说都能保全名誉,"若夫妻不相安谐而和离者,不坐"。③本案中卓一之仍旧为女婿考虑,"与议和离,立定文约"。相关凭证有林莘仲领取聘礼官会四十五贯及他的领钱字据,见证人詹用的签字画押笔迹,另外还有卓家向官府所作陈述的状词。现在林莘又向官府提起诉讼请求想要与卓氏复合。司法官经上述审理后认为:"林莘仲今复何辞乎?既受其官会,又许其改嫁,使卓氏已嫁他人,今其可取乎"?这种明知无理还要浪费司法资源的人,官府要处以刑罚惩戒,"林莘仲可谓妄词,合行收罪,免断"。

4.亲属犯奸导致离婚

亲属间犯奸,宋代司法官以比附论证的方法,保护女性的诉权。在长官躬亲制度下,通过当庭察情审词,当事人理对,巧妙处理家事中的违理乱伦现象。该类案件与后续要讨论的亲属相犯

---

① 参见中国社会科学院历史研究所宋辽金元史研究室点校:《名公书判清明集》卷九《户婚门·离婚·"已成婚而夫离乡编管者听离"》,中华书局1987年版,第353页。

② 邱汉平编:《历代刑法志·元刑法志·户婚》,商务印书馆2017年版,第490页。

③ (宋)窦仪等详定:《宋刑统校证》,岳纯之校证,北京大学出版社2015年版,第189页。

中的案件类型有交叉研究部分,此处探讨因为亲属间的犯奸导致婚姻关系结束的案例。收入《名公书判清明集》中的此类案例共有4件,而且均为司法官胡石壁审理,审理内容为近亲属犯奸之事引发的离婚纠纷,审理结果是判决离婚3件,调和1件。家族是伦常主义的中心,家族内部成员具有血缘关系或存在尊卑名分,对于家族内部的性越轨,属于违理乱伦之行为,立法对亲属相奸的处罚必定与常人有别。司法实践中司法官如何处置,法律文本与法律实践是否存在差异,需要以个案为研究样本。胡石壁审理的4件离婚纠纷中,离婚缘由涉及翁媳犯奸的有3件,审理结果为调和1件,判离2件,司法官是否做到同案同判也是研究中需要关注的点。

一是司法官注重保护女性的合法权益,根据日常家事惯习和涉事当事人的言辞,支持女性的离婚诉求。如"妻背夫悖舅断罪听离"一案,①该案原告阿张的诉讼请求:要求与被告朱四离婚,理由是丈夫痴傻,翁媳有不正当关系。案情争议焦点:阿张的诉讼请求是否符合离婚条件?胡司法官在判词中首先引用礼,对阿张的行为进行道德批评,"適人之道,一与之醮,终身不改"。阿张嫁给朱四已经有八年的时间。即便朱四患上了蔡人一样的恶疾,阿张也应当不离不弃。况且朱四身体健康,精神正常。现在朱四的眼睛可以看东西,耳朵能够听到声音,嘴巴可以说话,双手也可以活动,双脚也能行走,他从未有过如蔡人一样的疾病,"初未尝有蔡人之疾也"。司法官当庭反驳阿张所诉与事实不符,并且司法官认为阿张的行为不符合夫妻之"义":诬蔑丈夫痴傻和舅公犯奸行为。如果妻子对丈夫没有理由地称为痴愚傻瓜并想抛弃他,这

---

① 参见中国社会科学院历史研究所宋辽金元史研究室点校:《名公书判清明集》卷十《人伦门·夫妇·"妻背夫悖舅断罪听离"》,中华书局1987年版,第379页。

已经违背了夫妻间的道义,并且用"新台之丑,上诬其舅"这是多么荒谬啊!司法官依据礼制作出了裁决:按照礼仪法律的相关规定:儿子如果非常喜欢他的妻子,但父母不喜欢的话,就应该休妻,"父母不悦,则出之","杖六十,听离,余人并放"。阿张既诉告丈夫,则与丈夫感情不和,又诉告其家公,致使家公不悦,事情到此已经无法允许双方强行结合,判决双方离婚。本案因证据不足并未追究朱四父亲的奸非行为。虽然胡司法官言辞道义谴责阿张,但是最终结合案件情理和保护妇女的人身权益,还是支持阿张诉求,可见司法官对于家庭内翁媳犯奸保持警惕的态度,并给予妇女一定的离婚自主权。

二是案件事实以证据佐证,亲属犯奸的案件事实往往真伪不明,司法官审查案情以证据为依据,需要当事人的供述和证据能够相互印证。如"女嫁已久而欲离亲"案件,[1]该案提起离婚诉讼请求的主体不是女方,而是女方的父亲。原告聂懿德诉请官府判决女儿阿聂与被告王显宗离婚。事实和理由:王显宗不务正业,行为不检,屡次遭受刑罚。聂懿德认为女婿有辱门第,才打算让女儿与女婿离婚。本案的争议焦点在于父亲代替女儿起诉离婚,是否支持?司法官受理案件后认为聂懿德的诉讼理由是有一定道理,但是考察女儿与女婿的婚姻状况却又占不住理:理由一为"婚姻重事,所贵谨始"即结婚大事,最重要的是慎于开始,既然已经进行了订婚仪式,就不应该反悔,更何况他们已经成婚超过19年的时间呢;理由二为聂懿德家族系被国家旌表的门闾之后,可以称得上是一个有名的家庭,但他竟然把他的女儿嫁给了身为吏人的儿子,这表明了他对女儿婚姻大事的无知和愚蠢的程度太

---

[1] 参见中国社会科学院历史研究所宋辽金元史研究室点校:《名公书判清明集》卷十《人伦门·夫妇·"女嫁已久而欲离亲"》,中华书局1987年版,第379页。

深。女儿与女婿成婚时间长达 19 年,况且此婚配虽非门当户对,也是女方父母做主的选择,现在后悔恐怕太迟。

司法官听取了女儿阿聂的陈述,其本人并不想离婚,而是父亲的单方意愿。司法官认为本案的疑点在于王显宗是判过刑之人,父母国人都鄙视他,为何阿聂不忍心弃之,难道真有烈女的节操吗?官府经审理查明"聂懿德所谓王伯庆逐子留妇,或者其因于此矣"。司法官会根据翁媳之间的奸事这一事实判决离婚吗?事实需要证据的支持,证据不足难以下判,"事属暗昧,不欲以疑似之迹,而遽加罪于人"。司法官一方面要维护父权制家庭中尊长的地位,另一方面亲属犯奸在礼教上为大忌,属于乱人伦行为。拥有理学背景的司法官是很难容忍此类行为。司法官给出调解方案:让王伯庆送阿聂返回其父亲家中,但不允许她擅自作主改嫁。等到王显宗将来能悔过自新时,待他与阿聂恢复到结婚初期的良好夫妻关系,这样的话,王伯庆就可以避免被误会了。

三是裁判依据为礼和法,援引相关的经学义理和法律规定。如案件"既有暧昧之讼合勒听离",[①]家事纠纷具有隐私性,不正当翁媳关系,的确属于暧昧不清之事。该案诉讼主体为阿黄。诉讼请求:要求与丈夫离婚。事实及理由:阿黄因为公公的犯奸行为,无法再继续与丈夫生活,诉请离婚。本案的争议焦点:阿黄的公公是否有犯奸行为?能否据此判决离婚?胡司法官认为阿黄关于公公对自己犯奸一事,前后供述有自相矛盾之处,对此难以确认事实,"新台之事,委属暧昧"。涉及舅公与儿媳如新台的丑事,证据事实存在许多模糊不清的地方,阿黄在官府之外的供述

---

① 参见中国社会科学院历史研究所宋辽金元史研究室点校:《名公书判清明集》卷十《人伦门·乱伦·"既有暧昧之讼合勒听离"》,中华书局 1987 年版,第 388 页。

则认为它确实存在,而在审讯中所作的供述又表明这种家庭乱伦丑事并不存在。如果仅凭这些言语证词的先后来判断它的真实情况,那么很少会有准确的时候,"是非鲜有不失实者"。为了查清事实,胡司法官亲自前往司理院审查,"当职今亲至院,逐一唤问,耳听其辞,目察其色"。通过亲自审问,胡司法官察觉到原告阿黄并非说谎,"阿黄应对之间,颇多羞涩,似若有怀而不敢言"。

另一名当事人在司法官的审问中表情更为有趣,恰好印证阿黄陈述,"李起宗争辩之际,颇觉嗫嚅,似若有愧而不能言",虽然仅凭原告之言没有其他证据佐证,难以确定此事,但是从其他当事人的言词中可推断此事也并非空穴来风。司法官认为如果要继续佐证事实,对涉案当事人阿黄刑讯逼供,可能适得其反。虽然现在还不能确定是否存在这种情况。如果一定要探求真相,那么面对拷打时,一位柔弱的女子又如何能够像一名勇敢的男人那样去应对监狱官吏呢?只能被刑讯逼供冤枉认罪罢了,"终于诬服而已矣!"案件到此因为证据不足,事实真伪不明,但根据日常习惯,司法官认为家丑也不可外扬,但是尊长反目使双方失去情"义"。对于这种舅公与儿媳乱伦的丑恶行为,我们应该低调处理并尽量避免公开传播,以免给同乡族党带来羞耻。尊卑之间即使没有发生反目成仇的乱伦事情,也很难恢复之前的和谐家庭关系,"纵无此事,亦难复合"。根据礼的规定:如果儿子非常喜欢他的妻子,但父母却不喜欢,那么他必须休妻,"父母不说,出"。胡司法官引用这个礼仪经典法则,就是想说明阿黄肯定不会受公公待见,即便夫妇想白头偕老也不可能了,遂判决双方离婚,"合勒听离,黄九二将女别行改嫁,李起宗免根究"。

该案中有两大亮点。其中一个亮点是宋代的司法特色制度——长官躬亲制度。州县的司法审理是主要政务,宋代刘行简曾言:"狱之初情,实在于县,自县而达于州,虽有异同,要之以县狱所鞫为祖,利害不轻。"①按照宋代法律规定,县令承担侦查职能,"县尉职在巡警,及其获盗解县,禁系推鞫,属之县令",②知县(县令)负责侦查的指挥和对罪犯的审讯。胡太初提到长官躬亲鞫狱,"在法鞫勘必长官亲临",③凡"州县官不亲听囚而使吏鞫讯者,徒二年"④。宋代的"县令之任为最繁重,催科功率,民讼刑禁,凡朝廷所行之政多在焉",⑤虽然公务繁忙,但是宋朝重视婚财田土细故之讼,必要求长官躬亲,发挥榜样的力量,这也是名公们能被写入《名公书判清明集》中的缘故。

该案的另一个亮点是女性本人享有诉讼的权利。宋代法律上并不排斥女性作为原告"状首人",但是有身份的限制,"非单独无子孙孤孀、辄以妇女出名"者,⑥否则官府是不受理的。妇女的诉讼一般由其父兄或子孙代理,无亲属者,才由妇女本人出面。妻妾等卑幼对夫舅等尊长也有一定的刑事告诉权,但限于三类案件:(1)夫、妻、妾相殴并杀,若丈夫殴伤杀妻妾、妻殴伤杀夫妾和妾殴伤杀妻等。("皆须妻、妾告,乃坐""须夫告,乃坐")夫妻妾

---

① (明)黄淮、杨士奇编:《历代名臣奏议》卷217《慎刑·六·乞令县丞兼治狱事》,上海古籍出版社1989年版,第2851页。

② 曾枣庄、刘琳主编:《全宋文》第260册卷五八四四《张维·县尉权县鞫狱不当奏》,上海辞书出版社2006年版,第71页。

③ (宋)胡太初:《景印文渊阁四库全书·史部三六〇·职官类》第602册《昼帘绪论·治狱篇第七》,台北,商务印书馆1983年影印本,第714页。

④ (宋)马端临:《文献通考》第八册《卷一六七·刑考六》,上海师范大学古籍研究所、华东师范大学古籍研究所点校,中华书局2011年版,第5011页。

⑤ 刘琳等点校:《宋会要辑稿》第7册《职官四八之三二》,上海古籍出版社2014年版,第4330页。

⑥ 参见中国社会科学院历史研究所宋辽金元史研究室点校:《名公书判清明集》附录五《黄氏日抄·词诉约束》,中华书局1987年版,第637页。

必须亲自告诉,官府才予以处理;①(2)财物被侵夺,指的是周亲以下,缌麻以上的相互侵夺财物,可以自行处理诉讼。《宋刑统》在《斗讼律》中的法律条款里明确指出:对于亲属关系范围在周亲以下和缌麻亲以上的家庭成员来说,如果他们涉及财产被盗取或者身体受到殴打伤害等事件,有权自行提起诉讼;而如果没有这些家事纠纷情况发生的话,则不能对其他家事纠纷提出起诉,"不得别告余事"。②(3)谋逆等重罪。本来告周亲尊长、外祖父母、丈夫、丈夫的祖父母,虽查证属实,因为违反容隐的法律规定,也得处徒刑二年,但是属于"若告谋反、逆、判者,各不坐"。③

四是司法官注重审理程序,如查明犯奸的事实,夫妻的婚姻状况,男女双方有无过错等。如案件"夫欲弃其妻诬以暧昧之事",④该案诉讼主体为婆婆龚氏,诉讼请求是要求将儿媳妇虞氏押回娘家自寻生路。事实及理由:虞氏与他人通奸。该案与前三案相比,似乎离婚的事实和理由更为确凿和充分。胡司法官认为由于虞氏得罪了婆婆,以致引发了一场诉讼,但他们控告的事情又是儿媳与外男私通,同时涉及这两个问题,夫妻关系不可能恢复已经非常明显了,"其不可复合亦明矣"。依照礼和法的规定,离婚是肯定的结果。按照礼制来说:如果丈夫非常喜欢他的妻子,但父母的却不喜欢的话,那么就应该让她休妻,"父母不悦,则

---

① 参见(宋)窦仪等详定:《宋刑统校证》,岳纯之校证,北京大学出版社2015年版,第297页。
② (宋)窦仪等详定:《宋刑统校证》,岳纯之校证,北京大学出版社2015年版,第315页。
③ (宋)窦仪等详定:《宋刑统校证》,岳纯之校证,北京大学出版社2015年版,第314页。
④ 参见中国社会科学院历史研究所宋辽金元史研究室点校:《名公书判清明集》卷十《人伦门·夫妇·"夫欲弃其妻诬以暧昧之事"》,中华书局1987年版,第380页。

出之"。法律规定：如果妻子有符合被休的离婚条件（所谓的七出），其中最大的过错就是妻子的淫佚行为，"而罪莫大于淫佚"。

司法官受理案件后，根据原告提交的诉状对于案情的经过和结果作出初步认定。该案争议焦点是：虞氏是否犯有通奸之罪，能否判决离婚？该案使司法官产生疑点在于诉状上的署名为龚氏，提交诉状的人却是龚氏的儿子江滨叟。也就是说，本案实际提起诉讼的原告是江滨叟。从法律规定诉权人来看，江滨叟是有直接控告自己妻子通奸且具有出妻权利的人，为何要借母亲龚氏之名提起诉讼，他的目的何在？现在江滨叟借母亲龚氏的名义起诉儿媳，却避开隐瞒婆媳之间的家事矛盾，只是请求官府将虞氏独自押送回娘家服侍其父母，"只令押其妻虞氏自归侍奉"。案件事实隐晦不清，但不知道在这种情况下虞氏还有何脸面回到娘家？案件应该彻底解决，这样才能让虞氏清楚了解案件的审理情况，"而虞氏方始明白"。司法官要查清事实，就要对江滨叟亲自进行调查，并与被告虞氏当庭进行对质，"牒邵武军追江滨叟申解，候到司日，却唤上虞士海理对"。

经审理查明，江滨叟为了离婚捏造虞氏通奸一事，看来之前以母亲龚氏起诉儿媳，也是想制造婆媳矛盾的假象来达到离婚的目的，"在法：'奸从夫捕'，谓其形状显著，有可捕之人。江滨叟乃以暧昧之事，诬执其妻，使官司何从为据？"江滨叟没有证据指明虞氏通奸的具体个人，却以疑似之事，控告其妻，司法官认为他是市侩小人，不明道义，官府据此准备驳回其诉讼请求并就此结案。但是江滨叟又控告其妻盗窃，目的就是想拖延诉讼时间，不愿意复合，"江滨叟自知理屈，于前事不敢坚执，却又称虞氏曾令妾搬去房奁器皿，是虞氏盗与奸俱有"。司法官察觉到江滨叟的诉讼目的为拖延诉讼，使得虞氏被迫离婚，"大概是撰造无根之词，迁延岁月,使虞氏坐困,不愿复合,而休离不出于己,其小人之尤者",针对江滨叟再次控告其妻子盗窃,必须有证据佐证才行,"所谓器皿,必有名件",故命人把江滨叟押下佥厅,让他按照实情供述。

司法官认为:江滨叟蓄谋已久,意图抛弃他的妻子,但没有任何正当理由,于是他捏造了妻子私通外男的乱伦行为并将其定为重大罪行。当其被官府问到无法辩解时,他声称妻子偷窃了家里的财产如房奁、器皿。然而,经过官府让江滨叟与虞氏当面核查时,这些物品实际上都是属于虞氏自己的随嫁私人物品,"则又皆虞氏自随之物"。本案依据法律规定判决不离婚,原因是被告不符合离婚"七出"的条款,但是根据情理剖析江滨叟制造事端,诬蔑妻子已经失去夫妻之"义"。古者有言:"交绝不出恶声",即断交后不说他人坏话。即使虞氏确实有江滨虞所控诉之事,这件事情应该被掩盖。现在江滨叟捏造了这个事实,用如动物般的乱伦行为来诬陷他的妻子,"以鸟兽之行诬其妻",虞氏也是人,怎么有脸面回到婆家,"尚何面目复归其家"。司法官询问了女方的意见,尝试对本案进行调解,虞氏同意离婚。根据礼制的规定:如果儿子太喜欢他的妻子,而父母却不喜欢,就必须休妻,"父母不悦,则出之"。既然虞士海已经表示出江滨叟对夫妻感情和道义的损害,她不愿意重新开始这段关系,官府也不勉强劝和,"合与听离"。江滨叟虽然达到了自己的诉讼目的,对其诬告行为还是要惩戒,"虞士海先放,江滨叟勘杖八十,押下州学引试,别呈"。

5. 拐卖妇女的违法婚

涉及买卖妇女的案件时,立法上禁止贩卖人口,尤其对贩卖的主体、贩卖对象进行规制。国家虽然禁止买卖人口,但是不禁止雇买奴婢。司法实践对于官员参与贩卖人口给予刑事处罚。

此类案件类型存在相互民刑交叉；买卖主体具有特殊性：官族、奴婢、平民；法律关系为人身买卖契约；法律后果为杖刑、依照贩卖妇女定罪、调解和好或改嫁。从该类案件涉及主体的特殊性，可以观察到宋代奴隶在不同阶级结构中的地位变化。此外，该类案件中买卖妇女发生性关系的，民事婚姻无效，法律处罚轻刑化。下面从个案中进行动态考察。

一方面，国家对于官员名为雇买契约实为买卖妇女的犯罪行为，只是道德谴责，司法实践中给予差别处罚和对待。贩卖主体为官宦人士的，在买卖人口类型案件中严厉打击。如案例一："时官贩生口碍法"，①该案件的性质为刑事犯罪。被告人是黄友。官府指控内容为黄友作为现任官员贩卖人口，"尤法禁之所不许"。被告人黄友的供述：黄友在拘押期间招供将三名婢女责成官牙出卖，"黄友押下供。女使三名，责官牙寻买"。官府审理认为：黄友作为现任官贩卖人口，受害人是本县市民之女，涉嫌行为违法。为了谋取官位而买卖人口，这当然是违法的；然而，如果贩卖人口的对象为本地居民女儿的话，那么法律怎会容许，"于法可乎？"官府作出判决：黄友责杖一百，押解出本路地界，"黄友勘杖一百，押出本路界"。对于被害者，实施了相应的救援行动：三名女性被带到县政府，由当地的知县官员召集她们的亲戚并告知他们女儿的情况后，再向他们提交一份领取这些女性的身份证明文件，"逐一取领状申"。对买受人进行处罚：如果地方县尉官员没有遵守规定，购买了当地部民之女，应该被审查并上报，首先需要详细说明情况，并在一天内提交报告，"限一日申"。此外，对于牵线搭桥的人也需予以惩罚：追捕潘牙人、程牙婆二人，各处以杖刑八十，"各

---

① 参见中国社会科学院历史研究所宋辽金元史研究室点校：《名公书判清明集》卷九《户婚门·雇赁·"时官贩生口碍法"》，中华书局1987年版，第357页。

从杖八十,讫申"。该案对于贩卖女奴婢的犯罪处罚中,关键一点是该案奴婢的身份已不是贱籍,而是具有良民身份。

案例二:"卖过身子钱",①案件性质:刑事犯罪。被告人:郑万七、徐百二、陈廿九、周千二。官府指控:阿陈之女被多次贩卖,中间人赚取差价。事实为:去年十一月,阿陈的女儿被雇聘给了身为官者的郑万七,总共花费的旧官会钱财达到了二百二十千元。在十二月,阿陈之女又被雇聘给信州牙人徐百二。徐百二随即将阿陈之女又雇聘给铅山的陈廿九,此时阿陈之女的身家已经增加到七百贯。才到六月的时间,陈廿九又将阿陈之女再次雇聘给漆公镇的客人周千二。才过了几个月的时间,阿陈的身价已经超过最初价格的三倍之多,"而价已不啻三倍矣"。官府经审理提出附条件不起诉,给出处理意见:送交通判厅审理,监督限期十日将钱款足额上缴,违反期限规定将按贩卖妇女之罪定罪处罚,拘禁缴足钱款,通过限制其人身自由,以使百姓明白违背法律实行买卖妇女欺诈行为是无法获取钱财利益,"庶知倚法欺骗之无所利也"。从处理结果看,该案处理贩卖妇女的犯罪结果是附条件不起诉,司法实践中实施的是轻刑化刑事犯罪打击。

但是另一方面法律允许通过订立雇佣契约进行奴婢的购买,禁止通过频繁转卖奴婢以赚取差价,因其已经有贩卖人口的性质;但是刑事处罚呈现轻型化特征,以金钱罚为主。如"官族雇妻"一案中,②案件性质为刑民交叉。该案涉及的法律关系有:买卖人妻、官族雇妻、离婚纠纷。起诉主体为陈氏的母亲刘氏。诉

---

① 中国社会科学院历史研究所宋辽金元史研究室点校:《名公书判清明集》卷九《户婚门·雇赁·"卖过身子钱"》,中华书局1987年版,第357页。
② 参见中国社会科学院历史研究所宋辽金元史研究室点校:《名公书判清明集》卷十《人伦门·夫妇·"官族雇妻"》,中华书局1987年版,第382页。

讼请求为要求雷司户归还自己的女儿。事实及理由：陈氏为陈思永之女，嫁与吴子晦为妻。双方都为官宦世家，门当户对。宰相秀国陈公，前代确实和郑国公的富公一同承担过宰相的职责，经过了五代传承到他的孙子思永，思永距离他祖辈的血缘关系也不算疏远，"去先世盖未甚远也"。然而，吴子晦虽为官宦之后，不能够支撑门户，家道败落，与其妻子借住在女方的亲戚家。思永的女儿和吴子晦结婚了，吴子晦也是官僚家庭的后代，"不能自立，家道扫地"。无法独立生活，家庭经济状况一落千丈，吴子晦跟他的妻子一起住在陈季渊的家中。由于家庭经济贫困，陈氏只能依靠针线活维持生计，吴子晦为了钱财将陈氏卖给官宦人士雷司户为婢，这才引发陈氏母亲的起诉。由于贫困的原因，陈氏不得不依靠自己的针线活来维持生活，"为贫至此，为之奈何"？这般困苦的生活实在令人难以承受。然而却有人利用陈氏的困境引诱她成为奴婢。司法官认为这种欺诈行为"此而可忍，孰不可忍"！雷司户作为一名出身于显赫家族的官员，他本应期待着通过功名获得社会荣誉和地位，但为何会为了一位女子而违背道义，招致众人的嘲讽呢？"自犯不韪，贻诮旦评"。司法官受理案件后表示陈氏为名门之后，不忍心坐视其失身，才不得已处置。官府经审理查明：吴子晦将陈氏卖与雷司户为婢女，"追到吴子晦，方且力讳其事，索到雷司户雇契"。雷司户为了买陈氏为婢女，先邀请吴子晦到家中饮酒，诱骗其留下陈氏在家留宿一晚，次日签订卖身契约，"次日方令立契"。此处还有亲戚陈季渊，其作为名相的诸孙"受人濡沫"，却参与贩卖侄女陈氏一案，他也在卖身契约上签字画押，"此岂复有人心"。

司法官认为陈氏是名门之后，被自己丈夫和亲戚合谋卖为婢女，这从法律和道德上来讲都是要谴责的事情。从道德方面分析官宦人士雷司户雇买陈氏的行为：这些出身于士大夫之后的知识分子家庭的人们，他们的后代有的品行高尚，也有的行为恶劣，因此确实也无法能够长期保持富有和繁盛，也不可能使家族声望持续下去，"不坠其家世"。依据礼义经典，雷司户的行为是违反礼制的，受道德谴责。先朝代时期曾经有一位官员因运送的部纲折陷而导致家庭破产，他不得不卖掉妻子和女儿来抵债。然而当这些事情发生时，许多当时的明贤之士都毫不犹豫地拿出自己的所有财产去资助这位官员，并帮他们嫁女的奁产和资财，"使得所归，载入传记"，成为一段佳话。对身为司户的雷某来说，难道不会感到羞愧吗？"独不有愧于心乎？"士大夫在这种情况下，通常是有怜悯之心，雷司户动了邪念，是士大夫中的败类。无论是哪位士大夫都应具备同情的恻隐之心，如果了解了事情的经过并深思熟虑的话，那么给予关心和照顾是完全可以理解的。然而，利用他人的贫困来为自己谋取利益，引诱她们成为奴隶，这种行为如何能容忍呢？"此而可忍，孰不可忍！"

从法律方面分析吴子晦的卖妻陈氏的行为："在法：'雇妻与人者，同和离法。'吴子晦合依上条定断。"亲戚陈季渊参与买卖陈氏的行为：陈季渊作为名相的众多子孙之一，为了毫末之利，却在出卖亲侄女的契约上签字画押，哪里还有什么良心，"引押下，请门长自行遣"，仍旧发文给门长照会通知，给予陈氏以义庄之米进行救济，"住罢所给义庄米"。官府作出审理结果为：官司没有按照案件实情进行处理，先令刘氏领回其女陈氏，若吴子晦有能力供养妻子，则双方婚姻以调和为主，"不至失所，却令复还"。若吴子晦无力供养，则判决双方离婚，准许陈氏改嫁，"合从刘氏改嫁"。官府同时需要准备刘氏改嫁的"备条给据"，对案件当事人和参与人免于拘押治罪。对雷司户的奴仆程八乙还有吴子晦免于处罚,同时将刘如圭释放。刘氏的雇契要销毁。再如"卖过身子钱"一案中,对倒卖妇女的人员处罚为金钱罚,送交通判厅审理,监督限期十日将钱款足额上缴,违反期限规定将按贩卖妇女之罪定罪处罚,拘禁缴足钱款,通过对相关人员限制人身自由,使其"庶知倚法欺骗之无所利也"。

以上从离婚案件中(男方的法定离婚权限制、女方的离婚权、买卖人妻、亲属犯奸)的四个方面动态考察宋代离婚纠纷,司法实践会赋予女方一定的离婚权利,但是这种权利又与女性的家庭、家族身份挂钩。宋代对于家庭中不同身份的妇女有不同的称谓,由于她们处于不同的家庭体系,不同的称谓使她们获得的法律权益不同,如在室女、出嫁女、归宗女和寡妇。这些家庭身份会在后续的继承和财产类型案件中详细陈述她们法律权益的差异。还有一类特殊的家庭身份群体即妾、婢女。[1] 有的文献中也提到过家妓,由于司法案例数量有限,在官府处理家事纠纷中很少看到有关家妓的诉讼纠纷,导致研究中对此类群体关注度较弱。此外,还有根据妇女所处的阶级不同划分为平民女性与贵族女性,从立法和司法实践中对于两类群体实行区别对待。[2] 离婚纠纷中,婢女作为特殊的家庭群体身份,立法对于奴婢的家庭身份的规定可从同居相隐法条中推断。法条规定:凡是同居的家庭成员,如果他们是同居的家庭成员,系大功以上的亲属和他们的外祖父、外孙,包括孙子的媳妇、丈夫的兄弟和兄弟的妻子,如果他们有犯罪行为被亲属隐瞒,主人的犯罪行为被部曲和奴婢隐瞒,

---

[1] 参见[日]高桥芳郎:《宋至清代身分法研究》,李冰逆译,上海古籍出版社2015年版,第89~91页。

[2] 参见陈弱水:《初唐政治中的女性意识》,载邓小南、王政、游鉴明主编:《中国妇女史读本》,北京大学出版社2011年版。

亲属、部曲和奴婢皆不受法律处罚,"皆勿论"。①

涉及拐卖妇女案件,法律赋予不同犯罪主体不同的处罚规定。根据服制的远近和社会阶级不同,对于拐卖的对象分为"和诱良贱、略卖亲属、詃诱雇卖良口"处罚不同。其中,对于拐卖平民为奴婢的,法律处罚为"诸略人、略卖人为奴婢者,绞"。对于拐骗拐卖奴婢的,法律处罚为"诸略奴婢者,以强盗论;和诱者,以窃盗论"。对于拐卖亲属为奴婢的,法律处罚为"诸略卖周亲以下卑幼为奴婢者,并同斗殴杀法;无服之卑幼亦同。即和卖者,各减一等。其卖余亲者,各从凡人和、略法"。并且对于丈夫买卖妻子的行为,法律还特别作了解释和规定:"卖妻为婢,得同周亲卑幼以否?""卖妻为婢,不可同之卑幼"。从婚姻效力上规定"若其卖妻为婢,原情即合离异。夫自嫁者,依律两离",刑事处罚上规定"只可同彼余亲,从凡人和、略之法"。另外,《名例律》法条规定:"家人共犯,止坐尊长。"②从法条中可看出宋代离婚纠纷中妇女权利的提升是在家庭关系中展开,也是礼法语境下作为社会最小"细胞"的家,税法中的户来考量妇女的身份和地位。

综上,宋代因为不同的社会因素导致离婚纠纷案件呈现不同的类型。如男方私意休妻、女方因妒忌被休或因贫、富改嫁、亲属犯奸、买卖妻女几种类型。在男方私意休妻和女方因贫或富改嫁原因导致离婚纠纷的案件中,司法官对于婚姻的成立和解除以礼法结合的整体性解释阐述相关法条的义理,体现了宋代家事的包容性特征,即以多元规范作为裁判依据和以多种法律形式作为处

---

① (宋)窦仪等详定:《宋刑统校证》,岳纯之校证,北京大学出版社2015年版,第88页。

② (宋)窦仪等详定:《宋刑统校证》,岳纯之校证,北京大学出版社2015年版,第270~274页。

理婚姻纠纷的法律手段。从维护家庭和谐的角度入手,对于女方因妒忌导致离婚纠纷,司法官查明事理,从礼的等差中对妻、妾的婚姻地位进行区分,以正妻为合法婚姻,从而维护家庭、家族、宗族的稳定秩序。在男方买卖人妻和犯罪编管、亲属犯奸导致离婚纠纷中,注重案件情理,保护妇女的合法权益。在亲属犯奸案件中,司法官秉持规范性的审判理念,从"察情·依因·据理"三要素结合的法律论证中,在长官躬亲、比附论证、当庭察词审情中,依据相关程序巧妙处理家事中的违理乱伦现象。宋朝由于资财婚不良地习俗,导致买卖妇女犯罪现象较多,随着经济和土地制度的发展变化,社会阶层中女性作为奴婢的身份渐渐解除,由此在婚姻中官府保护买卖婢女的犯罪行为,也是妇女在离婚纠纷中权利提升的体现。

第三节　宋代婚姻案件成因

宋代婚姻纠纷发生与社会经济的发展、观念的转变、家族制度的变化息息相关。

首先,宋代经济在中国社会发展史上处于一个相对稳定而进步的时期。宋代土地私有制度逐渐确立起来,私有土地所有权流动性的增强,形成"贫富无定势,田宅无定主"的状况。社会各个阶层的身份和地位也容易发生变化,民众的义利观发生变化,重利轻义观念较为普遍。①

其次,宋代婚姻门第观念逐渐淡薄。从"不问阀阅"到以财论婚。南宋史学家郑樵有一段简明扼要的叙述和精辟的分析:自隋

---

① 参见张维青、高毅清:《中国文化史》(三),人民出版社2010年版,第49~50页。

唐时期以来,官员有薄状记载,家族有谱系传承。官员的选举必然取决于薄状的记载内容,"官之选举,必由于薄状";家庭之间的婚姻也必须依赖于传承的家族谱系,"家之婚姻,必由于谱系",这些都是近古的制度规定。"此近古之制,以绳天下,使贵有常尊,贱有等威者也。所以,人尚谱系之学,家藏谱系之书。自五季以来,取士不问家世,婚姻不问阀阅,故其书散佚,而其学不传"。①北宋司马光就对宋代缔结婚姻更加注重对方财产的现象进行道德谴责,如今世俗之中的贪鄙之人,当他们考虑结婚时,首先会询问女方的奁妆数量多少,资财的厚薄程度,"先问资装之厚薄";而百姓嫁女之时,则更关心对方给出的彩礼数量有多少,"先问聘财之多少"。地方形成直求资财的社会风尚,"巴人娶妇,必责财于女氏,贫人女有至老不得嫁者",②川峡鄂地为了获得资财,不顾"父母在,子不出赘"的法律禁令,多"舍亲而出赘"。③

再次,由于税役制度和户等划分制度,宋朝的家庭结构向着小家庭模式转变,这就使宋朝理学家提倡"收宗敬族"宗族制度难以稳固。宋朝家庭结构的变化,使得父权——夫权制更为集中,妇女的人身依附性较强,社会地位较弱,但是宋代理学注重传统文化,将"正心、诚意、修身、齐家"提到空前的本体高度,使得"外王"的政治活动从属于"内圣",对士大夫以上阶层进行的道德要

---

① (宋)郑樵编:《通志》卷二五《氏族一》,浙江古籍出版社1988年影印本,第439页。
② (宋)程颢、程颐:《二程集·河南程氏文集》卷四《华阴侯先生墓志铭》,王孝鱼点校,中华书局1981年版,第504页。
③ (宋)李焘:《续资治通鉴长编》卷三一《太宗淳化元年九月戊寅条》,上海师范大学古籍整理研究所、华东师范大学古籍整理研究所点校,中华书局2004年版,第705页;刘琳等点校:《宋会要辑稿》第14册《刑法二之四》,上海古籍出版社2014年版,第8283页。

求和政治规范,从而造就出一个政治全然从属于道德的中国式政教合一的统治系统,并未对妇女产生较大影响。① 司法实践中寡妇改嫁案例较多,司法官虽进行道德谴责,但只要实际婚姻符合礼法,官府就会承认合法效力。

最后,政府注重运用经济手段和市场力量进行行政管理。南宋经济重心呈现区域化的差异发展,②司法官员处理案件发生地多在长江以南地区,土地制度、市场制度较为发达,民众诉讼观念较强,司法官员素质较高,秉持规范性和人文性的理念,注重案件的实质考察,保护婚姻案件中的弱势群体权益,追求情理法的衡平。

第四节 宋代婚姻案件审判原则

关于宋代婚姻案件的审判原则,主要表现在司法官的"明事理""达人情"审判理念,结合情理以实质思维考察案件实情,婚姻纠纷以礼法为依据,衡平情理法的统一。

一、重实情

宋朝婚嫁法律规定的必备条件:父母之命,媒妁之言。父母之命就是体现在家长的主婚权,媒妁之言体现的就是婚书订立和聘财的收取。但是实际中有合法不合理的订立婚约案情。

其一,司法官也要重视案情,以阐明事理为要的"明事理"审

---

① 参见黄双华:《中国传统文化概观》(第2版),西南交通大学出版社2022年版,第21~22页。
② 参见李埏、龙登高等:《中国市场通史》(第1卷),东方出版中心2021年版,第225~226页。

判理念,保护妇女的权益而作出变通处理。宋代名公对于婚约纠纷的审理依据,大都依法而判。如在婚约纠纷"女已受定而复雇当责还其夫"一案中翁浩堂提出姜百三出卖已经被他人聘定的女儿,固然属于犯罪行为,但是他的犯罪动机是因为贫穷和无助,"其计出于贫困无聊",现在他的财务状况如此羸弱不堪,怎么有钱偿还?"纍然若此,安得有钱可监?"用王文公买妾还之,促使夫妻团聚的儒家典故阐释法律背后的原理,增加当事人接受判决的说理性。这也在一定程度上反映了宋代司法官对于弱势群体妇女的人文关怀。

其二,婚约的契约文书带有明显的宗法性色彩,司法官参酌案件情理,对伪信的契约行为处罚力度不大。从对于许嫁女已报婚书而翻悔者的处罚越来越轻,可以看出这个变化趋势。前文提过宋代家庭形式为独立小家庭形态,妇女自己的主婚权虽依靠父家长的单方面决定,但婚书契约形式也反映了妇女人身依附性的减弱,妇女商品化后成为父家、夫家为争夺聘财的买卖品。改嫁一方面体现的并不是妇女失节的表现,恰恰是妇女从属于夫权的象征。

其三,婚书以契约形式订立与宋朝商品经济制度的发展相关,契约文书的出现表面上看似乎使妇女的人身依附性渐渐变弱,由于契约强调交易双方的主体平等性,代表个人私人权利意识的觉醒,《宋刑统》规定:"若更许他人者,杖一百;已成者,徒一年半。"南宋司法官刘后村在"女家已回定帖而翻悔"案件中引用法条说"更许他人者,杖一百;已成者徒一年"。到了明朝,法定刑已经从杖刑降为笞刑,大明律规定:"若许嫁女已报婚书,及有私约而辄悔者,笞五十。"[①]宋代以降,礼制下移,共同规制婚约的礼

---

① 周名峰校释:《名公书判清明集校释·户婚门》,法律出版社2020年版,第414页。

制和律法通过"出礼入刑""礼主刑辅"之内在机理构成有机整体,实际上宋代的婚约具有人身和财产的双重性质,不能与一般的财产契约相提并论。①

二、重情理

在审理婚姻案件的审判实践中,情理是宋代司法官遵循的实质要件。

首先,司法官注重审理案件情理,查明犯奸的事实,夫妻的婚姻状况,男女双方有无过错等。如案件"夫欲弃其妻诬以暧昧之事"中法律规定,"在礼:'子甚宜其妻,父母不悦,则出之。'在法:'妻有七出之状,而罪莫大于淫佚。'"司法官受理案件后,根据原告提交的诉状对于案情的经过和结果作出初步认定。

其次,宋代司法官秉持"达人情"的司法理念,以"照对事理""两尽人情"的衡平审判技巧处理家事纠纷。由于婚姻案件常常涉及个人隐私,难以查明案情,需要司法官参酌人情、"推原事情",让当事人之间"理对"同时又不欲"尽情根究耳",这样不仅保护妇女生存权益和财产利益,而且有利于社会治理。

再次,保障妇女合法权益。从法律思想史角度分析,南宋虽是理学形成时期,但是并未成为官方的正统思想,所以从思想方面根据案件情理对妇女改嫁禁锢不严。《宋史》记载:"道学盛于宋,宋弗究于用,甚至有厉禁焉。"②随着后世元明清时期程朱理学

---

① 参见范忠信主编:《法治中国化研究(第一辑)》,中国政法大学出版社2013年版,第19页。

② (元)脱脱等撰:《二十四史全译·宋史》卷427《列传第一百八十六 道学(一) 周敦颐》,许嘉璐、安平秋、倪其心编译,汉语大词典出版社2004年版,第9272页。

的流行,成为禁锢妇女的枷锁,妇女的守节观念逐步被强化,妇女改嫁逐步艰难。①

最后,作为纳税主体的女"户"被实际认可。从婚约纠纷情理中可看出在室女的婚姻权是依附于家庭中父权,并不具有独立的婚姻自主权利,但同时随着婚约契约化的普及,妇女的人身依附性相对减弱。根据北宋初年的赋税制度,子女个人收入交由父母支配。政府以"户"而不是"个人"作为征调税役的对象。男口仍算作一户的纳税和服役的单位,而女口不算。男丁列入五等丁产簿,不但要纳丁税,而且他的人身和收入都要用来决定户等,然后根据户等征调赋役,女"户"在法律上是不认可的,但在实际案件审理中,司法官还是承认女"户"作为纳税主体的存在。因此,随着女性财产权的增加,依附于男"口"来打理和维持资产就显得更为必要。由于经济的发展和户等制度的存在,改嫁的问题并不能反映寡妇权利的提升,相反是宗法制度下身份权的加强现象,从情理的角度分析案情,对法律义理进行阐释,也是宋代名公支持寡妇改嫁的一种方式。

三、重礼法

宋代司法官以制度性的礼和规范性的法作为审理案件的依据。

一方面,宋代强调"立法之制严",必以礼调融法治,以使"用法之情恕"。(《宋史·刑法志》)宋代中央政府给予现实治效的考量,以法、礼为治理首选,司法案件中也需要在贯彻儒家精神和价值中追求良法善治。婚姻纠纷中涉及婚约类型案件司法官会

---

① 参见方如金、江美芬:《论宋代士大夫贞淫观对妇女改嫁的影响及原因》,载《史学集刊》2006年第3期。

依法尊重契约的效力,涉及离婚、结婚身份型案件司法官大多会依据礼法情进行协调处理,尽力使婚姻纠纷能够从社会治理层面上解决。

　　另一方面,从司法的角度分析,宋代司法对于处于弱势家庭身份的妇女权利给予了一定的保护。在婚姻纠纷中对涉及婚约类型案件虽然司法官会依法尊重契约的效力,但是涉及离婚、结婚这类身份型案件司法官大多会依据礼法情进行协调处理,尽力使得婚姻纠纷能够从社会治理层面上解决,这也体现了司法官在身份型案件中"参人情之礼"的实质思维考量,用"情法两平"的衡平法律方法权衡妇女权益、家族利益,力求婚姻纠纷的圆满解决。

第三章 宋代继承案件审判

唐宋变革之际,土地私有不断发展。宗法结构在宋朝有所变化,从严格区分宗族内部的尊卑等级,以维持其分封建国的社会统治功能,而变成主要是发展地主制经济、维护宗族统治的工具,宗族内部的等级区分相对减弱,子孙繁衍、宗族昌盛成为其根本宗旨。宋朝为了加强基层社会治理,提倡聚族而居的累世同居大家庭模式,通过敬宗收族倡导宗族制度的复兴,出现了"宗法伦理庶民化"的现象。[①] 国家虽然为了控制人口和便于赋税提倡累世同居大家庭模式,但是现实中民间根据赋役政策,[②]家庭结构从唐朝的"相冒合户"重世家(宗家)转变为宋朝的"诡名子户"重血缘小家庭,分家析产成为一大趋势。这一时期宋朝的宗祧继承和财产继承发生了新的变化,如宋朝出现独有的户绝和检校制度。

学界对宋代继承问题的研究集中在女性的财产继承权、遗嘱继承制度、家庭财产的性质等层面。如魏天安提出宋代财产继承的基本原则是"子承父分""兄弟均分",法律规定非户绝之家的女子只能够通过获取"嫁资"取得财产继承权,但是在司法实践

---

① 参见邢铁:《宋代家庭研究》,上海人民出版社2005年版,第37页。
② 参见叶显恩、卞恩才主编:《中国传统社会经济与现代化:从不同的角度探索中国传统社会的底蕴及其与现代化的关系》,广东人民出版社2001年版,第420~421页。

中,宋代名公要兼顾"法理"和"人情",女子的财产继承权有所扩大:条件一是在父母双亡女招赘婿,子孤幼或者赘婿与养子共同存在的情况下,继承法按照"女合得男之半"实施。条件二是在无亲子有养子的情况下,在遵循"子承父分"的继承前提下,在室女可通过遗嘱获得部分家产作为嫁妆。① 郭东旭认为,宋代的"女合得男之半"的财产继承法是江南地区流行的新的遗产分配原则。宋代关于继承的法条增多且规范详备,在继承形式上既有法定继承也有遗嘱继承的新形式。宋代的宗祧继承与财产继承相分离的表现就是在室女、归宗女、出嫁女及出嫁亲姑姐妹、异姓义子、入舍婿、同居外甥都可以单独获得财产继承权,但需要尽到赡养义务,否则继承权会被剥夺。

与此同时,诸女的财产继承地位也有了明显的提高。国家对于孤幼所继承财产份额的监督保护和对遗腹子财产继承权的法律确认,也显示了宋朝对私有财产深度保护的程度。② 刘春萍认为父母双亡的情况下,"儿女分产,女合得男之半"。从南宋对在室女、出嫁女、归宗女和寡妻的财产继承权和继承份额的规定,说明妇女法律地位的提高。南宋的遗嘱继承制度规定更加完善,使得遗嘱的前提由"身丧户绝"改为"财产无承分人",女儿的财产继承份额得到了保护。在有命继子和归宗女的情况下,命继子获得的财产份额是 5/12。官府加强对遗嘱的确认程序,同时限制遗嘱继承人的顺序。③ 王善军认为夫妻俱在、夫妻一方在世或祖父母在世时收养和立继,继子与姐妹所继承的财产份额按照"诸子

---

① 参见魏天安:《宋代财产继承法之"女合得男之半"辨析》,载《云南社会科学》2008 年第 6 期。
② 参见郭东旭:《宋代财产继承法初探》,载《河北大学学报》1986 年第 3 期。
③ 参见刘春萍:《南宋继承法规范初探》,载《学术交流》1997 年第 2 期。

均分,女合得男之半"进行析分。在命继之家中,只有归宗诸女的情况下,继绝嗣子继承 1/4,命继之家诸女继承 3/8,剩余 3/8 没官。这个观点与刘春萍的观点不同。[1] 笔者赞同刘春萍关于只有归宗女的情况下,命继子的财产份额为 5/12。详细分析参见后文继承表 6 中对命继子和归宗女的财产份额的分析。

  魏天安认为,宋代女子的财产继承原则"女得其半"的前提并不是"父母双亡",继承主体限定为"在室女",而出嫁女、归宗女没有此项权利。魏天安并不同意郭东旭、刘春萍、王善军的相关观点,他认为"女得其半"的继承原则适用的条件为招赘婿、存在孤幼子的情况或者招赘婿又立养子的情况下,亲生女如在室女、归宗女和出嫁女就不能享有此等继承权。这些关于宋代女子继承权和继承份额的争论,实际揭示出中国传统法律中家庭财产的性质。滋贺秀三认为,家庭财产是根据"父子一体"的原则,通过宗祧继承才能解释财产继承,家庭财产并不属于家庭成员共有。[2] 仁井田陞则反对滋贺秀三的观点,他认为家庭财产是每个家庭成员共同拥有的,女性和男性继承人同样都是家庭成员。作为家庭财产的共同拥有者,女儿与儿子一样都是家庭共同财产的继承人,只是在获得的财产份额上存在程度的差别而已。[3]

  综上,将宋代从立法上对于家庭成员继承权、继承财产份额及遗嘱继承的法律规定与现实司法实践中司法官对于家庭成员关于继承权、财产继承份额及遗嘱的效力结合起来研究,探讨和

---

[1] 参见王善军:《从〈名公书判清明集〉看宋代的宗祧继承及其与财产继承的关系》,载《中国社会经济史研究》1998 年第 2 期。

[2] 参见[日]滋贺秀三:《中国家族法原理》,张建国、李力译,商务印书馆 2013 年版,第 137~139 页。

[3] 参见何燕侠:《日本的南宋女性财产继承权论争》,载葛志毅主编:《中国古代社会与思想文化研究论集》(第三辑),黑龙江人民出版社 2008 年版。

揭示司法官的审判理念、思维和法律适用方法的学术研究阙如；此外，关于司法官在审理继承类案件时如何将人文性的审判理念通过法律论证和法律推理的方法展现，这方面的研究尚属空白。本节将通过对继承案件的剖析，透视宋代司法官在立法和司法实践中对于继承权纠纷案件的情理法互动问题。

第一节 宋代继承概述

历朝对于继承的立法记载都非常详细，这与家庭的延续息息相关。传统父系家长社会中，从纵向看是男系亲属血缘的传递，从横向看是子嗣们得到了前辈的身份、财产。传统中国的继承有身份继承、宗祧继承和财产继承，本书主要从《名公书判清明集》中讨论民间有关继承纠纷，身份继承很少涉及，故本节根据案件实例讨论的是宗祧继承和财产继承。

一、宗法制下的继承原理

（一）继承的类型

古代的继承分为两种重要的类型：宗祧继承与财产继承。这里需要说明的是古代的继承与今天的"继承"概念有所不同。中国古代时期所说的继承主要涉及宗祧继承，也被称为"承继"。据《左传·襄公二十三年》记载：（臧）纥并非才智出众之人，"（臧）纥不佞"，因此未能承继宗祧，"失守宗祧"。宗祧的含义与祭祀有关，指的是祖先和宗庙。宗祧继承是嫡长子的权利，并非宗族后辈可平等地享有此继承权利，财产继承不涉及宗祧的，称为"承受"。在财产继承领域中，实行以法定继承为主，遗嘱继承在有些情况下也会存在；财产继承份额原则上实行诸子均分，妇女的财产继承权会受到限制。① 唐户令:"寡妻妾无男者,承夫分",②寡妻妾继承丈夫的遗产受到一定的限制。宋代法律规定:对于那些没有子女的寡妇来说,如果她们擅自做主出售了家中的土地和房产,将会被处以一百下的杖刑,并且土地和房屋需要归还原来的业主,同时,任何对此知情的交易钱主或牙保都将面临同样的惩罚,"钱主、牙保知情与同罪"。③

女儿继承权在宋朝有了一定的变化,南宋时期在司法实践中女儿被排除在继承权之外,只有"户绝"才有继承财产的权利,这说明在南宋女儿可以获得一定的财产继承权。女儿是父亲的血脉传承,但她却无法继承祖业的家族财产,只能交给过继的儿子或其他亲戚来管理。这种做法违背了义理,"义利之去就,何所择也"?④ 滋贺秀三认为中国古代女子没有财产继承权而只是享有财产的承受权。在古代法律规定女儿的财产承受权用语中,唐的户绝条款中"余财并与女",南宋的法律规定中的"尽给在室诸女",清律条例中写明的"所有亲女承受"等方式,都没有使用诸如"继""嗣"等文字来表述。⑤ 仁井田陞坚决反对滋贺秀三的观点,他坚信女儿和她的母亲都是家族财产的共同拥有者,如"命继与立继不同"一案中提到在室女享有四分之三的财产继承权,立继

---

① 参见程维荣:《中国继承制度史》,东方出版中心2006年版,第37、230页。
② [日]仁井田陞:《唐令拾遗》,栗劲、霍存福、王占通、郭延德编译,长春出版社1989年版,第155页。
③ 中国社会科学院历史研究所宋辽金元史研究室点校:《名公书判清明集》卷九《户婚门·违法交易·"鼓诱寡妇盗卖夫家业"》,中华书局1987年版,第304页。
④ 中国社会科学院历史研究所宋辽金元史研究室点校:《名公书判清明集》卷八《户婚门·遗嘱·"女合承分"》,中华书局1987年版,第290页。
⑤ 参见[日]滋贺秀三:《中国家族法原理》,张建国、李力译,商务印书馆2013年版,第133~134页。

子自享有四分之一的财产继承权。①

关于女子的财产继承权的争论实际上反映的是财产继承和宗祧继承的关系,滋贺秀三则将宗族作为考察重点来研究当下的家庭成员在家庭共财情况下同居时的财产关系状况,他主张财产继承与宗祧继承是密不可分的。仁井田陞则持相反意见,他指出南宋与唐朝和北宋时期的相关法律规定有所不同,女性财产继承的范围得到了扩展,这一现象表明南宋的立法者更倾向于采纳当时中国华南地区和华中地区的地方习俗法规。② 伊佩霞提出宋代虽然以父系继承模式来支撑着官方制定的财产继承法,但是宋代社会也存在通过让女儿留在家中招赘婿的方式来延续家庭,家庭财产的继承在没有兄弟时候,女儿继承的财产与出嫁获得的奁产份额相差不大。③ 笔者认为滋贺秀三所称宋代女儿没有财产继承权的观点有失偏颇,应该结合南宋的国家法律政策、地方习俗和案例进行考察分析宋代女子的财产继承权变化。

依据《现代汉语词典》的解释,继承是指依法承受(死者的遗产)等。④ 现代民法对于继承权的定义为:继承权即为继承人依法享有的,可以无偿获得被继承人遗产的权利,又被称为财产继承权。继承权的特征体现在三个方面,第一个方面是以一定的身份

---

① 参见中国社会科学院历史研究所宋辽金元史研究室点校:《名公书判清明集》卷八《户婚门·立继类·"命继与立继不同"》,中华书局1987年版,第266~267页。

② 参见[日]仁井田陞:《中国法制史》,牟发松译,上海古籍出版社2011年版,第170页;何燕侠:《日本的南宋女性财产继承权争论》,载葛志毅主编:《中国古代社会与思想文化研究论集》(第三辑),黑龙江人民出版社2008年版。

③ 参见[美]伊沛霞:《内闱:宋代的婚姻和妇女生活》,胡志宏译,江苏人民出版社2004年版,第235页。

④ 参见中国社会科学院语言研究所词典编辑室编:《现代汉语词典》(第7版),商务印书馆2016年版,第618页。

关系为基础如婚姻关系、血缘关系、家庭关系。第二个方面是以取得他人的财产所有权为基础。第三个方面是继承权的实现与一定的法律事实相联系。①

(二) 继承的原则

礼对于调整继承的原则区分为文家之礼与质家之礼。文家重"尊尊","尊尊而多义节"故"立嗣予孙,笃世子",质家重"亲亲""亲亲而多仁朴"故"立嗣予子,笃母弟,妾以子贵"。② 何休说:"质家亲亲先立弟,文家尊尊先立孙"。③ 依据两种不同的礼原则,宗祧继承用文家之礼,由嫡长子在祭祀中的特殊地位决定。财产继承用质家之礼,采诸子均分原则。从历史渊源梳理来看,宗祧继承从立法上主张累世共居的大家族,采用文家之礼,家财由嫡长子继承,对于资本集中和社会管控效果较好。对于利于私有经济的发展来说,诸子均分原则更有利于效率和产能的提高,是社会技术文明进步的象征。历代的统治者重视同居共财而反对别籍异财,古代的继承与家"户"密切相关,包括父母在世时的分家析产和继承父母去世后的分家遗产,后者才与今天的"继承"说法一致。古代继承较为复杂,包含了父母生前析产和父母死后继承。为了后续行文的方便,以下研究论述中不再赘述两者的区别。

前面提到宋代的继承基础是家庭共有财产,家长作为家及一

---

① 参见王利明主编:《民法》,中国人民大学出版社2015年版,第527~528页。
② 钟肇鹏主编:《春秋繁露校释》(校补本)卷7《三代改制质文第二十三》,河北人民出版社2005年版,第461、467页。
③ (汉)何休解诂、(唐)徐彦疏:《春秋公羊传注疏 上》卷第一《隐公第一》,中华书局2009年版,第18页。

户之长,对家庭财产享有绝对的支配权,家庭成员之间并非独立的个人主体,而是以父权占主导的家庭共有,与西方民法理论中的权利主体观念不同。《宋刑统》规定:所有共同居住的家庭成员中必须设有一位家庭尊长。家庭财产由尊长管理,子孙们没有私自处分家庭财产的权利。"子孙无所自专。"若是卑幼子孙不听从尊长的教令,私自处分家中的财物,按照财物的数额进行轻重不等的处罚。财产数额相当十匹的,处笞刑十,"十匹笞十"。十匹基础上加一等的,最高处罚为杖刑一百,"十匹加一等,罪止杖一百"。① 家族制度在宋代发展日趋完善,法律层面保护家长的财产权和对外交易权,宋朝法律出台了新的规定"典卖指当论竞物业"条,就以法律方式保护家长的对外交易权,有记载:"诸家长在,(在,谓三百里内非隔关者)""其有质举、卖者,皆得本司文牒,然后听之。若不相本问,违而辄与及买者,物及还主,钱没不追。"② 凡是家庭中有家长健在的情况下,子孙、兄弟和侄子们不能随便以奴隶、家畜、土地、房屋和其他财产进行私自质押、借贷或者出卖土地和房屋。但是这种规定也不是绝对的,与宋朝私有产权发展相关,如诸子对于家长财产权力的限制。宋仁宗景祐四年正月乙未诏令从法律层面允许同籍私财的存在,谓之:当祖父母或父母的丧期结束后,无论是否共同居住或者分开生活,只要不是因为他们的祖父母的家财而产生或是由于当官任职时期自行购置的资产,"因官自置财产",都不属于家庭共财的分配范围之内,

---

① (宋)窦仪等详定:《宋刑统校证》,岳纯之校证,北京大学出版社2015年版,第168页。
② (宋)窦仪等详定:《宋刑统校证》,岳纯之校证,北京大学出版社2015年版,第175页。

"不在论分之限"。①

通过以上古今对"继承"词语的解释和相关学者的论述可知,古代的继承制度相比现代较为复杂,继承与家庭结构的变化息息相关,家庭财产的属性又决定了宗祧继承与财产继承的区别,至此产生了户绝制度。立嗣原则与宗祧继承均需要司法官对其法理、事理、情理的释明、阐明和讲明。古代的"继承",主要是指直系卑亲从长辈获得家族或社会上的一定地位或身份。古代身份、宗祧与财产的继承原则受礼的调整,在此背景下女儿财产继承权的扩大与国家政策、地方习俗均有密切联系。

二、关于继承权的法律规定

前文已述宗法制下的累居共世的大家族实行宗祧嫡长子继承制,这种情况更多适用于身份继承,财产继承多适用于诸子均分制。下面将从法律文本梳理关于继承人的法律规定。

(一)诸子的继承权

1. 诸子的均分权

由于中国古代的婚姻实行一妻多妾制,子女的身份也有嫡庶之别,妻所生的称为"嫡",妾所生称为"庶"。在西周宗法社会中,实行领主封建制,各级领主的身份和财产都由嫡长子继承。秦朝和汉朝保留此前宗法社会的"为父后"的一种遗蜕制度。在宗法时代只有嫡长子才能叫作"父后",支庶就不能叫作"父后"。汉代文帝、景帝以前发布的诏书中就有"赐为父后者爵一级"的文

---

① (宋)李焘:《续资治通鉴长编》卷一百二十《仁宗景佑四年正月乙未条》,上海师范大学古籍整理研究所、华东师范大学古籍整理研究所点校,中华书局 2004 年版,第 2820 页。

字,但是到了汉武帝、昭帝和宣帝以后逐渐少见。自西周宗法制解体后,在财产继承方面已经不存在所谓的嫡长子继承制度。"秦亡汉兴,贵族制度受天演的淘汰,不能存在,而兄弟均分遗产的事,在历史上屡见不鲜,后代法令也都承认均袭的原则。所以如近世英、德、俄诸国财产集中爵胄的制度,大概已经革除两千多年了。"①秦国实行富国强兵的耕战政策,以法律把诸子有份的法律固定下来,承认诸子都享有继承权:"民有二男以上不分异者,倍其赋"。②

汉承秦制,在财产继承方面实行诸子有份的制度,在汉朝元朔二年(前127年)时期的春正月,汉武帝颁布了一项著名的法令:梁王与城阳王是朕的同胞兄弟,愿以食邑封二弟,请二弟接受。希望兄弟间的亲密关系能体现在他们对彼此领地的分享上,这是可以被接受的。如果各诸侯王要为自己的子弟请封事邑的,朕将会亲自审阅名单,使其有列侯之位。因此,从那时起,各个地方政府逐渐分散管理,并且所有的孩子都被授予爵位"朕将亲览,使有列位焉"。于是藩国开始分而治之,而子弟都受封为侯。③虽然汉朝推行的"推恩令"的法规颁布是为了吸取景帝时期晁错削藩令的教训,表面是皇帝的恩泽,实际是分割了诸侯的土地和权力,不能与中央政权对抗。但是从侧面也反映了财产继承实行诸子有份制度的确立。唐朝开元二十五年(737年)法律规定"诸应

---

① 杨鸿烈:《中国法律发达史》,中国政法大学出版社2009年版,第92页。
② (汉)司马迁:《二十四史全译·史记》卷68《列传第八 商君公孙鞅》,安平秋编译,汉语大词典出版社2004年版,第931页。
③ 参见(汉)班固:《二十四史全译·汉书》卷6《本纪第六·武帝刘彻》,安平秋、张传玺编译,汉语大词典出版社2004年版,第68页。

分田宅及财物者,兄弟均分"。①《宋刑统·户婚》:"准《户令》,诸应分田宅者及财物,兄弟均分",至此诸子均分的制度完全巩固。从法条可见唐宋律中关于诸子均分的制度,并没有区分嫡庶,这里表明嫡子与庶子都是法定继承人。

法定继承人除了儿子,孙子也可以继承财产。在中国继承财产的传统中,男系后代子孙被视为家庭财产的主要传承对象。而根据法律规定,第一顺位享有权利的人包含了正室所生的嫡长子、妾室所生的庶子、婢女所生的儿子、非法婚生育的私生子(别宅子),还包括过继的嗣子等各种情况下的诸子。宋朝延续了唐《户令》的规定:凡是依法分田地住宅和财物的,兄弟应当均平分配。然而妻家所获得的财物并不在此分范围。如果兄弟已经亡故的话,子继承父的应分之财产份额,"兄弟亡者,子承父分"。如果所有兄弟都已经亡故,则由其后代诸子孙按照诸子均分原则平均分割家庭财产,"兄弟俱亡,则诸子均分"。② 孙子在特殊情况下可以继承财产,一种情况是代位继承。当某位儿子作为继承人先于他的被继承人父母而亡故时,他的儿子会代替他来继承遗产,也就是"兄弟亡者,子承父分"。③ 还有一种情况是越位继承,即出现父辈兄弟全部先于祖父死亡的特殊情况时,按照"兄弟俱亡,则诸子均分"的规定,孙辈(子辈兄弟)直接平均分割祖父的遗

---

① [日]仁井田陞:《唐令拾遗》,栗劲、霍存福、王占通、郭延德编译,长春出版社1989年版,第155页。
② (宋)窦仪等详定:《宋刑统校证》,岳纯之校证,北京大学出版社2015年版,第169页。
③ 赵晓耕:《身份与契约:中国传统民事法律形态》,中国人民大学出版社2012年版,第288~289页。

产。① 前文提到礼对于调整继承的原则区分为文家之礼与质家之礼。文家重"尊尊",故"立嗣予孙,笃世子"。质家重"亲亲",故"立嗣予子,笃母弟,妾以子贵"。《春秋繁露》记载"殷道亲亲者立弟,周道尊尊者立子",②殷商传位于弟,周道奉行"不得立弟"。这里的越位继承不能直接等同于文家之礼,在宗祧继承上讲子亡而有孙,立孙是奉行文家的"嫡长子继承制"。但是在财产继承中实行的"诸子均分",实际遵循的是质家之礼。这里的越位继承从形式上看与现代继承法中的代位继承相似,但是不能简单等同。既然前文提到代位继承和越位继承,需要对两者的含义和法律后果做一个区分(见表3)。通过举例分析代位继承与越位继承的法律效果不同(见表4)。

表3 代位继承和越位继承的含义和法律后果

情形	概念	法律后果
代位继承	兄弟亡者,子承父分。是指兄弟已经亡故,子继承父的应分之财产份额	代位人作为一个整体继承被代位人有权继承的遗产份额
越位继承	兄弟俱亡,则诸子均分。是指如果所有兄弟都已经亡故,则由其后代诸子孙按照诸子均分原则平均分割家庭财产	越位继承人直接参加被继承人的遗产分割,分割的原则是按照越位继承人的人数均等分割被继承人的遗产份额

---

① 参见叶孝信主编:《中国民法史》(修订版),复旦大学出版社2021年版,第277~278页。
② (汉)董仲舒、(清)苏舆撰:《春秋繁露义证》卷第七《三代改制质文第二十三》,钟哲点校,中华书局1992年版,第205页。

表4 举例分析代位继承和越位继承的不同法律效果

继承主体	代位继承			越位继承		
祖	甲（假设遗产1份）			甲（假设遗产1份）		
子	甲a	甲b		甲a	甲b	
孙	甲aa	甲bb	甲cc	甲aa	甲bb	甲cc
继承份额	1/2	1/4	1/4	1/3	1/3	1/3

且看表4所示，设甲（已经去世，用方框表示，下同）有儿子两人甲a、甲b；甲a有儿子一人甲aa；甲b有儿子两人甲bb、甲cc。如果甲a先于甲死亡，就按"兄弟亡者，子承父分"实行代位继承，甲aa得1/2，甲bb与甲cc分别得到1/4。如果甲a和甲b都先于甲死亡，则按"兄弟俱亡，则诸子均分"实行越位继承，甲aa 甲bb与甲cc平均分得遗产份额1/3。甲aa在越位继承中所得份额少于其在代位继承中的份额，减少约17%。相比之下，甲bb和甲cc在越位继承中所得的份额多于其在代位继承中的份额，增加约8%。笔者并不赞同姚荣涛老师在论述《中国民法史》第五章第五节时的观点，他认为代位继承和越位继承的差别在于"由承财时身份不同造成的"。笔者认为，原因在于代位继承实际上是继承被继承人的遗产继承权，而越位继承是享有分割被继承人遗产的权利。如表4中列举甲aa是以身份代替父亲继承，他的继承权实际是父亲甲a的继承份额。而在越位继承中，他是直接参与祖父甲的遗产分配，与父亲甲a的继承份额无关。两者区分的关键在于代位继承是遗产继承权，而越位继承是财产分割权。

2. 养子的继承权

在无子家庭中，养子的作用是继承宗祧和生养死葬。无子收养的情况可概括为三种：一是丈夫生前就收养，同宗儿为养子称为抱养;异姓儿为养子称收养,两者享有与亲子同等权利。二是立继,即丈夫死后由寡妻收养。三是命继,即夫妻俱亡后,由家族长老选立继子。① 养子与宗祧继承制度相关,财产继承附于宗祧继承之内,以义务为主。宗祧制度完全是家族本位观念的体现。早期的继承制度以嫡长子继承制为原则,与宗法制度互为表里。大宗是至尊正统,他是收合族人,别亲疏,序昭穆的,不可以断绝,"收族者也,不可以绝",所以族人让不是嫡子的人做大宗的继承,而嫡子不能作为大宗的继承,"嫡子不得后大宗"。② 所以大宗无后,族人应以支子后大宗;小宗五世则迁,其族统于大宗,所以无后可绝。至于使支子后大宗,而不以嫡子后大宗,因嫡子原本有承其祖祢祭祀而绵血食之义务,自不可为大宗后。

然而随着经济、社会变迁,朝代更迭,宗法制度衰落,在殇与无后者的情况下,袝食从祭的基础不存在了,再加上家户也出现告绝的现状,这都不是人情所能希望发生的。所以在这种情况下国家允许百姓各亲其亲,各祢其祢,凡无子者均可立嗣,并非继其宗,而是传其家,以续其户为目的。从历代定礼制律中的五件事可以窥见收养制度发展的情况。③

一是立嫡违法:在家户延续方面,以往实行的是嫡子不得后

---

① 宋孝宗淳熙八年十一月甲戌,有臣僚上奏称:根据法律规定,凡是因为家庭贫困饥饿,将同居缌麻以上亲属子孙送交人收养,如果遗弃子孙而被他人收养的,国家承认这种情况下的异姓收养。"仍从其姓,不在取认之限"。任凭收养家庭按照养子条令申官除籍附籍,"依亲子孙法"。"今灾荒寒冷,弃子或多,请令灾荒州县,以上件法镂板晓谕,使人人知之,则人无复识认之虑而皆获收养矣。"参见(清)毕沅编:《续资治通鉴》(全一册)卷第一百四十八《宋纪一百四十八》,中州古籍出版社1994年版,第815页。

② (汉)郑玄注、(唐)贾公彦疏:《十三经注疏 下》(标点本)卷第三十《仪礼注疏·丧服》,彭林整理、王文锦审定,北京大学出版社1999年版,第578页。

③ 参见陈顾远:《中国法制史概要》,商务印书馆2011年版,第237~238页。

大宗,女子不得承祭祀,商王朝实行王弟与王子继承并用的制度。可见历朝大体采用嫡长子继承制,延续直系亲卑属血统关系。《唐律疏议》:"诸立嫡违法者,徒一年。即嫡妻年五十以上无子者,得立嫡以长,不以长者亦如之。"①

二是同宗相继。《礼记·月令》曰:"无子者,听养同宗于昭穆相当者。"在家户延续之中,立嗣的原则就是取之于同宗。宋朝因袭唐律,"无子者,听养同宗于昭穆相当者"。《春秋》书曰:"莒人灭鄫",②《左传》曰:"鬼神非其族类,不歆其祀。"③《公羊传》曰:"以异姓为后,莒人当坐灭也。不月者,取后于莒,非兵灭。"④《谷梁传》曰:"立异姓以莅祭祀,灭亡之道也。"⑤

三是异姓乱宗。异姓养子在家户延续方面不能继承宗祧。但是法条也不是绝对禁止,只是女子无继承资格。尽管唐朝法律明确禁止收养异姓男孩为养子,收养人被处徒刑一年,送养人将被处笞刑五十,但是相关法律条例也作了灵活的变通规定。对于收养遗弃三岁以下的小孩,"即从其姓"。明清律不禁止乞养异姓子,不改其姓及不立为嗣者。明清律规定以乱宗族者,杖六十。

四是一子兼祧。法律虽然规定只能一户立嗣子,不可兼祧两户。但是实际生活中近亲无多丁,远房又没有支子,并且法律规

---

① (唐)长孙无忌等:《唐律疏议注译》,袁文兴、袁超注译,甘肃人民出版社2016年版,第356页。
② (清)阮元校刻:《十三经注疏·春秋左传正义》卷第三十《襄公六年》,中华书局2009年版,第4205页。
③ (清)阮元校刻:《十三经注疏·春秋左传正义》卷第十七《僖公三十一年》,中华书局2009年版,第3976页。
④ (清)阮元校刻:《十三经注疏·春秋公羊传注疏》卷第十九《襄公六年》,中华书局2009年版,第5000页。
⑤ (清)阮元校刻:《十三经注疏·春秋谷梁传注疏》卷第十五《襄公六年》,中华书局2009年版,第5269页。

定为防止异姓乱宗,又不得为后。在这种情况下欲立后或者没有后可立的情况该怎么处理。后续会在宋朝的司法案例中考察。清高宗时期创立了一子兼祧之法,允许以独子兼祧两门,即一人可以娶双嫡室。

五是强制立嗣。虽然根据法律规定,户绝时无子立嗣的法规是任意性的规范,并非强行性的规范。适用于无子时行为人选择立嗣而已。所以唐律只作出禁止父母以子妄图继承他人之后的情况,对于一般情况下无子而没有立嗣的人,不作明文的处罚规定。司法实践中对于女不外嫁或寡妇守志时,是否会强制立嗣,后续继续在案例中进行考察。翻阅清例遇到这种情况,即招婿养老,立同宗应继一人,承奉祭祀,家产均分,如果遇到子未立而夫身死,则听从族长依据例法商议立继;妇人如果守志留夫家者,承继夫之财产,则听凭夫家族长选择昭穆相当之人继嗣。

梳理收养制度的历史源流后,此时对于明确养子的含义会更加清晰。同宗养子又称为"立嗣子""嗣子""承继子""立继子""过继子""过房子"等,异姓养子又称为"假子""螟蛉子""义子"等,《唐律疏议》和《宋刑统》中统称为养子。这里先讲生前抱养的养子,其享有与亲子相同的继承权,两者的继承份额相等。[①] 法律规定:收养遗弃三岁以下的小孩,并且可以随收养人的姓氏。听凭收养之家为养子申官除籍附籍,他们可以在户籍中登记养子为家庭成员,享受与亲生子女相同的待遇和权利,"即从其姓"。即使没有经过正式的除籍附籍收养手续,如果经过官府对事实进行了勘验与核实,也应按照收养的法律法规执行,"而官司勘验得

---

① 参见张晋藩、郭成伟主编:《中国法制通史》第五卷《宋》,中国法制出版社2021年版,第279页。

实者,依法"。① 法律没有明确规定婢子所生之子、义子、别宅子、遗腹子的继承权,接下来将在案件考察中进行分析。

3. 嗣子的继承权

前文对于生前抱养的养子作了介绍,本小节将对死后立继的养子进行阐述。唐朝对于户绝的法律规定记录在宗祧继承的法条中。《唐律疏议》引用唐令,宗祧的继承顺序是:"无嫡子及有罪疾,立嫡孙;无嫡孙,以次立嫡子同母弟;无母弟,立庶子,无庶子,立嫡孙同母弟,无母弟,立庶孙。曾、玄以下准此"。《唐律疏议》同时对户绝作了规定:"无后者,为户绝",②显然宗祧的遗产继承顺序是:正妻所生的嫡长子、嫡长子的长孙(嫡长孙)、嫡长子同母所生的兄弟、妾室所生的儿子(庶子)、嫡长子的长孙同母亲的兄弟、妾室所生儿子的孙子(庶孙)。宋代对于户绝之家的法律规定与唐朝有所不同,宋令在沿袭唐令的基础上有了新的变化。《宋刑统》准用《丧葬令》关于户绝的规定:③凡是家庭成员去世且没有后代继承财产,那么他的部曲、客女、奴婢、店铺和住宅及其他资产财物,都应该被允许由本服的亲属出售转卖,"亲,依本服,不以出降",以此支付身故者的葬礼费用等,"营葬事及量营功德"。除了这些必要的开销以外,剩余的钱财应归于身故者的女儿。这种情况同样适用与亡故者同一户籍下的家庭成员,虽然资产和财物已经分析,也适用这个规定,"户虽同""资财先别者,亦准此"。如果没有女儿的话,这笔钱会平均分配给其他依照五服以内亲属

---

① 中国社会科学院历史研究所宋辽金元史研究室点校:《名公书判清明集》卷七《户婚门·立继·"立继有据不为户绝"》,中华书局1987年版,第215页。
② (唐)长孙无忌等:《唐律疏议注译》,袁文兴、袁超注译,甘肃人民出版社2016年版,第356页。
③ 参见(宋)窦仪等详定:《宋刑统校证》,岳纯之校证,北京大学出版社2015年版,第169页。

继承顺位的家庭成员;如果连五服亲属都没有的话,政府将会介入作检校处理,"无亲戚者,官为检校"。如果死者生前留下了明确的遗书处分家庭财产和列明继承人,经官府验证遗书的真实性后,则不需要遵循这一条例。

综上,户绝的含义为男子死而无嗣,法律上称为"户绝"。为了能够接替祭祀祖先的香火,在无亲生子又无养子的家庭,宋朝设计了立继与命继的继承制度。对于立继之家来说,官府就不会没收死者的遗产。宋律对于立继和命继的规定颇为严格:宋孝宗淳熙年间朝廷指挥内臣僚奏请,区分立继子与命继子的财产份额。按照祖宗之法的规定,立继是指夫亡而妻在,应当遵循妻子的意愿确定继承人的法律,"其绝则其立也当从其妻"。立继子的继承原则与子继承父亲财产份额的法律原则的意思相同,应该按照亲子继承法继承全部家财,"当尽举其产以与之"。命继的法律是:命继是指夫妻俱亡,依照近亲尊长的意思命定继承人的法律,"则其命也当惟近亲尊长"。① 根据《宋刑统·户婚律》的法律规定,如果一个人没有孩子,他可以收养与自己有血缘关系的、辈分相符的人作为自己的子女,"听养同宗昭穆相当者""昭穆相当"的法律条文规定了所立的继位者应与被继承人有晚辈血亲关系。

据《袁氏世范·睦亲·立嗣择昭穆相顺》描述:若同姓子女之间存在昭穆关系顺位不符合伦理秩序,则不能作为继承人,"昭穆不顺,亦不可以为后"。即使是最小的动物如大雁,也不会混淆其行走顺序,"鸿雁微物,犹不乱行"。然而人类却相反,甚至有长辈向晚辈鞠躬的情况出现,这种做法合理吗?"至于叔拜侄,于理安乎"? 由此可见,"昭穆相当"满足了法律规定与道理大义的双重

---

① 中国社会科学院历史研究所宋辽金元史研究室点校:《名公书判清明集》卷八《户婚门·立继类·"命继与立继不同"》,中华书局1987年版,第265页。

需求。若在本宗族内部无法找到符合昭穆相当匹配的人选来设立,也可以考虑从妻子的家族里挑选合适的人员。其背后的逻辑如下:想象其回顾自己的宗族五服之内,没有人能够符合立嗣的条件。只好从他妻子的后代那里寻找可立之人,也说这是属于九族范围内的家庭成员之一,"庶几亲亲以睦,而相依以生"。这样才能让亲戚关系和睦相处,共同生活。与完全无关联的人相比,拥有亲疏血缘关系还是比较好的,"良有间矣"。① 这是对"同宗"继承原则的补充。若妻家也无适合的"同宗"之人,法律没有再作进一步的规定,司法案件中如何调适后续会进行讨论。法律对于立继子与命继子的继承权作了不同的规定。立继子虽然成立于养父死亡之后,但因为是养母所立,夫妻匹敌之义也,仍然属于生前养子,"生前抱养,与亲生同"。② 立继子的继承权为:立继子的继承财产的原则与儿子继承父亲的财产原则一样,享有继承全部家庭财产的权利,"当尽举其产以与之"。③

"命继子"是夫妻(养父母)双亡以后由近亲或族中尊长协商所立,命继子作为拟制的亲子,虽然不存在养老的义务,但是却负有延续宗祧、祭祀先祖的责任,所以对于命继子的继承权不得适用"继绝亦同",只能继承1/3的遗产。在南宋早期,国家制定了一项专门的法律条款来规定关于继子的财产继承权。在绍兴二年(1132年)九月二十二日,江南东部的提刑司机构提出:我们部门发现有民众起诉,关于立继人没有获得其被继承家庭财产的问

---

① 中国社会科学院历史研究所宋辽金元史研究室点校:《名公书判清明集》卷八《户婚门·立继类·"治命不可动摇"》,中华书局1987年版,第269页。
② 中国社会科学院历史研究所宋辽金元史研究室点校:《名公书判清明集》卷八《户婚门·立继类·"生前乞养"》,中华书局1987年版,第245页。
③ 中国社会科学院历史研究所宋辽金元史研究室点校:《名公书判清明集》卷八《户婚门·立继类·"命继与立继不同·再判"》,中华书局1987年版,第266页。

题,"不合给所继之家财产"。根据我们的观察和研究,如果某家按照法律规定属于户绝之家,这种情况下新选出的继承人却无法享有该家庭的所有财产,"并不得所生所养之家财产",这确实属于情理上可矜之处"情实可矜"。因此,建议立继子在遗产分配上应得到跟出嫁女一样的继承少量财产的权利,"视出嫁女等法量许分给"。根据户部的看详:按照本司所申请陈诉的事项一样,如果属于户绝之家,并且根据户绝相关规定符合设立继承人的条件时,其家庭财产应按照现行的户绝出嫁女的法规分配,其中 1/3 归于继承者,但最高不超过 3000 贯钱,"三分给一,至三千贯止",其余部分则依照现有法律处理,"余依见行条法"。皇帝对此表示同意并通过这项法规。[①]

该条规定是源于实际生活中有人向官府提出"户绝立继之子,不合给所继之家财产"的陈诉,官府经过正式的讨论认为要考虑情实。对符合户绝命继条件的人,根据所继承命继之家的家庭财产,按照出嫁女继承家庭财产的法律规定参照对比分配给命继之人,"视出嫁女等法量许分给"。国家采纳江南东路提刑司的建议,从立法上承认了命继子的部分继承权,司法实践中是否执行了该条款或是变通处理,需要对相关案例进行考察。从以上法律规定可看出立法之间的一个矛盾点,继子继承财产份额的具体数目存在差异。依照"应分"条中的"继绝亦同"原则,嗣子与亲生子享有同等的继承权。立继子可以承绝大部分遗产,亲生女儿只能得到相当于儿子聘财一半的妆奁。这里补充关于唐代《户令》中的"应分"条的详细内容,该条规定:

凡是应该分配的土地、房屋和财物,所有的兄弟们都必须按

[①] 参见刘琳等点校:《宋会要辑稿》第 12 册《食货六一之六四》,上海古籍出版社 2014 年版,第 7471 页。

照均等原则继承家庭财产。如果他们的父祖去世之后,他们已经独立居住并且不再同爨生活超过三年,或者离家在外逃亡长达六年及以上的时间。如果没有现存可以被分配的父祖的家庭遗产包括旧的田产、住宅、磨坊、部曲、奴婢等,那么就不能提出再次分家析产的诉求,"不得辄更论分"。此外,妻子从娘家所获得的财富并不包含在分配范围内;(妻子虽然去世,但她所有的个人资产和财物包括奴婢,也无法被妻子娘家索取,"妻家并得追理")当某位儿子作为继承人先他的被继承人父母而亡故时,他的儿子会代替他来继承遗产,也就是"兄弟亡者,子承父分",继绝情况的继承原则与此相同;出现父辈兄弟全部先于祖父死亡的特殊情况时,按照"兄弟俱亡,则诸子均分"的规定,孙辈(子辈兄弟)直接平均分割祖父的遗产。(同样的均分原则适用于父祖辈的永业田和政府授予的田地,"准丁中老小法"也就是所谓的"口分田"。如果拥有的田地的人数较少,也要依照均分原则分配,"亦依此法为分")

而那些尚未成婚的儿子,从家庭财产中继承相当于聘财的份额,"别与聘财";至于还在待嫁的姑姐妹们,她们能继承的财产份额是尚未成婚男子聘财的一半,"减男聘财之半";寡妻妾没有儿子的情况下,也可以继承丈夫的财产份额,"承夫分";如果寡妻妾丈夫的兄弟均亡故,按照儿子继承财产的份额继承遗产,"同一子之分"。(如果有儿子的情况下,寡妻妾是"不得分",也就是说她们要为丈夫守节,"谓在夫家守志者",但如果她们选择改嫁,那么她在夫家拥有的部曲、奴婢、田宅等都是由其他"皆应分人均分",寡妻妾不能够随嫁带走或者花费用尽,"不得费用")①

---

① [日]仁井田陞:《唐令拾遗》,栗劲、霍存福、王占通、郭延德编译,长春出版社 1989 年版,第 155 页。

从"应分"条中可见嗣子比亲生女儿享有的财产继承权更多，那么问题是女儿比嗣子在血缘关系上要更近一步，从舐犊之情来讲女儿要比嗣子更亲，那么就会产生立继子与亲生女儿继承权关系之间的差异，如何调整这个差异，就涉及遗嘱继承和司法官在具体个案中的调适问题了。后续将在户绝继产一节进行讨论。南宋时期的《户令》又对命继子继承家产三分之一作了进一步的规定：

根据淳熙时期指挥中内臣官僚们提出的奏请：按照祖宗之法的规定，立继是指夫亡而妻在，应当遵循妻子的意愿确定继承人的法律，"其绝则其立也当从其妻"。命继的法律是：命继是指夫妻俱亡，依照近亲尊长的意思命定继承人的法律，"则其命也当惟近亲尊长"。立继子的继承原则与子继承父亲财产份额的法律原则的意思相同，应该按照亲子继承法继承全部家财，"当尽举其产以与之"。凡是没有在室女、归宗女存在的情况，命继子继承父亲财产份额为1/3。

又根据《户令》的规定凡是在户绝之家，由近亲尊长命继的继绝子孙作为户绝之家的财产继承人，继承财产的份额参照如下：如果只有在室诸女，命继子的继承份额为家财的1/4；如果归宗女也存在的情况下，命继子的继承份额为父亲财产的1/5；如果只有归宗女存在的情况下，归宗女按照户绝法继承家财的1/2，剩余的家财为1/2，命继子先按照户绝法继承其中家财的1/3，剩余家财为1/6，命继子再减半继承其中的1/12，共计5/12。剩余1/12家财再没官。如果只有出嫁女存在的情况，将父亲财产均分三分，其中2/3与出嫁女均分，即继承财产份额为1/3，剩余1/3家财将被没收入官，最高继承家财的数额限制为"至三千贯止"；如果继承的财产达到20000贯，再增加继承份额数2000贯，其余部分没

收归官府。①（见表5）

表5　继承人情况及其继承份额

继承人身份	继承份额				
在室女	3/4	4/5	无	无	无
归宗女	无		1/2	无	无
出嫁女	无	无	无	1/3	无
命继子	1/4	1/5	5/12	1/3	1/3
没官	无	无	1/12	1/3	2/3

注：当继承人存在时按表中比例，当继承人不存在时则写为"无"。

4. 义子、别宅子、遗腹子的继承权

对于义子、别宅子、遗腹子的继承权法律规定较少。《宋刑统·户婚律》对别宅子的继承权作了专门规定：大唐天宝六年（747年）五月二十日发布的敕令规定：对于官员或者百姓身故之后，有当事人自称是外妻所生的儿女或者无正式夫妻关系的妻子或者妾室等，府县多遇到此类诉讼案件，虽然他们没有与身故之人在一起居住，但是户口登记在一个户籍名下，就可以认定为一家人。既然另住没有登记在身故人的户籍名下，就不是该身故人的后代子孙，"即明非子息"。所有的案件都有端由，"及加推案"或者是身故之人与其母亲因为私下有奸情所生儿女，或者是身故之人未入籍的外室所生儿女，或者是其已经被休弃成为出妻弃妾，心存侥幸，只是希望能够分得到一些家财，从而获取财富，"遂使真伪难分，官吏惑听"。如果遇到此类案件当事人在诉状中称

---

① 参见中国社会科学院历史研究所宋辽金元史研究室点校：《名公书判清明集》卷八《户婚门·立继类·"命继与立继不同·再判"》，中华书局1987年版，第266~267页。

当官员和百姓身故后,他们是别宅异居的男女或者妻妾,原先没有登记在该身故人的同一户籍下的案件,官府一律不予受理立案,"辄经府县陈诉,不须为理"。但是仍旧考察案件的实际情况来审理判决,勒令其归还本居,"仍量事科决,勒还本居"。① 从别宅子的法条说明如果已经入户籍,则官府承认并受理,如不在同一个户籍,则不予受理。南宋时期相较北宋对于别宅子的亲子关系认定较为宽松,规定:凡是外妻所生之子,其父亲死亡而没有证据证明的"其父死而无证据者",官府不得受理。② 简言之,即使外妻所生之子没有与其生父共同居住生活或者登记在同一个户籍名下,但是如果能够提供足够的证据证实他们之间的亲子关系,那么官府就会认可他们的身份,并且享有相应的财产继承权。宋仁宗天圣四年(1026年)在户绝继承法中对义男、随母男的继承权作了法律规定:审刑院在天圣四年七月上奏称:经过详细考察户绝条例,对于从今以后的户绝之家,如果没有在室女,只有出嫁女的情况下,将家庭资产与财物、庄园田宅等物品除了用于丧事营斋费用之外,出嫁女获得财产份额为 1/3;如果没有出嫁女,就将家财的 1/3 给予"出嫁亲姑、姐妹、侄"。剩余家财的 2/3,如果身故之人在世时有共同居住的亲属、入赘女婿、随母改嫁的养子、义子("随母男"),其中包括他们经营田地庄园的时间,到身故人去世时已经超过三年以上的,家财中的 2/3 财物和庄园田产归其所有。如果身故之人没有出嫁姑、姐妹或者侄男女的,家财由同居之人所有;如果同居时间未满三年,或者户绝之人没有同

---

① (宋)窦仪等详定:《宋刑统校证》,岳纯之校证,北京大学出版社 2015 年版,第 169 页。
② 参见中国社会科学院历史研究所宋辽金元史研究室点校:《名公书判清明集》卷八《户婚门·别宅子·"无证据"》,中华书局 1987 年版,第 292~293 页。

居的人,其所有家财没收归官府,"庄田依(令)文均与近亲"。如果没有近亲属,则均与一直佃种的人,"从来佃莳或分种之人"并承担赋税。如果身故之人在世时通过遗嘱处分自己的财产,则按照遗嘱的内容执行财产分配方案,"依遗嘱施行。"[1]

神宗于元丰六年(1083年)颁发命令称:凡是义子孙、入赘的女婿(舍居婿)、随母改嫁的子孙、寡妇招的接脚夫等人,如果他们已经承担过保甲之役,"见为保甲者",则在分家财之时,比照具有财产继承权利亲属份额,享有其减半的财产继承份额权,"比有分亲属给半"。元丰这条法律放宽了对同居者继承权的限制,即不管有无合法继承人,都可以分得相当于法定继承人的1/2的财产。[2] 元祐七年(1092年),宋朝对同居者中义子孙的财产继承权又进行了修改。哲宗发布诏书曰,"义养子孙合出离所养之家而无姓可归者,听从所养之姓",如果义养子孙与养父母同居生活已经长达十年,"仍令州县长官量给财产"。如果义养子孙虽然具有姓氏但是没有可归之家的也比照这个规定,"虽有姓而无家可归者准此"。[3] 司法实践如何认定和分配义子、别宅子、遗腹子的继承份额还需在具体案件中进行考察。

5. 赘婿的继承权

这里需要提及另一位特殊继承主体,就是赘婿。赘婿是属于

---

[1] 刘琳等点校:《宋会要辑稿》第12册《食货六一之五八》,古籍出版社2014年版,第7465页。

[2] 参见(宋)李焘:《续资治通鉴长编》卷三百三十二《神宗元丰六年正月乙巳条》,上海师范大学古籍整理研究所、华东师范大学古籍整理研究所点校,中华书局2004年版,第8009页。

[3] (宋)李焘:《续资治通鉴长编》卷四百七十一《哲宗元祐七年三月甲辰条》,上海师范大学古籍整理研究所、华东师范大学古籍整理研究所点校,中华书局2004年版,第11254页。

妻方的家庭成员之一。贾谊曾说:"秦俗日败,故秦人家富子壮则出分,家贫子壮则出赘"①。赘婿的继承权是依附于女儿的继承权,女儿招婿后,所继承的家财如果不能超过其应得份额,就不能说赘婿享有单独的继承权。受父权社会宗法观念的影响,赘婿不得携妻归宗,应劭注曰:"出作赘婿也。"颜师古注曰:"谓之赘婿者,言其不当出在妻家,亦犹人身体之有疣赘,非应所有。""赘,质也,家贫无有聘财,以身为质也。"②《唐律疏议》和《宋刑统》均未提及赘婿的继承权,有关赘婿的法令,通常情况下是对其进行限制的。例如,在北宋的淳化元年(990年)九月二十一日崇仪副使郭载表示:在他之前担任剑南职务的时候,他注意到许多富有家庭会雇佣入赘女婿并将其视为自己的亲生儿子对待,"与所生子齿"。当这些富人去世后,赘婿就会要求分配富裕家庭的财产。然而,这种现象导致了大量的贫穷之人放弃他们的亲生父母而选择成为富人的入赘女婿,这不仅破坏了社会道德风化而且加剧了纷争和诉讼案件的发生率,"甚伤风化而益争讼",因此希望能够对此行为予以禁止,皇帝下诏同意这项请求,"诏从其请"。③

从这个诏令看,如果父母不在(已经亡故),出为赘婿则不受禁止。户绝条款下,有女无子而招婿的人家,父母双亡后,坐家女的继承地位相当于在室女,适用《丧葬令》的规定:凡是家庭成员去世且没有后代继承财产(户绝者),那么他的部曲、客女、奴婢、店铺和住宅及其他资产财物,都应该被允许由本服的亲属"亲,依

---

① (汉)班固:《汉书》卷四八《贾谊传第十八》,(唐)颜师古注,中华书局1962年版,第2244页。

② (汉)班固:《汉书》卷四八《贾谊传第十八》,(唐)颜师古注,中华书局1962年版,第2245页。

③ 刘琳等点校:《宋会要辑稿》第14册《刑法二之四》,上海古籍出版社2014年版,第8283页。

本服，不以出降"出售转卖，以此支付身故者的葬礼费用等，"营葬事及量营功德"。除了这些必要的开销以外剩余的钱财应归于身故者的女儿，"余财并与女"。① 赘婿在这种情况下是没有单独继承权的。在无子而招赘婿者，赘婿与岳父母不应存在分居的问题。但是，如果有儿子或者立嗣子后，在岳父母生前及死后，可能就会存在分居的可能。分居的时候，赘婿的财产继承份额从属于妻子的，一方面比照"减男聘财之半"，另一方面取决于岳父的意思，可以通过遗嘱的方式分给赘婿夫妇相应的家产。招婿入赘的情况对于岳父母而言就是将其作为劳动力使用。赘婿往往代表岳父充当了家庭经济生活的主角，甚至还会代表岳父履行公法上的义务，充任差役，如"保甲"等。考虑到赘婿对于家庭的劳动贡献，神宗于元丰六年（1083年）颁发命令：凡是义子孙、入赘的女婿（舍居婿）、随母改嫁的子孙、寡妇招的接脚夫等人，如果他们已经承担过保甲之役，"见为保甲者"，则在分家财之时，比照具有财产继承权利亲属份额，享有其减半的财产继承份额权，"比有分亲属给半"。"诏著为令"。②

从该法令可见即使没有岳父的生前明确意思或死后遗嘱，国家也赋予赘婿参与分割家产的权利。但是赘婿的继承人地位需要符合一定的条件，如以"见为保甲""比"等作为继承的前提。前文提到的《丧葬令》中规定，如果身故之人在世时通过遗嘱处分自己的财产，则按照遗嘱的内容执行财产分配方案，"依遗嘱施

---

① （宋）窦仪等详定：《宋刑统校证》，岳纯之校证，北京大学出版社2015年版，第169页。
② （宋）李焘：《续资治通鉴长编》卷三百三十二《神宗元丰六年正月乙巳条》，上海师范大学古籍整理研究所、华东师范大学古籍整理研究所点校，中华书局2004年版，第8009页。

行"。在"户绝"的前提下,赘婿可以通过遗嘱继承获得家产份额,此时遗嘱继承具有优先法定继承的效力,司法实践中司法官如何认定遗嘱,有待后文进行个案考察。

(二)诸女的继承权

中国古代女子的继承权与婚姻有着密切关系。女子根据其婚姻状况有不同的称谓,未嫁者称为在室女,已嫁者称为出嫁女,出嫁后因各种原因(如夫亡、被出、和离等原因)又回到父母家居住者称为归宗女,因此法律对她们的继承权规定不同。女子没有宗祧继承权,但是享有一定限制的财产继承权。

1.在室女的继承权

在室女的继承权以亲子的继承权为参照。唐代法律《应分条》中规定,分家时那些尚未成婚的儿子,从家庭财产中继承相当于聘财的份额,"别与聘财";至于还在待嫁的姑姐妹们,她们能继承的财产份额是尚未成婚男子聘财的一半,"减男聘财之半"。这里在室女的财产继承份额是以其兄弟所获聘财为参照。北宋初年在起请条对女儿财产分配上作了更为细致的规定,继承主体从在室女延伸到出嫁女、归宗女:凡是从今以后的户绝之家,如果没有在室女,只有出嫁女的情况下,将家庭资产与财物、庄园田宅等物品除了用于丧事营斋费用之外,出嫁女获得财产份额为1/3;如果有庄园田地,均与近亲属承包佃种,"均与近亲承佃"。如果出嫁女被夫家所休弃或者丈夫身故没有儿子,也并未继承分割获得夫家的家财归入本家,当其还归娘家后,身份等同在室女,获得继承本家的财产权利。其余的情况按照令与敕的规定进行处分。

皇帝同意这项奏言。①

同时,沿用唐朝开成元年时期(836 年 7 月 5 日)颁发的敕令,对出嫁女继承户绝财产进行限制:自今后开始,如果百姓或者各民族人群死后户绝没有儿子,只有出嫁女儿,并且她们通过出嫁已经获得家财,"令文合得资产",如果在此期间出嫁女儿心中妄想与丈夫合谋侵夺娘家财产,不尽孝道,"心怀觊望,孝道不全",那么国家委派所在辖区长吏官员严厉纠察这种行为,"如有此色,不在给与之限"。②

宋仁宗天圣四年(1026 年)在户绝继承法中进一步对继承主体作了法律规定,扩大到侄、同居人、舍婿、随母男。审刑院在天圣四年七月上奏称:经过详细考察户绝条例,对于从今以后的户绝之家,如果没有在室女,只有出嫁女的情况下,将家庭资产与财物、庄园田宅等物品除了用于丧事营斋费用之外,出嫁女获得财产份额为 1/3;如果没有出嫁女,就将家财的 1/3 给予"出嫁亲姑、姐妹、侄",剩余家财的 2/3,如果身故之人在世时有共同居住的亲属、入赘女婿、随母改嫁的养子、义子("随母男"),其中包括他们经营田地庄园的时间,到身故人去世时已经超过三年以上的,家财中的 2/3 财物和庄园田产归其所有。如果身故之人没有出嫁姑、姐妹或者侄男女的,家财由同居之人所有;如果同居时间未满三年,或者户绝之人没有同居的人,其所有家财没收归官府,"庄田依(令)文均与近亲"。如果没有近亲属,则均与一直佃种的人并承担赋税,"从来佃莳或分种之人"。如果身故之人在世时通过

---

① 参见(宋)窦仪等详定:《宋刑统校证》,岳纯之校证,北京大学出版社 2015 年版,第 170 页。
② (宋)窦仪等详定:《宋刑统校证》,岳纯之校证,北京大学出版社 2015 年版,第 170 页。

遗嘱处分自己的财产,则按照遗嘱的内容执行财产分配方案,"依遗嘱施行"。①

南宋法律对在室女、出嫁女、归宗女的承受份额也作了规定:凡是分配财产,没有娶亲者分给成婚聘礼的财产,姑母、姐妹未婚或回归本宗之女分给出嫁财产,没有到出嫁年龄的另外分给财产,财产数量不得超过出嫁所需数额。②"《户令》命继子承产条"和"他郡均分之例"是南宋时期存在的两项法规。前者涉及命继子继承家庭财产的问题,后者关注的是与在室女儿与其他立继的儿子如何分配家庭遗产的问题。这种情况下的"均分之例"与《应分条》中提到的"诸子均分"有所区别,因为它的主体是以女儿(不论人数多少)为一方、立嗣子(一人)为另一方的对分,③南宋法律还规定:"在法:父母已亡,儿女分产,女合得男之半。"

有学者将"均分之例"与"女合得男之半"之法相比较,见表7。④ 该观点认为在室女的人数变化时,适用"均分之例"与"女合得男之半"所获得的家产份额不同,"女合得男之半"法更有利于在室女。原因分析如下:结合表9,当女儿人数 $x = 1$ 时,"均分之例"优于"女合得男之半"。当女儿人数 $x = 2$ 时,"均分之例"与"女合得男之半"相同。当女儿人数 $x > 2$ 时,"均分之例"劣于"女合得男之半"。这个观点笔者认为是片面的,该观点忽略了北

---

① 刘琳等点校:《宋会要辑稿》第 12 册《食货六一之五八》,上海古籍出版社 2014 年版,第 7465 页。

② 参见中国社会科学院历史研究所宋辽金元史研究室点校:《名公书判清明集》卷七《户婚门·立继·"立继有据不为户绝"》,中华书局 1987 年版,第 215 页。

③ 参见中国社会科学院历史研究所宋辽金元史研究室点校:《名公书判清明集》卷八《户婚门·遗嘱·"女合承分"》,中华书局 1987 年版,第 290 页。

④ 参见叶孝信主编:《中国民法史》(修订版),复旦大学出版社 2021 年版,第 380~381 页。

宋初年的聘财法，同时有一个重要的社会背景就是国家主张同居共财，但是民间多有别籍异财的现象，南北之间也有地区差异。该观点还将在室女的继承份额随着"均分之例"与"女合得男之半"的家产分割原则不同而有不同的变化，见表9。笔者认为单独将"女合得男之半"提出来，而忽视聘财法是片面的，后续将在案例中进行考察。

南宋出台了与户绝一脉相承的法条，户绝之家只有在室女，那么"诸户绝财产，尽给在室女"①。后又有与此条相矛盾的规定"在室女依子承父分法给半（余一半没官）"②，可见户绝下在室女应继承的份额比北宋初年户绝法条中的规定相比，减少了百分之五十（见表8）。既有在室女又有归宗女的，"户绝财产尽给在室诸女"，③凡户绝之家财产全部分给未嫁之女，回归本宗之女减半分配。南宋法律对于户绝之女的财产分配比照继子的继承份额，前文已在命继子一节中作了介绍，可参考上节表5。在表6中对于在室女的继承权按照聘财之法作了简明介绍。此处将三张图表对比分析在室女的继承份额变化：即表5是以命继子为参照，评估在室女、归宗女、出嫁女获得的家产份额。表6是以兄弟聘财或姐妹的嫁资为参照，评估在室女获得家产份额。表7是以两种继承原则为参照，评估在室女获得的家产份额。表8是以时间

---

① 中国社会科学院历史研究所宋辽金元史研究室点校：《名公书判清明集》卷八《户婚门·立继类·"继绝子孙止得财产四分之一"》，中华书局1987年版，第251页。

② 中国社会科学院历史研究所宋辽金元史研究室点校：《名公书判清明集》卷八《户婚门·检校·"侵用已检校财产论如擅支朝廷封桩物法"》，中华书局1987年版，第280页。

③ 中国社会科学院历史研究所宋辽金元史研究室点校：《名公书判清明集》卷九《户婚门·违法交易·"孤女赎父田"》，中华书局1987年版，第316页。

段为参照,评估在室女获得家产份额。表 9 是以诸子身份为参照,评估在室女获得的家产份额。

表 6　已婚与未婚兄弟姐妹获得家产份额区别

身份	已得财产	应用聘财法后将分得之家产	所得财产份额总数
已婚之兄	聘财	一份	一份 + 聘财
未婚之弟	无	一份 + 聘财	一份 + 聘财
已婚之姐	嫁妆（假设是聘财的一半）	无	聘财之半
未婚之妹	无	聘财之半	聘财之半

表 7　不同继承原则下女儿与儿子获得家产份额区别

适用法	所得财产份额	
	儿子	女儿
均分之例	2	$2 \div x (x > 且 = 1)$
女合得男之半	2	1

表 8　不同时期户绝在室女获得家产份额区别

朝代	户绝在室女继承份额比较
北宋	100%
南宋	甲时期 100%
	乙时期 50%

表9　不同身份下诸子与在室女获得家产份额区别

诸子身份	适用法	家产份额	
		诸子	在室女
亲子	女合得男之半	2/3	1/3
亲子和养子	均分之例	1/2	1/2
立继子	女合得男之半	2/3	1/3
命继子	命继子条	1/4	3/4

结合上述表格,参照北宋到南宋的法律规定可以看出在室女财产继承权的变化,从继承份额是未成婚兄弟所获聘财的一半,到南宋获得的继承份额是兄弟承分额的一半,两者的区别在哪？从女受分(嫁资)到女承分(儿女分产),是否能说明女儿有和兄弟一样的继承权？是否能说明女儿的继承权有所扩大？女性在继承法上的地位有所提高？单从法条无法看出这些区别,需要在个案中进行考察。

2. 出嫁女、归宗女的继承权

归宗的含义是指女性在嫁出去后,由于各种原因再次回到娘家居住。如果她是亲生女儿,被丈夫所休弃,或者丈夫去世无子,也没有分配到他的财产,那么回到父母身边后,在户绝的情况下,仍然享有与其他在室女儿一样的继承权。北宋初期对此做了相应的规定：如果出嫁女被夫家所休弃或者丈夫身故没有儿子,也并未继承分割获得夫家的家财归入本家,当其还归娘家后,身份等同在室女,获得继承本家的财产权利,"并同在室女例"。①

---

① (宋)窦仪等详定：《宋刑统校证》,岳纯之校证,北京大学出版社2015年版,第170页。

从此规定可以看出如果户绝家中只有未婚在室女,她们就按诸子均分的原则分割全部遗产。在宋哲宗元符元年(1098年),新的法规又被制定发布:凡是户绝之家的财产全部平均分配给在室女儿和归宗女儿的,1000贯以上的,从中分出1/3的财产份额给出嫁女。只有归宗女的,归宗女获得2/3的财产份额,出嫁女获得1/3财产份额的一半即为1/6的财产份额,如果财产数额不到200贯的,出嫁女获得100贯,不满100贯的全给。只有出嫁女的情况下,如果财产数额不到300贯给100贯,不满100贯的也是全给,超过300贯以上的,出嫁女获得其中1/3的财产份额。以上情况下出嫁女最高可获得财产数额为2000贯,如果户绝之家的财产超过20000贯的,临时根据情况奏报增加财产数额,"临时具数奏裁增给"。①

该条法律对于宋朝初年的归宗女、在室女按照均分财产的原则条款进行了再次强调,并基于此对宋朝初年的相关法律条文作出了一些修订。如果户绝财产超过1000贯的,那么将其中的1/3分配给出嫁女。如果只有归宗女的情况下,归宗女可获得户绝财产的2/3,归宗女的财产继承份额在法律条款中明确被削减。南宋的法条中对于归宗女也不再区分是否"曾分割得夫家财产入己"。归宗女的继承份额与在室女有所区别,法条规定:"户绝财产尽给在室诸女,而归宗女减半",②"诸户绝财产,尽给在堂诸

---

① (宋)李焘:《续资治通鉴长编》卷五百一《哲宗元符元年八月丁亥条》,上海师范大学古籍整理研究所、华东师范大学古籍整理研究所点校,中华书局2004年版,第11935页。

② 中国社会科学院历史研究所宋辽金元史研究室点校:《名公书判清明集》卷九《户婚门·取赎·"孤女赎父田"》,中华书局1987年版,第316页。

女,归宗者减半"。① 根据这项法律条文的规定,归宗女的继承份额在家庭财产中减少了,只能继承在室女财产份额的 1/2。根据以上法条的规定,如果既有未婚在室女又有归宗女,在室女按照 2/3 分得家产,归宗女按照 1/3 分得家产。这种分割家产的方法与"女合得男之半"较为相似,没有结婚仍在家中的女儿即在室女儿的继承份额相当于"儿子"的继承份额,而已经出嫁又回归本家的女子即归宗女的继承份额相当于"在室女"的继承份额。如果仅存在归宗女,她们的财产份额为家庭财产总额的 1/2。与这些法条相对应,这里又要提到"命继子"条,这里结合表 5 回顾宋代户绝财产继承的一般规则是:仅在室女存在时,命继子继承家财的 1/4,在室女继承剩余家财的 3/4;存在归宗女时,命继子继承家财的 1/5,归宗女与在室女共同分配剩余家财的 4/5。

宋代户绝财产的特殊情形处理规则:如果只有归宗女存在的情况下,归宗女按照户绝法继承家财的 1/2,剩余的家财为 1/2,命继子先按照户绝法继承其中家财的 1/3,剩余家财为 1/6,命继子再减半继承其中的 1/12,共计 5/12。剩余 1/12 家财再没官。

如此归宗女按"户绝财产尽给在室诸女,而归宗女减半"的法律规定,能够获得家产总额的 1/2,按照命继子条"命继者于诸无在室、归宗诸女,止得家财三分之一"的规定,先从家产总额中减去归宗女获得的继承份额 1/2。剩余 1/2,命继子先按户绝法规定继承其中的 1/3。剩余家产份额为 1/2 – 1/3 = 1/6,按照"剩余部分再一分为二,一半由命继子继承,另一半归国库"的规定,命继

---

① 中国社会科学院历史研究所宋辽金元史研究室点校:《名公书判清明集》卷七《户婚门・立继・"立继有据不为户绝"》,中华书局 1987 年版,第 215 页。

子,再次增加的继承份额为 1/6×1/2 = 1/12,命继子的继承份额共计 1/3 + 1/12 = 5/12。上交国库的家产份额为 1/6×1/2 = 1/12。(见表10)

表10 归宗女与命继子获得家产份额区别

继承人	继承份额
归宗女	1/2
命继子	5/12
上交国库	1/12

这里需要对表5进行补充说明:如果有在室诸女和归宗女的情况下,命继子的继承份额为父亲财产的 1/5;剩余的 4/5 由在室诸女和归宗女按照户绝法分产,即在室女可获得的家产份额为 2/3×4/5 = 8/15,归宗女可获得的家产份额为 1/3×4/5 = 4/15。(见表11)

表11 在室女、归宗女与命继子获得家产份额区别

继承人		继承份额
诸女	在室女	8/15
	归宗女	4/15
命继子		1/5

出嫁女在出嫁时已经取得妆奁,这就意味着她在法定继承中作为第一顺位的继承人已经实现了继承权。出嫁女一般情况下是不能够在父亲死亡后继承家产,如果其娘家绝户或者兄弟为命继子时,她可以作为第二顺位继承人依法再继承一份娘家遗产。

但是这种继承权受到种种限制。

出嫁女只有在她无诸子诸孙,又无在室女及归宗女的情况下,才有权继承娘家的财产份额,这相当于近代民法中的第二顺位继承人,同时还对出嫁女的继承权进行了但书的规定:如果在此期间出嫁女心中妄想与丈夫合谋侵夺娘家财产不尽孝道,"心怀觊望,孝道不全",那么国家委派所在辖区长吏官员严厉纠察这种行为,"如有此色,不在给与之限"。由此可知,出嫁女与在室女、归宗女的继承地位是不同的。宋朝沿袭唐代的这条法律规定,而且又在《宋刑统·户绝资产》中补入请起条:经过臣等详细考察:凡是从今以后的户绝之家,如果没有在室女,只有出嫁女的情况下,将家庭资产与财物、庄园田宅等物品除了用于丧事营斋费用之外,出嫁女获得财产份额为 1/3;如果有庄园田地,均与近亲属承包佃种,"均与近亲承佃"。如果出嫁女被夫家所休弃或者丈夫身故没有儿子,也并未继承分割获得夫家的家财归入本家,当其还归娘家后,身份等同在室女,获得继承本家的财产权利,"余准令、敕处分"。

根据该条法令,出嫁女对于田产没有继承权。因为法条规定"如有庄田,均与近亲承佃",同时家产中的 2/3 份额都要上交国库。如果有符合户绝条件的归宗女也并未继承分割获得夫家的家财归入本家,当其还归娘家后,身份等同在室女,获得继承本家的财产权利,就要按照在室女全部继承家产,而出嫁女没有资格继承家产。照此推论,如果有在室女的情况下,出嫁女就更没有资格回娘家继承家产了。

宋仁宗在天圣四年(1026 年)七月,审刑院详细考察《户绝条贯》,对于上述规定进行了重申,并且扩大了继承主体的范围,在没有出嫁女的情况下,也可以给与出嫁的亲姑姐妹侄一分家产,规定如下:对于从今以后的户绝之家,如果没有在室女,只有出嫁女的情况下,将家庭资产与财物、庄园田宅等物品除了用于丧事营斋费用之外,出嫁女获得财产份额为 1/3;如果没有出嫁女,就将家财的 1/3 给与"出嫁亲姑、姐妹、侄"。①

以上法令关于出嫁女是否能够继承田产的内容非常明确,即不能继承。在天圣六年(1028 年)二月雄州报告称:一位名叫张氏的平民妻子去世后属于户绝之家,其家中已出嫁女根据法律应该获得家中田产份额总数的 1/3。② 可见仁宗天圣年间与太祖建隆条法中的出嫁女不继承田产相比较,明显是一个很大的变化。宋哲宗时期,户绝条件下,当在室女与归宗女并存时,出嫁女亦可以分得财产份额。

到南宋时期,政府对于出嫁女的继承权又作了限制。"诸户绝财产,尽给在堂诸女,归宗者减半",这里没有提及出嫁女。娘家如果有命继子的情况下,出嫁女可以回去继承家产,"命继子"条规定:绝户之家只有出嫁女的情况下,将家庭财产分为 3 份,即出嫁女与命继子均分家产的 2/3,双方的继承份额相同,即各自继承份额为 1/3,余 1/3 上交国库。

---

① 刘琳等点校:《宋会要辑稿》第 12 册《食货六一之五八》,上海古籍出版社 2014 年版,第 7465 页。

② 参见(宋)李焘:《续资治通鉴长编》卷一百六《仁宗天圣六年二月甲午条》,上海师范大学古籍整理研究所、华东师范大学古籍整理研究所点校,中华书局 2004 年版,第 2467 页。

(三) 寡妇的继承权

谈到寡妇的继承权,就需要对妻子的继承权进行说明。古代女子地位依附于父权、夫权,在户绝条件下,享有代位继承丈夫的财产份额权。唐朝的《应分条》规定:寡妻妾没有儿子的情况下,也可以继续丈夫的财产份额,"承夫分";如果寡妻妾丈夫的兄弟均亡故,按照儿子继承财产的份额继承遗产,"同一子之分"。(如果有儿子的情况下,寡妻妾是"不得分",也就是说她们要为丈夫守节,"谓在夫家守志者"。但如果她们选择改嫁,那么她在夫家拥有的部曲、奴婢、田宅等"皆应分人均分",寡妻妾不能够随嫁带走或者花费用尽,"不得费用"。)

《宋刑统·户婚》规定:"寡妻妾无男者,承夫分。"从唐宋关于寡妇的继承权可见,寡妇在无子、兄弟分家的情况下可以代位继承亡夫应得的财产份额。在夫兄弟皆亡的情况下,寡妇可以同孙辈兄弟按照均分原则越位继承家产。北宋在关于死商遗产的处理中,对于嫡妻的继承权沿用唐太和五年(831年)二月二十三日的敕令:亡故客商的钱物等,在亡故客商有随行的嫡妻等人,就由他们收拾和管理钱物。如果亡故客商并没有妻儿等随行人员,如果后来有亲属通过持有客商的本贯文牒来认领,需要委派专职官民审理调查,"委专知官切加根寻",如果核实后确实是尊亲属,那么责令其签订保证书后,"任分付取领",并将案件情况提交上报申省,"状入案申省"。[①]

该条法令优先保证随行者的继承权,对于未随行的妻需要附条件认证才能继承。后来宋朝沿用唐太和八年(834年)八月二

---

① (宋)窦仪等详定:《宋刑统校证》,岳纯之校证,北京大学出版社2015年版,第170页。

十三日敕令文对妻子的继承权进行了修正：

> "死商客及外界人身死，……如无上件亲族（嫡妻），所有钱物等并合官收"。①

唐代834年的法令对嫡妻的继承权不再需要进行区分随行还是不随行。右户部奏请条中进行补充规定：

> "如是商客及外界人身死，如无上件亲族相随……便牒本贯追访。如有……嫡妻……即任收认。……如死客有妻无男女者，亦请三分给一分"。②

嫡妻即使不随行也可与随行者一样简单地"即任收认"了，不需要"官切加根寻"，查明"实是至亲"，还需"责保讫"，才能"任分付取领，状入案申省"。但对无子之妻即无子寡妇规定财产份额为1/3。宋朝为了保障无子寡妇的继承权，沿用后周显德五年（958年）的规定：

> "死商财物，如有……妻，不问有子无子，不问随行不随行，并可给付"。③

对妻子的继承权条件作了宽松规定"不问随行与不随行""不问有子无子，并可给付"，妻子即使没有儿子也享有与有子寡妇一样的继承权。这里就可以与《应分条》中的"妻无男者，承夫分"相对应，寡妇承夫分的前提是为夫家守志，即使没有儿子也可与

---

① （宋）窦仪等详定：《宋刑统校证》卷第十二《户婚律·死商钱物》，岳纯之校证，北京大学出版社2015年版，第170页。
② （宋）窦仪等详定：《宋刑统校证》卷第十二《户婚律·死商钱物》，岳纯之校证，北京大学出版社2015年版，第171页。
③ （宋）窦仪等详定：《宋刑统校证》卷第十二《户婚律·死商钱物》，岳纯之校证，北京大学出版社2015年版，第171页。

有子寡妇一样代位继承亡夫的财产份额。当然,这里就需要为夫家立继,必须设立有立继的子孙后代作为财产的继承人,因为他们才是真正享有财产继承权利的人。然而,如果寡妻选择再婚改嫁,根据法律规范的内容其不能携带丈夫的家产离开,而应该由丈夫家的子孙后代继承这些财产:她在夫家拥有的部曲、奴婢、田宅等都是由其他"皆应分人均分",寡妻妾不能够随嫁带走或者花费用尽,"不得费用"。宋太宗在太平兴国二年(977年)五月,于丙寅时刻发布诏令:如果某人曾作为继母又因为丈夫死后再次结婚改嫁的,不能侵占丈夫的家财,应该将家财全部交给丈夫的子孙后代。对于年幼的子孙,官府需要进行检校监管家财,"幼者官为检校",等这些子孙长大成年后再将家财交还其管理,"违者以盗论"。①

若寡妇在无子孙和同居无有分亲的情况下,改嫁他姓或者有幼子的情况下,承分得夫家田产后携子改嫁,此承分田产的继承人是子。若子死,寡妇及后夫不享有田产的所有权,此田产即作为户绝条件没收入国库。对于寡妇家产处理权法律作了限制规定,原因在于以防年轻、无子寡妇存在改嫁的可能,变相改嫁带产,对亡夫的家产流失造成损害。《宋刑统》中记载,依照唐开成元年《杂令》规定:凡是家庭中有家长健在的情况下,子孙、兄弟和侄子们不能随便以奴隶、家畜、土地、房屋和其他财产进行私自质押、借贷或者出卖土地和房屋。经过详细考察发现,凡是家庭成员典卖物业或者指明抵押、质押、出借,交易主体必须为家中的尊

---

① (宋)李焘:《续资治通鉴长编》卷十八《太宗太平兴国二年五月丙寅条》,上海师范大学古籍整理研究所、华东师范大学古籍整理研究所点校,中华书局2004年版,第405页。

长与钱主,"或妇女难于面对者,须隔帘幕亲闻商量,方成交易"。① 南宋法律记载:根据法律的规定寡妇没有年龄十六岁以下的子孙,一律不许典卖田宅。② 法律还规定:凡是没有子孙的寡妇,擅自典卖田宅者责杖刑一百,产业归还原主,受让人、中介人和保人知情同罪。③

当儿子的年龄已经达到成年时,南宋的法律对寡妇处理家庭财产的规定进行了详细阐述:如交易田产和住宅,法律条文有明确的规定。母亲健在,依法应当以母亲作为订约人;兄弟之间没有分家析产,依法应当以兄弟作为共同订约人。④ 这里规定订立契约需要母与子的共同签名或捺印才能生效,就是为了一方面防止寡妇私自典卖田产,另一方面防范子孙擅自典卖。寡妇改嫁除了嫁与他姓外,还能通过招接脚夫的形式继续留在前夫家,对前任丈夫的家庭财产有用益权。宋仁宗天圣八年(1030年)对寡妇招进后夫的条件作了具体规定:当寡妇的丈夫在世时,他们已经与丈夫的兄弟、伯叔等亲属分开居住并且各自拥有自己的户籍。在寡妇本夫去世,寡妇的本夫没有亲子孙或者"有分骨肉",只有

---

① (宋)窦仪等详定:《宋刑统校证》,岳纯之校证,北京大学出版社2015年版,第175页。

② 中国社会科学院历史研究所宋辽金元史研究室点校:《名公书判清明集》卷五《户婚门·争业下·"继母将养老田遗嘱与亲生女"》,中华书局1987年版,第141页。

③ 中国社会科学院历史研究所宋辽金元史研究室点校:《名公书判清明集》卷九《户婚门·违法交易·"鼓诱寡妇盗卖夫家业"》,中华书局1987年版,第304页。

④ 参见中国社会科学院历史研究所宋辽金元史研究室点校:《名公书判清明集》卷九《户婚门·违法交易·"母在与兄弟有分"》,中华书局1987年版,第301页。

寡妇健在,招进后夫,一同承担赋税的缴纳,"召到后夫,同共供输"。① 寡妇再本夫无亲的子孙及同居无有分亲,且子年幼的情况下,法律明确指出:该寡妇的前夫的庄园和田地,由其使用和管理,但是不能将招进的后夫名字改为户名。该寡妇身故时,庄园和田地按照户绝之家财产进行处理,"其庄田作户绝施行"。

该法条这样规定是为了防止寡妇可能受到后夫影响而出售前夫的庄田,"只缘多被后夫计幸",后夫通常会假借寡妻的名义订立契约出售其前夫庄田,通过隐藏交易钱财归入己用;或者通过变卖置换田产以此更换至后夫的户籍下,当寡妻去世后,就不能够按照户绝之家的情形处理家产。官府注意到这一实际问题,作出规定:寡妇之家在今后或者有招到后夫的情况下,委派乡县官员审察寡妇前夫的庄园和田地是否还存在,寡妇和其后夫不得私底下出售变卖,通过"隐钱入己,别买田产"的方式,转至后夫的户籍下,"转立后夫姓名"。

实际生活中寡妇也分嫡庶,至于对寡妾的继承权如何处理,需要后文进行个案考察。寡妻也包括续弦的妻子,她的地位在司法中如何界定,需要就个案进行比对。寡妇涉及招后夫的法律问题,法令允许寡妇招进后夫继续占有和使用夫家家产,与寡妇改嫁他姓丧失对前夫家产的一切权利相比,这是否能反映宋代寡妇财产地位有所提高有待商榷,需要从个案中进行分析。

(四)死商财物的继承权

商人在古代分为两类,在固定经营场所进行贸易的,谓之"贾";在各地流动进行贸易的,谓之"商"。《周礼》中郑玄注:"行

① 刘琳等点校:《宋会要辑稿》第 12 册《食货六一之五八》,上海古籍出版社 2014 年版,第 7465 页。

曰商,处曰贾。"①商人在外地经商突然死亡,需要对其遗产进行处理。宋代沿用了唐代及五代的法律规定。最初确定的继承主体是父兄子弟等,家人亲属的范围不明确:凡是客商在商旅过程中身故的,官员要勘察询问其有无家人或者亲属,该客商所有财物要上交官府,同时仍旧需要提交审查报告到官府备案申省。如果后来有人前来认领客商财物,审查确实是其父亲兄弟和儿子等,官府应该"依数却酬还"。②

又引用唐太和五年(831年)二月十三日的敕令对死商的继承主体进行较为具体的规定,包括法定继承第一顺位继承人配偶、子女、父母,第二顺位继承人兄弟姐妹,还有亲侄男。同时对于第一顺位继承人不要求随行的条件,就可以凭借文牒和保人认领死商的遗产。

但是该条敕令对如何证明身份真实性较为模糊。唐太和八年(834年)八月二月二十三日的敕令规定:亡故的客商和外来人,对于他们的资产财物和商品货物等,官员需要检查勘验从前的敕旨,该敕旨内如果包括他们的父母、正室嫡妻、儿子、亲侄子和在室女儿的,应当共同将上述财物给付。如果有在室的姐妹,则获得财产份额为1/3。如果没有上述亲属关系,所有财物没收归入官府,"所有钱物等并合官收"。③

对于在室姐妹的财产份额作了细化规定,以继承份额1/3为准。但是未提及不随行家属的继承权利,没有考虑兄弟异居的情

---

① (清)阮元校刻:《十三经注疏·周礼注疏》卷一《天官冢宰第一》,中华书局2009年版,第1377页。

② (宋)窦仪等详定:《宋刑统校证》卷第十二《户婚律·死商钱物》,岳纯之校证,北京大学出版社2015年版,第170页。

③ (宋)窦仪等详定:《宋刑统校证》卷第十二《户婚律·死商钱物》,岳纯之校证,北京大学出版社2015年版,第170~171页。

况。国家在此之后进行了补充规定:右户部奏请:亡故客商和外来人身故的,如果没有上述亲属相随行的,就需要把财物和物品埋藏,并标明牌坊记号,便于其本贯家庭成员追访。如果有父母、正室嫡妻、儿子、亲侄子和在室女儿的,就由他们收拾和管理钱物,但是不包括没有在一起同居的亲兄弟、亲侄子,出嫁女和养子女,这些人不在给付财产的范围内。如果有在室的姐妹,则获得财产份额为 1/3。如果身故客商有寡妻但是没有子女的,则寡妻获得财产份额为 1/3。①

该条提到了不相随行的家属的继承权利,而且区别了不同居的亲兄弟、亲侄男的继承权,对于出嫁女则明确无继承权。对于在室女和寡妻明确继承份额为 1/3。后周显德五年(958 年)七月七日发布敕令,该条敕令总结了以上法条对死商钱物的继承事宜:亡故客商的钱物,如果有父母、祖父母、妻子的,无论其是否有子和亲子孙后代的,包括共同居住的大功以上亲属,年幼者都被视为成年人,无论是否随行,一同给付财物。如果没有以上亲属,其共同居住的小功亲。(法律解释:无论是大功还是小功,都在《假宁令》后的五服制度令内)和出嫁女获得财产份额的 1/3;如果出嫁亲女,则获得财产份额的 1/3,对于其他亲属和外妻妾所生孩子,不在给付财产范围内。②

该条法令中取消了继承人必须随行的限制条款,并进一步扩大继承人的范围,第一顺位继承人增加了祖父母、孙子女并增加了同居大功亲,此处包括之前法条中的亲兄弟、在室姐妹、亲侄

---

① 参见(宋)窦仪等详定:《宋刑统校证》卷第十二《户婚律·死商钱物》,岳纯之校证,北京大学出版社 2015 年版,第 170~171 页。
② 参见(宋)窦仪等详定:《宋刑统校证》卷第十二《户婚律·死商钱物》,岳纯之校证,北京大学出版社 2015 年版,第 171 页。

男。第二顺位继承人包括同居小功亲和出嫁女,同居小功亲包括从堂兄弟、在室从堂姐妹、庶孙等,范围较广。在没有第一顺位继承人时,第二顺位继承人才享有继承权且只能继承家产份额的1/3。从以上法令中可见服叙制度已经不断细则化渗透到民事法规中,宋朝开始服叙制度对法律的影响已经渐渐超出了"准五服制罪"原则所能囊括的刑法范畴,这里用"服叙法"原则来表述这一现象可能更为贴切。随着隋唐时期宗族对国家威胁减弱乃至消失,国家与宗族之间的关系转向协调,因此家族主义法的重点也侧重于协调宗族内的关系。[1]

宋代关于死商钱物的继承法律规定还有涉及外商在中国行商时亡故的条文,唐朝在太和八年(834年)八月二十三日发布的敕令中指出:对于他们的资产财物和商品货物等,官员需要检查勘验从前的敕旨,该敕旨内如果包括他们的父母、正室嫡妻、儿子、亲侄子和在室女儿的,应当共同将上述财物给付。亡故的波斯和诸位蕃人的资产财物和商品货物等,请按照有关亡故客商的法律条文规定,如有他们的父母、正室嫡妻、儿子、亲生女儿、亲兄弟随行的,一同给付财物。如果没有上述亲属关系,所有钱物没收归官府,而且不许后续有人持该亡故人的本贯追勘验为亲族,"更不牒本贯追勘亲族"。[2]

宋朝处理此类涉外商亡故中国的继承案件原则以随行为基本条件,继承主体范围较窄,有父母、嫡妻、男女、亲生女、亲兄弟,但没有亲侄男和在室姐妹。奏请由右户部提出,从今开始,凡是

---

[1] 参见丁凌华:《五服制度与传统法律》,商务印书馆2013年版,第226~227页。

[2] (宋)窦仪等详定:《宋刑统校证》卷第十二《户婚律·死商钱物》,岳纯之校证,北京大学出版社2015年版,第170页。

地方州郡官府有亡故的波斯和诸位蕃人,如果没有他们的父母、正室嫡妻、儿子、亲生女儿、亲兄弟随行的,他们的所有钱物应当没收归官府,"便请勘责官收"。①

该条作为补充条款,对地方如何处理外商亡故的继承案件作了进一步规定。

后周显德五年(958年)七月七日敕令中规定:如果有亡故的蕃人、波斯人资产财物的,核实后确实是其在中国同居的亲属骨肉,就可以给付财产。但是对于没有在中国同居的本国的亲属骨肉,虽然前来识认,不在财产给付的范围。②

该条又对涉外商继承主体的范围进行了扩大规定,以在中国的同居亲骨肉作为继承人,但是剥夺了不随行亲属的继承权。

(五)同居人的继承权

《宋刑统·户婚律·户绝资产》中规定户绝条件下,财产继承权归于近亲,"无女,均入近亲"。起请条中补充规定:"如有庄田,均与近亲承佃"。这里两个法条比照了在室女、出嫁女规定,在有在室女的情况下,近亲无继承权,但是在室女、归宗女、出嫁女对于庄田无继承权。法条对于近亲是作为户绝庄田的主人还是只是享有承佃权没有明确规定。宋真宗大中祥符八年(1015年)颁行的法令,取消了《户绝资产》条中的"如有庄田,均与近亲承佃"。

户绝之家的田地并非都均分给予近亲,而是其出售后所得的钱归官府,优质肥沃的田地不卖,除了缴纳两项税收外,还会招募

---

① (宋)窦仪等详定:《宋刑统校证》卷第十二《户婚律·死商钱物》,岳纯之校证,北京大学出版社2015年版,第170页。
② (宋)窦仪等详定:《宋刑统校证》卷第十二《户婚律·死商钱物》,岳纯之校证,北京大学出版社2015年版,第170页。

雇请他人来耕种、支付租金及赋税,"纳租课"。①

宋仁宗天圣四年(1026年)七月,发布了《户绝条贯》的法令,给与户绝之家同居三年以上者可继承包括庄宅在内的家产。若无同居三年以上者,庄田可与近亲继承。

对于从今以后的户绝之家,如果没有在室女,只有出嫁女,家庭资产与财物、庄园田宅等物品除了用于丧事营斋费用之外,出嫁女获得财产份额为1/3;如果没有出嫁女,就将家财的1/3给与"出嫁亲姑、姐妹、侄",剩余家财的2/3,如果身故之人在世时有共同居住的亲属、入赘女婿、随母改嫁的养子、义子("随母男"),其中包括他们经营田地庄园的时间,到身故人去世时已经三年以上的,家财中的2/3财物和庄园田产归其所有。如果身故之人没有出嫁姑、姐妹或者侄男女的,家财由同居之人所有;如果同居时间未满三年,或者户绝之人没有同居的人,其所有家财没收归官府,"庄田依(令)文均与近亲"。如果没有近亲属,则均与一直佃种的人,"从来佃莳或分种之人",并由其承担赋税。如果身故之人在世时通过遗嘱处分自己的财产,则按照遗嘱的内容执行财产分配方案,"依遗嘱施行"。②

宋仁宗天圣四年(1026年)的《户绝条贯》又赋予近亲属庄田继承权,这与宋真宗大中祥符八年(1015)年的取消近亲属庄田继承权的法令不同。宋仁宗天圣五年(1027年)四月,宋政府对于同居三年以上之人的户绝财产继承权又进行了重申,对于数额较大的户绝之家,需要申报官府。

---

① 刘琳等点校:《宋会要辑稿》第10册《食货一之二一》,上海古籍出版社2014年版,第5951页。

② 刘琳等点校:《宋会要辑稿》第12册《食货六一之五八》,上海古籍出版社2014年版,第7465页。

如果身故之人在世时通过遗嘱处分自己的财产,则按照遗嘱的内容执行财产分配方案。如果户绝之家,有富豪户的情况下,没有遗嘱,除了用1/3财产支付丧葬营斋费用外,"除三分给一及殡殓营斋外",其余店铺住宅财物等,虽然有同居三年以上的人,但为了防止家产争讼发生,要求奏报官府予以指示,"并仰奏取指挥",以便根据这些情况作出适当的财产分配方案,"当议量给同居之人",其余部分没收归官府。

宋仁宗天圣八年(1030年)发布的法令中明确了近亲属的继承顺序,即列于同居三年以上的入舍婿、义男、随母男之后。如果义男、接脚夫、入赘女婿和户绝之家的亲属等人,从景德元年开始就和其他人共同经营佃种田地,之后虽然家庭户绝,但是一直缴纳赋税没有短缺,允许向官府陈述,前往勘验查实,"勘会诣实"。除户绝之家出嫁女依照原法条继承财产外,其余给付给现在佃种人,并允许其改立户名,"改立户名为主"。①

南宋时期法律已经取消对近亲属户绝资产的继承权,近亲属可通过立继子孙的方式,让继子孙继承户绝资产的1/3。根据法律规定:凡是户绝之家通过近亲尊长命继的嗣子,如果没有在室女、归宗女、出嫁女,"以全户三分给一分"。命继子获得1/3的财产份额,其余2/3财产份额没收归官府。②

同居人以赘婿为主享有对户绝资产的部分继承权。根据法律规定:凡是入赘女婿利用妻家财物从事经营增添的财产,到该

---

① 刘琳等点校:《宋会要辑稿》第12册《食货六一之五八》,上海古籍出版社2014年版,第7464~7465页。
② 参见中国社会科学院历史研究所宋辽金元史研究室点校:《名公书判清明集》卷四《户婚门·争业上·"罗械乞将妻前夫田产没官"》,中华书局1987年版,第107页。

户绝之日,财产分配给入赘女婿三成,"给赘婿三分"。①

以上关于宋代同居人继承制度可见并没有强调家族血缘关系,在继承中强调的是权利与义务的一致性,这体现了宋代商品经济发达和私有权观念深化的时代特点。综上,宋代继承的财产基础是家庭共有财产,父权家长在此基础上享有立嗣权和财产分配权,但是这种权力也不是绝对的,法律文本对于继承人的权利作出明确规定。法定继承人实行文家之礼——嫡长子继承制,财产分配实行质家之礼——诸子均分。孙辈在特殊情况下可以继承祖辈财产,分为代位继承与越位继承两种情况。代位继承反映的法律后果是代位人享有继承被代位人的继承权,越位继承人享有的是直接参加被继承人的遗产分割份额权。如果说宗祧继承与宗法大家族制度相关,那么养子的继承权与小家庭模式具有联系。随着宗法制度的衰落,在家户承续中法律规定采用嫡长子继承制,实际情况是大宗衰落,出于家户传承即使不是嫡长子、异姓子也可以立为嗣子,立嗣原则上尊重民间意愿,国家并不需要强制立嗣。而且司法官在实践中参酌案件情理,允许一子兼祧的现象。从这里可见法律条文的规定与司法实践均存在一定的差异。法律条文规定严格,司法实践根据地方习俗、案件的事理和情理,对户绝制度和立嗣原则作出义理释明。由于法律条文对于户绝制度和立嗣原则有着严格的规定,国家政策对命继子、在室女、出嫁女和归宗女的继承份额不断作出调整,从维护本家族利益出发,从"均分之例"与"女合得男之半"法相比较,结合北宋初年的聘财法,参考民间别籍异财的地方风俗,对于在室女的财产继承份额作出扩大的规定,但对于出嫁女的继承份额有减少、从严加

---

① 中国社会科学院历史研究所宋辽金元史研究室点校:《名公书判清明集》卷七《户婚门·立继·"立继有据不为户绝"》,中华书局1987年版,第215页。

强继承条件的规定。宋朝继承原则注重对于继承权利义务事理的考察,扩大了同居者的继承权,包括寡妇、义子、赘婿等。同时在涉外死商财物继承主体方面也具有扩大的规定,这反映出服制制度在家事法律中的庶民化,是法律在家事领域儒家化的体现。

第二节 宋代继承案件审判实践

滋贺秀三曾说,"情理不过是一种修辞,并非具有明确定义的术语"。他认为中国判语中的文章充满了情理。司法官运用情理并不是在场合中以明确的意图来使用。虽然司法官并不一定总是用口头言语表达,但情理依旧在司法官审理案件时起着重要作用。滋贺秀三认为,中国古代的国家法律法规可能被形象地描述成是在情理的海洋中偶尔出现露出水面的冰山。他认为情理是民事案件的审判基准,法和理相对具有普遍性和客观性,情相对而言有具体性和心情性。①

黄宗智提出滋贺秀三的观点是在西方形式主义法律理论的影响下作出的不真实的结论。如中国古代县官并不像裁判员按照既定的规则给比赛做裁判,而是家长般的"教喻的调停",这种审判模式具有强烈的调解色彩特征。黄宗智指出,如果州县官的指导原则只是息事宁人的话,就不会作出真正的判决。但是根据清代州县衙门案件记录显示,官员处理民事纠纷事实上是严格依照清律规定来做的。一旦诉讼案件提交法庭,司法官们会毫不犹豫按照《大清律例》来审判,他们是以司法官的身份而非调停者的

---

① 参见[日]滋贺秀三:《清代诉讼制度之民事法源的概括性考察——情、理、法》。转引自王亚新、梁治平、赵晶编:《明清时期的民事审判与民间契约》,范愉译,王亚新校,法律出版社2022年版,第45、48~49页。

身份来审理案件。① 笔者同意黄宗智的观点,宋代《名公书判清明集》中的案例恰恰能反映司法官首先是依法而判。本节对宋代继承纠纷进行类型化考察,并透过继承纠纷来透视宋代司法官处理此类案件的理念、思维与方法。

柳立言曾提出宋代的民事裁判能否超越时、地、空的不同,遇到同类案件或同一案件时,达到前后一致的判决?他认为就案件类型中的立嗣和分产来说,南宋中晚期的审理者能作出一致的判决。其中原因有:(1)依法而判;(2)依据儒家经义辅助法律发挥作用;(3)讲究逻辑推理;(4)审判目的相同;(5)效法相同的儒学或司法名公,比如范仲淹、张咏;(6)司法官都是拥有程朱理学背景的师生、朋友或同门,阅读相同的法律名著、儒学经典和科举参考用书等,参考借鉴彼此的理论和实务观点,交流阅读各自的裁判文书。但是柳立言老师忽略了情理在宋代同案同判的司法技术中的功能定位和作用,注重对法律论证过程中的客观事实、价值事实和依据规范事实进行区分,笔者在本文中需要补充的是从法律方法论上分析和研究,能反映出南宋名公审理同类型的案件能够达到一致的判决。这也是宋代司法官如何将具有中国传统情理因素融入司法审判,在法律解释、法律论证和法律推理中以法理、事理、情理表达出来,秉持同案同判的高超审判水平。② 霍存福提出情理的类型化分析,他对中国古代情理传统在立法和司法中的表现作了相关的探讨。③ 情与法是探讨中国传统社会法律

---

① 参见[美]黄宗智:《清代的法律、社会与文化:民法的表达与实践》,法律出版社2013年版,第64~66页。

② 参见柳立言:《南宋的民事裁判:同案同判还是异判》,载《中国社会科学》2012年第8期。

③ 参见霍存福:《中国传统法文化的文化性状与文化追寻——情理法的发生、发展及其命运》,载《法制与社会发展》2001年第3期。

研究的重要论题。宋代的司法审判注重"天理、国法、人情"的和谐统一,司法官如何在司法审判实践中平衡法理、事理、情理,并在基础上作出裁判结果需要进行案例实证分析。

如果说第二章中探讨的是宋代婚姻案件的包容性,那么本章将重点探讨宋代继承案件的伦理性,司法官如何参酌家庭成员之间的家庭伦理,以此参酌继承案件中的事理和情理是关键点。《左传·成公十三年》中曰:"国之大事,在祀与戎"。历代王朝从立法对继承制度作了详细的规定,宋代在宗祧继承和财产继承方面比唐律的规定更加详细,且具有灵活性。如宋代继承包括了户绝条件下的立嗣和继产,从唐代户令中规定的"诸子均分"财产继承原则,到宋代《户令》中规定的"女合得男之半"的法律规定,可见继承具有身份与财产的双重属性。古代政府将家庭中的伦理和身份法制转化成了家长权,这种儒家化的法律体现在继承法律中是家长的立嗣权。古人有"继绝存亡"的价值观念,从立嗣人的角度看是为了防止户绝,立嗣就是家的延续,家户的存在使得继承体现儒家化色彩。但从被立人的角度看受"利"的影响较大,财产继承法律渐渐倾向于别籍异财,呈现出向私产对接的现象,因此司法实践中继承纠纷案件发生率较高,司法官需用儒家义理注释法律,使得法律服务于家事领域,开启法律在家事领域儒家化的实践活动。这也是"义理决讼"在法律儒家化中从注释法学转向评论法学的变化趋势。笔者将从立嗣权纠纷、财产继承纠纷、遗嘱纠纷的案件类型中,围绕司法官员的审判理念、思维、法律适用方法对此类案件展开动态考察。

一、宋代继承案件争讼类型

宋代的继承具有宗祧和财产双重性质,司法实践中依据不同标准,继承案件类型有:(1)继承方式可分为法定继承和遗嘱继承,法定继承包含立继与命继;(2)继承财产的主体可分为亲子、养子、别宅子、义子、遗腹子、在室女、出嫁女、归宗女、寡妇;(3)继承丧失或无人继承遗产处理有归宗、户绝、死商财物继承;(4)继承中弱势群体有孤寡、孤幼和相应的保护孤幼制度,如检校。

宋代继承案件有如下特点:其一,古人强调家国同构,以家户为社会治理单元,继承的基础是家庭共有财产制度,注重家长对家庭成员财产权的管理,忽视个体权利。继承的基础是以家庭为单位,采取诸子"共有"的财产所有制形式。立法中对于女儿财产继受权不能完全保护,但是在司法领域中有所补偿,女性继承份额的变化并不能说明女性继承地位的提升。其二,在继承案件中关于立嗣权纠纷的处理,司法官以遵守法律规定为主,但也会根据案件实情和事理以立继与命继并存的方式解决立嗣纠纷,个案中会出现"双立"现象。继承案件中对于财产继承纠纷,司法官倾向于维持同居共财的家庭结构,但是也不反对别籍异财。其三,司法实践中并没有严格按照遗嘱的效力执行,而是根据个案情况进行适用。其四,户绝和检校制度并非个人提起,官方也可介入,但是司法实践中给予了限制,允许百姓对不当检校越诉。其五,继承案件反映了宋代司法官的人文关怀。表12是对《名公书判清明集》中的继承案件按照继承的方式进行的案件归类和统计分析。以下将从立法文本的规定与司法实践案例动态考察宋代继承案件。

表 12 《名公书判清明集》中的继承纠纷

序号	审判司法官	具体案件	审判结果	审判依据	案涉时间	案涉地点	出处
1	吴恕斋	生前抱养外姓殁后难以摇动	调解	人心、天理	未知	未知	页201《名公书判清明集》卷七《户婚门·立继》
2	吴恕斋	兄弟一贫一富拈阄立嗣	神判 抓阄	天理	未知	未知	页203《名公书判清明集》卷七《户婚门·立继》
3	吴恕斋	吴从周等诉吴平甫索钱款	判决没收诉请钱款	焚香抓阄、天理	未知	未知	页204《名公书判清明集》卷七《户婚门·立继》
4	吴恕斋	探阄立嗣	调解	天理、条法	未知	未知	页205《名公书判清明集》卷七《户婚门·立继》
5	未知	先立已定不当以孽子易之（命继）	调解	天理、国法、人情	未知	未知	页206《名公书判清明集》卷七《户婚门·立继》
6	未知	不当立之子	发文案件移送县衙	理法、法意	未知	未知	页207《名公书判清明集》卷七《户婚门·立继》
7	吴恕斋	不可以一人而为两家之后别行选立（命继）	判决	参酌人情	未知	未知	页208《名公书判清明集》卷七《户婚门·立继》

续表

序号	审判司法官	具体案件	审判结果	审判依据	案涉时间	案涉地点	出处
8	韩竹坡	同宗争立（命继）	调解	天理、国法、孝道	未知	未知	页209《名公书判清明集》卷七《户婚门·立继》
9	叶岩峰	争立者不可立	判决驳回	在法	未知	未知	页211《名公书判清明集》卷七《户婚门·立继》
10	叶岩峰	婿争立（命继）	判决驳回	人情	未知	未知	页212《名公书判清明集》卷七《户婚门·立继》
11	叶岩峰	下殇无立继之理	判决驳回	人情、和解状	未知	未知	页213《名公书判清明集》卷七《户婚门·立继》
12	叶岩峰	已有亲子不当求立	判决驳回	在法	未知	未知	页214《名公书判清明集》卷七《户婚门·立继》
13	未知	官司斡二女已拨之田与立继子奉祀	判决	法、情	未知	未知	页215《名公书判清明集》卷七《户婚门·立继》
14	司法拟	立继有据不为户绝	仓司大人定夺	酌情据法在法准法	未知	湖北路鄂州治下县	页215《名公书判清明集》卷七《户婚门·立继》

续表

序号	审判司法官	具体案件	审判结果	审判依据	案涉时间	案涉地点	出处
15	通城宰书拟仓司拟笔提举判	双立母命之子与同宗之子	判决	礼法、法,法意	未知	鄂州	页217《名公书判清明集》卷七《户婚门·立继》
16	蔡久轩	当出家长	一审事实不清,发回重审	法	未知	未知	页244《名公书判清明集》卷八《户婚门·立继类》
17	赵庸斋	生前乞养（亲子）	调解	条法	未知	未知	页245《名公书判清明集》卷八《户婚门·立继类》
18	胡石壁	父在立异姓父亡无遭还之条（命继）	判决	准法	未知	未知	页245《名公书判清明集》卷八《户婚门·立继类》
19	胡石壁	叔教其嫂不愿立嗣意在吞并（命继）	判决	立法原意、人情	未知	未知	页246《名公书判清明集》卷八《户婚门·立继类》

续表

序号	审判司法官	具体案件	审判结果	审判依据	案涉时间	案涉地点	出处
20	翁浩堂	已立昭穆相当人而同宗安诉	判决	律令	未知	未知	页247《名公书判清明集》卷八《户婚门·立继类》
21	王留耕	立昭穆相当人复欲私意遣还(命继)	判决	法、情	未知	未知	页248《名公书判清明集》卷八《户婚门·立继类》
22	天水	已有亲子不应命继	判驳回	法、情、分家文书	未知	未知	页250《名公书判清明集》卷八《户婚门·立继类》
23	刘后村	继绝子孙止得财产四分之一	判决	法	未知	江南东路南康军治下的建昌县	页251《名公书判清明集》卷八《户婚门·立继类》
24	建阳	立继营葬嫁女并行	判决	法	未知	未知	页257《名公书判清明集》卷八《户婚门·立继类》
25	李文溪	诸户绝而立继者官司不应没人其业人学	判决	法	未知	建阳县	页258《名公书判清明集》卷八《户婚门·立继类》

续表

序号	审判司法官	具体案件	审判结果	审判依据	案涉时间	案涉地点	出处
26	李文溪	利其田产自为尊长欲以亲孙为人后（命继）	判决	情	未知	未知	页258《名公书判清明集》卷八《户婚门·立继类》
27	邓运管拟姚立斋高判	嫂讼其叔用意立继夺业	县衙配合执行		端平年间	福建路建宁府治下的瓯宁县	页260《名公书判清明集》卷八《户婚门·立继类》
28	建仓	父子俱亡立孙为后（命继），所立又亡再立亲房之子	判决	法	未知	未知	页262~263《名公书判清明集》卷八《户婚门·立继类》
29	拟笔	命继与立继不同（命继），再判	判决	国法、人情、淳熙年间朝廷指挥、《户令》	未知	未知	页265《名公书判清明集》卷八《户婚门·立继类》
30	方铁庵	先立一子候将来本宗有昭穆相当人双立（命继）	调解	人情、法意	未知	未知	页268《名公书判清明集》卷八《户婚门·立继类》

续表

序号	审判司法官	具体案件	审判结果	审判依据	案涉时间	案涉地点	出处
31	人境	治命不可动摇（命继）	判决	人情	未知	未知	页269《名公书判清明集》卷八《户婚门·立继类》
32	未知	后立者不得前立者自置之田（命继）	判决	人情	未知	未知	页271《名公书判清明集》卷八《户婚门·立继类》
33	天水	假为弟命继为词欲冒赖其堂弟财物（主簿拟）、又判、提举司判，王方再经提刑司钉铜押下县	判决	法、情	未知	未知	页512《名公书判清明集》卷十三《惩恶·妄诉》
34	黄干	陈如椿论房弟妇不应立异姓子为嗣	判决驳回	文理	未知	荆湖南路潭州长沙郡宁乡县	页582《名公书判清明集》附录二《勉斋先生黄文肃公文集》
35	叶宪	夫亡而有养子不得谓之户绝	判决	理、法、《户令》	未知	未知	页273《名公书判清明集》卷八《户婚门·户绝》

续表

序号	审判司法官	具体案件	审判结果	审判依据	案涉时间	案涉地点	出处
36	刘后村	女婿不应中分妻家财产	判决	法	未知	未知	页277《名公书判清明集》卷八《户婚门·分析》
37	未知	母在不应以亲生子与抱养子析产	判决	法、情	未知	未知	页278《名公书判清明集》卷八《户婚门·分析》
38	蔡久轩	互诉立继家财（女婿与儿子争家产）	判决	法、情	未知	未知	页360《名公书判清明集》卷十《人伦门·母子》
39	天水	子与继母争业	判决	法、情	未知	未知	页365《名公书判清明集》卷十《人伦门·母子》
40	吴恕斋	欺凌孤幼（检校）	判决田产再分拨一半给继子	理、法	未知	未知	页229《名公书判清明集》卷七《户婚门·孤幼》
41	韩似斋	官为区处（检校）	判决返还财礼	理、法	未知	未知	页230《名公书判清明集》卷七《户婚门·孤幼》

续表

序号	审判司法官	具体案件	审判结果	审判依据	案涉时间	案涉地点	出处
42	韩似斋	房长论侧室包并产业（检校）	判决	法理、人情	未知	未知	页232《名公书判清明集》卷七《户婚门·孤幼》
43	蔡久轩	同业则当同财（检校）	调解、出具保证书状	法、情、分家析产证据	未知	未知	页283《名公书判清明集》卷八《户婚门·孤幼》
44	未知	教诱卑幼取财	判决	法	未知	未知	页284《名公书判清明集》卷八《户婚门·孤幼》
45	未知	监还塾宾囊取财物	判决	法、情	未知	未知	页285《名公书判清明集》卷八《户婚门·孤幼》
46	胡石壁	叔父谋吞并幼侄财产（检校）	判决	法、人情	未知	未知	页285《名公书判清明集》卷八《户婚门·孤幼》
47	许宰	正攲孤占之罪	判决伪造契约毁抹	天理、伦常	未知	未知	页234《名公书判清明集》卷七《户婚门·孤寡》
48	吴恕斋	宗族欺孤占产	判决返还占据典卖的田产	天理、人情	未知	未知	页236《名公书判清明集》卷七《户婚门·孤寡》

续表

序号	审判司法官	具体案件	审判结果	审判依据	案涉时间	案涉地点	出处
49	叶岩峰	不当检校而求检校	判决驳回	天理、国法	未知	未知	页228《名公书判清明集》卷七《户婚门·检校》
50	吴雨岩	检校嫠幼财产	判决、检校	法、情	未知	未知	页280《名公书判清明集》卷八《户婚门·检校》
51	胡石壁	侵用已检校财产论加擅支朝廷封桩物法	判决	法、情	未知	未知	页280《名公书判清明集》卷八《户婚门·检校》
52	未知	检校阛阓判财产为其侄任谋夺	判决	法、情	未知	未知	页282《名公书判清明集》卷八《户婚门·检校》
53	叶岩峰	辨明是非	判驳回	人情	未知	江南东路信州治下的永丰县	页239《名公书判清明集》卷七《户婚门·遗腹》
54	叶岩峰	妄称遗腹以图归宗	判驳回	人情	未知	未知	页241《名公书判清明集》卷七《户婚门·遗腹》

续表

序号	审判司法官	具体案件	审判结果	审判依据	案涉时间	案涉地点	出处
55	未知	父子包并亲子财物	判决	条法、人情	未知	未知	页241《名公书判清明集》卷七《户婚门·义子》
56	蔡久轩	背母无状(招后夫之义子)	判决	法、人情	未知	未知	页294《名公书判清明集》卷八《户婚门·义子》
57	未知	无证据(妄称亲子)	判决	天理、国法、人情	未知	未知	页292《名公书判清明集》卷八《户婚门·别宅子》
58	吴恕斋	阿沈高五二争租米(继子抢占亲姐财产)	判决	情	未知	未知	页238《名公书判清明集》卷七《户婚门·女受分》
59	范西堂	处分孤遗田产	判决	法、情	未知	未知	页287《名公书判清明集》卷八《户婚门·女承分》
60	拟笔	出继子不肖勒令归宗	判决遣返本家	法、情	未知	未知	页224《名公书判清明集》卷七《户婚门·归宗》
61	韩竹坡	出继子一家不可归宗断	判决出继子回归本家	法、情	未知	未知	页225《名公书判清明集》卷七《户婚门·归宗》

续表

序号	审判司法官	具体案件	审判结果	审判依据	案涉时间	案涉地点	出处
62	蔡久轩	子随母嫁而归宗	判决	法、情	未知	未知	页274《名公书判清明集》卷八《户婚门·归宗》
63	翁浩堂	出继不肖官勒归宗（又子与继子相争）	判决继子遣返本家	天理、人伦、法	未知	未知	页276《名公书判清明集》卷八《户婚门·归宗》
64	翁浩堂	衣冠之后卖子于非类归宗后责房长收养	判决亲子回归本宗	天理、人伦	未知	未知	页277《名公书判清明集》卷八《户婚门·归宗》
65	吴恕斋	遗嘱与亲生女	判决	情理	未知	未知	页237《名公书判清明集》卷七《户婚门·女受分》
66	蔡久轩	假伪遗嘱以伐丧	判决遗嘱无效	法、情	未知	未知	页289《名公书判清明集》卷八《户婚门·遗嘱》
67	范西堂	女合承分	判决执行遗嘱内容	法、情	未知	未知	页290《名公书判清明集》卷八《户婚门·遗嘱》
68	范西堂	诸侄论索遗嘱钱	判决遗嘱无效	情	未知	未知	页291《名公书判清明集》卷八《户婚门·遗嘱》

受商品经济发达的冲击和功利主义思想的熏陶,宋人立嗣的观念已与唐朝不同,表面上看是为"公"即家户的传承,实际上是为"私"即立嗣之家的财产而来,宋代立嗣案件体现了"公"与"私"的较量。司法实践中关于家长立嗣权纠纷类型多样,前文已经对法律赋予诸子的继承权进行了描述,诉讼案件里家长的立嗣权与法律的规定是否有出入?财产继承份额是否严格依法分割?遗嘱的效力法律是否认可?情理在宋代的司法语境中含义丰富,它涉及事理中的经验事实,宋代司法官注重对案件事实和价值的区分,但是也考虑情理规范在入法后可作为价值事实和事实规范,在未入法时可作为一种描述性的客观事实。① 司法官如何在复杂的继承案件中运用法律方法进行审理,笔者希望通过此节内容,能够对上述方面补其缺漏。

二、关于立嗣权案件争讼

宋代立嗣权由男性家长决定:夫在从夫。但是,户绝情形下有所不同:夫亡妻在,立继从妻;夫妻俱亡,立继从其尊长亲属。本部分将围绕直系血亲如父子、母子、祖父母孙子、兄弟姐妹之间,旁系血亲如叔(伯)侄、姑侄之间,族人之间关于立嗣权的纠纷和审判展开。

(一)直系亲属围绕立嗣权争讼

从法典到案例,对于亲子关系的认定,司法官依据"察情·依因·据理"三要素结合的法律论证和经权思想下的综合权衡的法律推理方法,结合情理的经验法则、证据将相类似行为和事例涵

---

① 参见石聚航:《经验事实与刑法规范关系论》,载《北方法学》2014年第4期。

摄到法律规定之中,在家庭权益、家族利益之间进行衡量后,作出合理合法合情的判决。宋代司法官审理直系血亲立嗣权纠纷的原则要以天理、孝道为先,用儒家经义释明法理。命继的法律原则是"昭穆相当",但是也要尊重民间百姓的意愿。司法官能够在礼法背景下同等对待当事人,无论是卑告尊还是尊告卑,均以礼法为依据,以事实为准绳。随母改嫁而成为义子的儿子们是客观事实,价值事实是法律评价中的事实:这些义子原则上不享有宗祧继承权,至于财产继承份额需要根据个案中义父与义子的情感、同居生活时长、义子是否尽到孝养父母、承担继承门户的义务综合考量。由于法律对于义子的财产继承权规定较为宽松,司法官在案件中需要从法理、事理、情理进行解释论证,将儒家重视的宗法伦理、孝养之道等观念、原则、服叙制度贯通到家事裁判之中。家事案件具有隐私性,在案件事实真伪不明的情况下,宋代司法官以逆向思维即从结论——事实,根据"情理推断"的经验法则对案件事实进行认定,[①]维护家族伦理秩序,追求"和"的审判目标,达到"厚风俗"的基层治理。

1. 父子之间

孔子曾说,"上失其道,而杀其下,非理也。不教以孝,而听其狱,是杀不辜",司法官审理关于孝道案件的裁判依据是理法,裁判理由是天理、人伦道德、情理。《孝经》有言,"父子之道天性也"。南宋刘清之收录的家颐《教子语》中说道:"人生至乐无如读书,至要无如教子。父子之间不可溺于小慈,自小律之以威,绳之以礼,则长无不肖之悔。"上述格言适用于社会各个阶层的人,发挥教化百姓,明人伦之礼。在父子关于立嗣权争讼案件中,与

---

① 参见胡学军:《中国传统司法如何处置"真伪不明"》,载《中国法学》2022年第5期。

普通不孝案件类型不同,这里涉及亲子关系认定和遗弃亲子的情形。在亲子关系认定案件中司法官运用五听制度:以情察辞理来判断案件的客观事实和价值事实。① 这里的情不仅含有案情、事理(表示处事的道理),还有情理(表现人与人之间的正当义理,即人之常情)。② 同时结合书证对案件事实佐证和筛选,才能作为裁判依据。司法官对于妄诉的行为采取恩威并施的措施,一是判处刑事处罚。二是发给"给据",此为防止原告再次妄诉的凭证。如案例"已有亲子不应命继"中,③原告方龟的诉讼请求为:请求官府确认自己的养子身份。当事人伦理秩序为卑告尊,书铺伙计与店主家人之间有关立嗣的纠纷。该案争议焦点在于书铺伙计起诉确认养子身份,官府是否支持。官府查明:方森生前娶妻黄氏,生有一女名叫柳姑,生有一子名叫方洽。方龟自称其是方森从伯父方凯处抱养的儿子,方森抱养自己时为十八岁。官府认为:方龟诉讼请求无相关证据支持。理由为:(1)以情察辞理,区分客观事实与价值事实。客观事实是"兼方龟状貌老大",价值事实是发现原告年龄虚构:"非二十八岁少状者之比";但是要直接将价值事实作为依据规范事实,还需要将情理与证据结合,"兼方龟状貌老大,亦非二十八岁少状者之比,虚妄情节,于斯益见"。(2)书证为据,验明分家文书系伪造,"争分全凭支书,有印押者尚多假伪,不足凭据,而况不印押者乎?""取索支书,日复一日,迁延不到,迫之稍急,乃以白纸来上,并不经官印押"。官府依据此节事实规

---

① 参见(宋)窦仪等详定:《宋刑统校证》,岳纯之校证,北京大学出版社2015年版,第397页。
② 参见高明士:《唐律中的"理"——断罪的第三法源》,载《台湾师大历史学报》2011年第45期。
③ 参见中国社会科学院历史研究所宋辽金元史研究室点校:《名公书判清明集》卷八《户婚门·立继类·"已有亲子不应命继"》,中华书局1987年版,第250页。

范,经分析立嗣的法理"大抵无子立嗣,初非获已,不是年老,便是病笃,岂有年始十八,无故抱养他人八岁男为子之理?"裁判结果为:一是驳回原告方龟的诉讼请求。二是妄诉搅扰官府,判处刑罚,"幸人之死,分人之业,非特诳扰良民,亦是紊烦官府。方龟勘杖八十,押出县界"。三是防止再诉,发给结案凭证,"若要番论,给据从便"。

中国继承制度中以注重维持男系直系血统为特色,但是有一定的限制。命继的原则是防止户绝,已有亲子就不适合命继。宋代的宗祧继承和财产继承在一定程度上是具有关联性的。① 国家设立继承制度的目的在于家户的传承,民间立嗣名义虽是传家,实际是为财利而争,故父子争讼卑告尊居多。法律虽然规定禁止以卑告尊、以贱告良,在宋代社会转型中,司法实践并不是"宁曲其卑,不曲其尊"的单纯式伦理说教。② 为防止家产分割,民间有弃婴,或因家贫,遗弃未成年人的现象,官府的态度是坚决禁止且给予处罚,但是对于家事纠纷涉及的刑事犯罪,司法实践中量刑从轻。

关于父子讼,对于买卖亲子的案件,宋朝法律规定是严惩不贷的。司法官运用比附援引的方法加强对案件事理的论证。《宋刑统》规定:"诸略人、略卖人(不和为略。十岁以下,虽和亦同略法。)为奴婢者,绞死;为部曲者,流三千里;为妻妾、子孙者,徒三年"。③ 司法官裁判理由为天理、人伦,注重买方和卖方的社会阶

---

① 参见王善军:《宋代宗族和宗族制度研究》,人民出版社 2018 年版,第 114 页。
② 参见陈景良:《试论宋代士大夫司法活动中的德性原则与审判艺术——中国传统法律文化研究之二》,载《法学》1997 年第 6 期。
③ (宋)窦仪等详定:《宋刑统校证》,岳纯之校证,北京大学出版社 2015 年版,第 270 页。

层差异,根据案件事理、情理,进行道德教化。如在案例"衣冠之后卖子于非类归宗后责房长收养"中,①原告养父郑七的诉讼请求为:请求被告刘珵归还养子元老。当事人伦理秩序为平辈,原告养父与被告亲父关于儿子抚养权的纠纷。该案争议焦点为养父起诉亲父归还养子,官府是否支持其诉求。官府查明:衡州太守之孙叫刘珵,其有一子叫元老。刘珵在元老幼时将其卖给乡村农夫郑七。后元老逃回亲生父亲刘珵家。刘珵又再次将郑七卖给程十乙。郑七起诉刘珵,要求其归还养子元老。官府认为:刘珵不能抚养亲子元宝,是违背人伦天理。理由为刘珵第一次因为贫困出卖亲子,根据情理中的人之常情"情亦可怜,此犹可逭也",案件客观事实是"有男元老,幼不抚养,而卖与乡民郑七"。价值事实是司法官对客观事实的一种判断和解释,解决的是事实的合理性问题"刘珵一时为贫之故""元老不安于郑七家,逃归本父,刘珵固宜复回天理,自子其子矣"。但刘珵第二次出卖亲子就是灭绝人性天理,亲父卖子的行为可以作为刑事依据规范事实,其行为具有法意侵害性,"乃复以元老卖与程十乙,其意安在哉?可谓败人伦、灭天理之已甚者!"司法官认为不能将元宝归还养父郑七的最终裁判依据规范事实为:(1)元老离开养父时间长久,"今郑七入词,欲取回元老于已去三年后,此决无复合之理"。(2)身份差距大。司法官运用法律方法中的比附援引,引用儒家典故《左传》"非我族内,其心必异",加深对小前提中事实论证部分的说明,"元老宦裔,郑七农夫,非我族类,其心必异,不应更来识认",由此可见官府裁判依据为:(1)人伦、天理,"可谓败人伦、灭天理之已

---

① 参见中国社会科学院历史研究所宋辽金元史研究室点校:《名公书判清明集》卷八《户婚门·归宗·"衣冠之后卖子于非类归宗后责房长收养"》,中华书局1987年版,第277页。

甚者!";(2)情理,"此决无复合之理";(3)道德,"请万二宣教严与钤束,庶免坠落下流,为衣冠之玷,亦一美事"。

官府的裁判结果:一是驳回原告郑七的诉讼请求。二是判处刘珵杖刑。按照法律处理,父亲刘珵应徒三年,司法官因刘珵的身份为衡州太守之孙,根据请减赎当的法律规定,对其减轻处罚,处以杖刑。"诸七品以上之官及官爵得请者之祖父母、父母、兄弟、姐妹、妻、子孙,犯流罪已下,各从减一等之例。"①量刑上又再次减刑,"且与从荫",从杖刑改为决小杖。理由为"刘珵两将元老卖弄,为父不父,本合勘杖,且与从荫,决小杖二十"。三是判决族长刘万二刘宣教收养元老,请万二宣教严与钤束。"元老牒押往族长刘万二宣教宅,听从收养"。

综上,在父子之间关于亲子关系的认定和抚养纠纷中,司法官从维护家户的传承出发,结合亲子关系的存续期间、家族血缘的延续等证据,查明案件的事理,区分案件的事实与价值,对于已有亲子就不能命继作出法理解释。采用比附援引的方法加强对买卖亲子案件的法律论证。

2. 祖父母孙子之间

《礼记》曰:"天地未分之前已有礼也。礼者,理也,其用以治,则与天地俱兴。"②宋代礼学思想的特色在于援道入礼,把礼学发展成了理学。理学的要义在于将道义和天理赋予了"礼"。司法官在司法实践中对于祖父母的命继权给予支持,虽然法律规定尊重民间立嗣的民主意愿,但官府判决支持祖父母立嗣权的裁判结

---

① (宋)窦仪等详定:《宋刑统校证》,岳纯之校证,北京大学出版社2015年版,第20页。
② (清)阮元校刻:《十三经注疏·礼记正义》卷第一《曲礼上第一》,中华书局2009年版,第2659页。

果为多数。司法官的裁判原则在于礼制的规定,即宗祧继承的重心——无子立嗣原则,同时考虑立嗣者与被立嗣者之间的服属关系,血缘亲疏远近。司法官办案的原则是以礼法为据,参考法律原理、法律原意,即法理,这就要求司法官学会运用礼法"和合"的整体思维,但是每件案情又不同,又要合乎风俗和人情,以实质思维统一法理跟情理。继承案件的办理在坚持"昭穆相当"的法意下,也要参照情理,司法官不能以法无明文规定拒绝裁判,以衡平思维促进情理法统一。如在案例"下殇无立继之理"中,①原告的诉讼请求为将遣返的命继孙子归宗。当事人伦理秩序为平辈,案件是族人之间争立继孙子的纠纷。被告辩解理由为正为父亲办理丧事,所以不愿到官府争讼,捐钱和解。本案的争议焦点在于:祖父为已故未成年儿子命继,随后向官府递交书状遣返命继孙子。族人在祖父亡故后,挑拨遣返命继孙子归宗。官府是否支持族人的诉讼请求。官府查明:朱运干有两个儿子,长子朱司户,次子诘僧十岁夭亡。朱运干生前受族人蛊惑,命继族人朱元德之子介翁为诘僧继子,后向官府遣返介翁。朱运干亡故后,朱元德诉请立继介翁为朱运干孙子。该案的客观事实是朱元德趁朱运干亡故丧事期间,向官府提起诉讼争立自己儿子为朱运干继孙。价值事实是朱司户为办丧事在族人主持下捐钱五百贯进行和解。司法官对该节事实的判断是"此与可谓无名,其意盖图安静耳",事实与价值并不是二元对立的,司法官需要用诸理说明裁判依据规范事实的正当性。②官府所依据的规范事实为:朱元德和族人

---

① 参见中国社会科学院历史研究所宋辽金元史研究室点校:《名公书判清明集》卷七《户婚门·立继·"下殇无立继之理"》,中华书局1987年版,第213页。
② 参见姜永伟:《论价值判断作为裁判依据的二阶性》,载《浙江社会科学》2021年第2期。

都贪得无厌,名为立继,实为争财。朱元德在接受钱财后签署和解状,又重新提起诉讼,族人又作假证附和,违背事理,"却谓亲约文书不可照用,有此理否"?

立嗣制度的原则限制有未婚之未成年男子夭亡不得立嗣。礼经中以二十岁作为成年,未成年而夭亡者为殇,虽未成年而已婚者不为殇。判例中司法官也秉持这个原则,法律推理中运用比附援引的方法,认为未婚之未成年人夭亡不宜立嗣。司法官用儒家义理解释了法律原则的正当性,案件事实为朱运干次子诘僧十岁幼亡,虽听信族人蛊惑,命继族人朱元德之子介翁为诘僧之子,随即后悔向官府递交遣返命继孙子的文书。司法官对该节事实的价值评判是"未闻有为下殇立嗣之理。"这里的理涉及儒家经义中丧服之礼:"年十九至十六为长殇,十五至十二为中殇,十一至八岁为下殇,不满八岁以下,皆为无服之殇。"①可见,民间发生此类纠纷,官府一般不主动干预,但是一旦进入司法程序,官府即根据立嗣原则进行审判。结合法律论证中的"据理"和权衡的法律推理方法,该案司法官的裁判理由为:(1)天理、事理"未闻有为下殇立嗣之理";(2)情理中的人情,"族谊恶薄,贪惏无厌","未欲将妄状人惩治,仰朱司户遵故父之命,力斥介翁,毋为薄族所摇"。最终官府的裁判结果为驳回朱元德诉讼请求,"未欲将妄状人惩治","今后朱元德再词,定照和议状,追入罚钱断罪"。

自唐以降,历代以"缘情制礼"的精神进行服制改革,这个过程体现了儒家庶民化的趋势。历代的法律名义上禁止一子兼祧两房,立异姓养子为后。但是在秦汉以后,大宗无力收族,小宗无子亦各自独立后,若本宗人丁不旺,无昭穆相当者可立时,民间也

---

① (清)阮元校刻:《十三经注疏·仪礼注疏》卷第三十一《丧服》,中华书局2009年版,第2405页。

会采取补救方法：第一，在侄孙辈中择人为嗣孙。第二，立异姓养子，且常以外甥或妻侄充任，感情上家人、族人都能够相处融洽，较为容易接受。第三，一子兼祧两房。对于一子兼祧两房无论是立法还是司法实践原则上均为禁止，但是宋朝也有例外的情况。如案例"后立者不得前立者自置之田"中，①原告的诉讼请为继孙对继祖母再立嗣子的立嗣权提起诉讼。当事人伦理秩序：卑→尊，案件是有关继孙之间的纠纷。案件的争议焦点为祖母听从幼子建议，欲双立命继孙，导致两位命继孙之间发生纠纷，官府是否支持祖母的诉讼请求。官府查明：汪球生前娶妻游氏，育有五子，汪球身故之后，长子如旦娶妻周氏，早逝。周氏奉游氏之命和如旦身前遗嘱，立继二儿子如珪之子安庆为继子，且在官府办理了除籍附籍手续，安庆持有公据。司法官对以上客观事实从法理、事理的角度进行价值评判为"照得人家立继，固有出于祖父母、父母之治命，而昭穆相当，法意无碍，虽官司亦不容加毫末其间"。但是对于民间双立嗣子，司法官从情理中的感情角度认为"然或有溺于私爱，而辄变初心，遂成两立，讼隙既开，驯至破荡家计"。官府在此情况下必须秉公处理。祖母游氏再立嗣子的原因是幼子也育有五子，祖母不忍目睹幼子负担沉重，家境窘迫，遂向官府申请命继五子如玉的次子尧冀为如旦的继子。司法官认为祖母"两立之谋，而不暇计其讼隙之所从生也"，官府对于民间立嗣以尊重自愿为主，促进家庭和睦。裁判依据的规范事实是"然庆安、尧冀盖均为阿游之孙，阿游愿为亡长男如旦两立，官司亦只得听从其说"，司法官的裁判结果是驳回处于卑地位的原告诉讼请求，

---

① 参见中国社会科学院历史研究所宋辽金元史研究室点校：《名公书判清明集》卷八《户婚门·立继类·"后立者不得前立者自置之田"》，中华书局1987年版，第271页。

支持祖母的双立请求。解决嗣子的问题后,还需对继承份额进行分割,以均分为分割原则,不损害继承人的财产利益,"所是自备钱取赎生谷田壹拾柒石,不当在均分之数"。第二位命继孙继承的稻田数额,要扣除第一位命继孙曾自赎回的稻田数额,"如此则庶几有合公论,词诉可绝"。同时做好第一位继承人的思想工作,劝导其要孝顺继祖母,"其庆安自此以后,亦当承顺祖母阿游,不得缘此辄生怨望,违决不恕"。

综上,该案司法官的裁判依据为:立继法、遗嘱、收养公据,即"妻阿周奉阿姑游氏之命及其夫如旦存日遗嘱""既又经官除附给据,付庆安收执"。裁判理由为情理,涉及人的感情:"及又契勘汪如玉位下亦生五子,分析之后,家业有退无进""而凡曰为人之母者,多是私爱幼子,况又亲目其幼子如玉累重如此,其家计又如此,遂听其为两立之谋"。

但在另一个案例"立昭穆相当人复欲私意遣还"中,[①]官府的裁判结果是反对重新立嗣。原告虞县丞提起诉讼请求:希望驱逐已立继孙,重新命继孙子。当事人伦理秩序为尊→卑,案件为原告继祖父与被告继孙的纠纷。案件的争议焦点是:继祖父欲驱逐继孙,听从妾室重新立嗣,官府是否支持原告的诉讼请求。官府查明:虞县丞儿子虞艾在世娶陈氏,夫妻全部亡故。虞县丞为得儿子家产不想为其命继子,后被亲家陈佐起诉才立宗族后人虞继为子嗣。司法官对该节案件事实判断是"虞丞若念其子亡殁,则当以亲孙爱之,抚育教养,使之有所成立,可也"。但虞县丞在妾氏教唆下,向官府起诉要求重新立嗣,"于是以收养遗弃为名,而

---

① 参见中国社会科学院历史研究所宋辽金元史研究室点校:《名公书判清明集》卷八《户婚门·立继类·"立昭穆相当人复欲私意遣还"》,中华书局1987年版,第248页。

阴为遣逐养子之计,此虞丞设心益不善矣"。虞县丞的理由是虞继常年不回家守丧,犯有不孝且已死亡。官府查明虞县丞出具虞继死亡和不孝的公据皆为伪造。从立嗣原则的法理角度对虞继作为继承人一节事实进行分析和评判,官府认为:"虞继既先为虞丞所立,昭穆既顺,且无显过,自无遣逐之理,合照先来经官除附,承绍虞艾香火。"司法官的裁判依据首先是引用国法,"三岁收养,在法虽有明条,然世人果能收养于遗弃之中者,鲜矣",同时比附引用儒家经义"昭穆相当"进行补充解释,增强裁判理由的说服力。据《周礼注疏》记载"辨庙祧之昭穆。祧,迁主所藏之庙,自始祖之后,父曰昭,子曰穆"。[①] 其次结合证据:书证和证人证言进行相互佐证,"今据公据内乃谓虞艾死,虞继已不归家持丧,则不孝之罪重,而后虞锥可得而立,虞继可得而遣。而不知官司文书具在,其命继之月日固可考也。近虞继尝同其本生父虞升之出官陈词,而谓其已死,可乎"? 最后,不能忽视情理规范中的人情。司法官结合案情引用"昭穆相当"进行说理,"然不思虞继系本宗昭穆相当之子,幸而立之,可以为其子后,虞继既无显过,安可切切然以去之……"。

该案一审司法官漕司谯转运使已经判令立嗣,二审官府对于疑难案件经过审谳后,结合法律论证和权衡法律方法,司法官驳回祖父要求重新立嗣的诉讼请求。但家事审判追求"和"价值取向,司法官劝导被继承人遵从礼制规范,劝解继承人要有孝顺之心,"但刘氏乃虞丞之妾,曾为虞丞生子,于虞继合有服纪"。"虞继但当以出继为心,植立虞艾门户,使虞艾箕裘不坠,不可以旧恶为念,与刘氏生隙"。官府裁判结果:一是驳回原告诉讼请求,"合

---

① (清)阮元校刻:《十三经注疏·周礼注疏》卷第十九《小宗伯》,中华书局2009年版,第1653页。

照先来经官除附,承绍虞艾香火"。二是警告继母不得再为立嗣生事,"刘氏不得妄生事惹词,虞锥不得妄谋挽立"。三是发布门前告示,"欲门示虞锥、虞继,仍贴县备示刘氏知委,非惟虞艾香火有归,亦可以息陈佐不已之词"。

在案例"后立者不得前立者自置之田"与案例"立昭穆相当人复欲私意遣还"中,司法官原则上尊重祖父母立嗣权自主的意愿。前项案例司法官的审理意见依据国法,本不应当干预,这一审理意见与后项案例司法官的审理意见一致,"照得人家立继,固有出于祖父母、父母之治命,而昭穆相当,法意无碍,虽官司亦不容加毫末其间"。不同之处在于既然同样是祖父母请求立嗣?为何在祖父请求重新立嗣中就不允许,在祖母请求再次立嗣反而支持双立呢?这是由于每个案件的情理不同,司法官在坚持继承"昭穆相当"的原则下,结合法理、事理和情理进行审理,才能统一情与法,"然或有溺于私爱,而转变初心,遂成两立,讼隙既开,驯至破荡家计,在官司又安得不主盟公论,而与之区划也哉"!

立嗣关系中司法官以家户传承为重,亲属血缘是需要考虑的首要因素,司法官要了解和分析当事人之间的服属关系。案例"后立者不得前立者自置之田"的案件情理有"凡曰为人之母者,多是私爱幼子"。该案祖母与孙子为直系血亲关系,从法律层面分析孙子们均具有继承大伯财产的资格。若祖母坚持立两名孙子为亡长子继承人,则官府只能尊重祖母的意见。案例"立昭穆相当人复欲私意遣还"中祖父虞县丞与继孙虞继是族亲属关系,妾氏刘氏曾为"虞丞生子,于虞继合有服纪"。在前项案例中祖母游氏与继孙庆安和尧荬都是亲祖孙关系,祖孙为祖母服齐衰。相较而言,司法官更倾向于维护继承血统中的直系血亲。当然对于妾氏刘氏的身份,正因为生子所以提高地位,如父妾有子者即被称为庶母,众子为庶母服缌麻,①属于被孝养亲敬的尊长。儒家传统的妇女家庭身份划分中,对于生子的妾室认为是贵妾,对于未生子的妾室认为是庶妾,虽然宋代的法律没有明文规定,但是作为具有传承的礼制观念,被拥有儒学修养背景的司法官在案件审理中进行了运用,②依照服制来调整民事法律关系中民事主体之间的亲疏远近,维护家族成员之间的和睦相处,当然是以亲者、近者为主,亲祖母祖孙之间的血缘关系要比继庶祖母祖孙之间的关系近。

前三个案例讨论的是祖父母的立嗣权问题:是否能立,如何立。司法官审判的依据以礼法为准,当祖父母不愿立嗣时,家族关于立嗣权的纷争无法平息,为维护家族和睦,官府就要强制介入立嗣。司法官解决立嗣纠纷的首要原则就是关于"继绝存亡"的礼,能否立嗣的礼问题。再解决关于如何立嗣的法问题,其中涉及确定继承人和财产份额的继承,司法官遵循天理的审判理念,以天理作为法的正当性依据。如在案例"探阄立嗣"中,③原告的诉讼请求:蔡氏族人提起砍伐树木之诉,关联诉讼为祖母立继之争。当事人伦理秩序为卑→尊,案件为原告族人与被告祖母之间的纠纷。案件的争议焦点是:祖母蔡氏不愿为亡子命继孙子,只想依靠赘婿养老。族人联名推荐命继人选。官府是否支持族人的诉讼请求。官府对范氏不愿立嗣,只想依靠赘婿养老的辩解理由予以驳斥,"妇人女子,安识理法?范氏自谋得矣,如蔡氏

---

① 参见丁凌华:《五服制度与传统法律》,商务印书馆2013年版,第116页。
② 参见李节:《礼法视野下宋代妇女的家庭地位研究》,中国书籍出版社2020年版,第278页。
③ 参见中国社会科学院历史研究所宋辽金元史研究室点校:《名公书判清明集》卷七《户婚门·立继·"探阄立嗣"》,中华书局1987年版,第205页。

无后何"。官府注重户绝之家的立嗣目的在于家产的传承,而家长是为了有人养老送终。若有赘婿可以养老送终,就不需要再立外人分割家产。官府查明:蔡氏生前娶四房妻妾,第三房范氏与蔡氏生有两子,长男叫汝加,生子梓。幼男叫汝励,生子桕。梓与桕皆身故,各自女儿招赘婿无儿子,范氏没有为儿子命继。官府为平息族内纠纷,以家庭和睦为审判目标"今若不为桕、梓命继,则诸蔡纷纷,必不止今日伐木之争而已"。司法官驳回蔡氏的答辩意见理由是"理法"。宋代朱熹将二程的理学思想进行了继承和发展,礼本于理,礼就是理。天理之应然层面表现为将"礼"为代表的儒家道德价值体系进行抽象化,使其提高到与"天理"同等重要地位,故在立嗣礼制问题中就关涉"理法"的事宜。① 这里的理法涉及天理和国法,"人伦者,天理也",② 蔡氏只顾自己养老,不念及亡夫传家立嗣之理,违背立嗣的法律规定。

对于蔡氏的辩解回答完后,解决了是否立继的礼问题,接下来就是如何立继的法问题。已故的蔡梓和蔡桕为堂兄弟,均无子,蔡梓有两位赘婿,蔡桕有一位赘婿。族人争相立为桕的继子,原因就在于财产份额的多少。官府以"当官拈阄"的方式为两位身故之人确立命继子。官府指令县衙以焚香抓阄方式确定梓和桕的命继子。最后一个问题是命继子确立后,司法官如何确定各自的财产份额。官府划分家庭财产份额的原则是均分,在案例"后立者不得前立者自置之田"中,司法官以均分为分割原则,不损害继承人的财产利益。本案与该案例不同之处在于牵涉出继承中的特殊主体之一赘婿。按照法律规定,赘婿一般获得家产继

---

① 参见丁鼎:《"礼"主导中国古代社会》,载《中国社会科学报》2020 年 11 月 23 日,第 A5 版。
② (宋)程颢、程颐:《二程集》,王孝鱼点校,中华书局 1981 年出版,第394 页。

承份额来自岳父的生前明确意思或死后遗嘱,但是国家也赋予赘婿参与分割家产的权利,获得继承人地位需要符合一定的条件,如"见为保甲""比"作为继承的前提。本案中被继承人并未立有遗嘱,也没有"见为保甲"这些条件。司法官对于命继子和赘婿的财产份额按照"天理""国法"处理,"既立,所有两分家业、田地、山林,仍请本县委官从公均分,庶几断之以天,而无贫富不公之嫌"。法律没有明确规定的条件下,司法官遵循天理的公正立法精神,按照均分条法,对于疑难争议较大的案件,主审法官指出司法辅助人员王主簿虽然拟写判词公允妥当,但是也有未尽完善之处。应秉持整体性思维,结合案件情理,采用"疑者有谳"的全案定谳权衡的方法,"既为枏立嗣,又岂可使梓无后"?

以民间普遍认同的拈阄立嗣的神判方法,解决多名继承人问题。一半财产分给命继子,一半财产分给赘婿,"合以一半与所立之子,以一半与所赘之婿,女乃其所亲出,婿又赘居年深,稽之条令,皆合均分"。这里分析司法官分配财产的依据为均分之例。如果按照户绝法,有出嫁女、命继子的情况下,按照继承家产份额,出嫁女1/3,命继子1/3,剩余1/3没官。(见表5)司法官并未按此裁判,也是考虑赘婿对于家庭的劳动贡献,地位相当于家庭的儿子,赘婿不需要凭借遗嘱来获得财产继承权的支持,说明在一定程度上具备法定继承人的资格。该案官府裁判依据一是国法:"妇人女子,安识理法。"二是以天理作为法正当性的裁判理由,争立者都愿为"生理稍足"之家为后,"全无道理"。三是参酌案件情理中的人情:"请本县委官从公均分",女乃亲出,婿赘居多年"稽之条令,皆合均分";范氏年老,仍"众存些小"以为范氏"送老之计"。官府裁判结果:一是入赘女婿砍伐本房树木,损害小,不作处理;二是官府指令县衙抓阄确定命继子;三是均分两家命继子产业,入赘女婿与命继孙子均分家产;四是从共有家产中分拨小份作为祖母范氏养老钱。从正面看该案中赘婿的财产份额增加,从反面分析出嫁女的份额就会相对应的减少,说明法律还是不支持曾经获得过奁产的女子再次从娘家分走家产。司法官最后又从共有财产中为范氏留出养老费用,体现了宋代司法官尊老敬老的人文关怀。

综上,官府以尊重民间立嗣自愿为原则,立嗣的限制条件有未成年男子夭亡不得立嗣,司法官在实践中用义理解释该法律原则的正当性。根据"缘情制礼"的服制改革,其表现为儒家庶民化的趋势,法律虽禁止一子兼祧,立异姓为后,但在无昭穆相当的情况下,允许以外甥或妻侄充任,司法实践中也承认双立嗣子的存在。为维护家庭和睦和家族、宗族的团结,嗣子符合立嗣原则和经官除附后,国家不允许驱逐嗣子,重新立嗣,这也是对家长立嗣权的限制。司法官结合案件的事理,比附引用儒家经义"昭穆相当"原则进行补充解释,运用"依法·比附·疑谳"的综合权衡的法律推理方法,查明继子是否承担孝养继父母的义务,从礼的角度解决立嗣权的问题,再依据循天理的规范性审判理念,从法的角度结合礼制的规定,从整体上解决如何确定继承人和财产继承份额的问题。

3. 母子之间

宋代政府提倡收宗敬族的宗法家族观念,既然家族之内无法解决立嗣纠纷,那么国家就会介入。依据户绝条件下"继绝存亡"的立嗣原则,司法官裁判依据为理法,注重对法律义理的阐释。司马光曾说法令尤为繁多而缺乏义理,难为遵守者。[1] 因此司法

---

[1] 参见曾枣庄、刘琳主编:《全宋文》第55册卷一二〇七《司马光 三六》,上海辞书出版社、安徽教育出版社2006年版,第307页。

官在阐发法理之时,也辅之以地方风俗和情理中的伦理道德对当事人进行教化,用儒家经义唤起兄弟友爱、孝敬父母的同理之心。关于母子之间立嗣权纠纷,一是与财产利益相关,有关财产利益都是卑告尊;二是与孝道相关,有关孝道纠纷是尊告卑。在母子之间关于财产利益的立嗣权纠纷中,司法官依据礼的服属关系,对庶母养子纠纷进行调解。

如案例"诸户绝而立继者官司不应没入其业入学"[①]中,原告周起宗的诉讼请求为请求州衙官府将养母违法捐献给县衙的田产拨还。当事人伦理秩序为卑→尊,为原告养子与被告养母的纠纷。本案争议焦点为妾侍以户绝法捐献主人田产,县衙官府是否支持其诉讼请求。州衙官府查明:周德生前收养周起宗,县衙官府重利误听信周德侍妾张氏一方之词,误以为周德是户绝之家,没有查明周德生前抱养周起宗,周起宗结婚后育有儿子,周德就不是户绝。张氏被后夫章师德操控教唆诉讼,章师德多年侵占周德家田产租米。二审司法官认为虽然从法理上讲"下殇不当立嗣,初无此条",但是"嫁出妾以主田献入官,亦无此法",侍妾从服制上本来就和养子关系疏远,在夫亡后又改嫁他人,以户绝捐献亡夫家产,其做法就是断绝亡夫的香火。国家坚决禁止这种行为。司法官的裁判依据首先是天理与国法,天理就是有关"继绝存亡"的继承原则。司法官引用抱养子法进行义理解释"户绝"含义,增强法律效力。"毕竟从小抱养,况其有子,可以继周德之绝,官司合与从厚"。其次,结合情理中的人情,讲明从厚的审判原则,"起宗虽非周成亲生子,毕竟从小抱养,况其有子,可以继周德

---

① 参见中国社会科学院历史研究所宋辽金元史研究室点校:《名公书判清明集》卷八《户婚门·立继类》·"诸户绝而立继者官司不应没入其业入学"》,中华书局1987年版,第258页。

之绝,官司合与从厚。今没入其业,于理安乎"?再次,宣传地方良好风俗,"建阳,朱文公所居之乡;学校,教化所出之地,诸友平日讲明义利之辨,于取舍必不苟,理所不可"。最后,整顿官府赃吏噬利之不良作风:"虽千钟若将浼焉,壹拾伍硕之微,于续食何补?而忍犯不韪乎!此特官司贪徇美名,有以诱之耳。"州衙官府裁判结果为:一是清查章师德多年侵占周德租米的数额,依照刑律"计赃定罪";二是道德谴责违法没收田产的官员,整顿吏治腐败问题;三是督促周起宗向官府提交确认立嗣者姓名,以作凭证;四是严惩张氏违法捐献周德田产的行为,"勘杖六十,照赦免断。余照拟行"。

宋朝在经济发展和税收制度改革的影响下,民间父祖未亡而析户分财的现象已经普遍。在母诉子的不孝案例中,司法官用孝道的义理精神来维护家族主义观念。宋代立嗣目的在于家户传承和养老送终。如果家长的生前分户不利于家族和睦,司法官会通过让家人重新同居共财,以利于维持家庭和谐。同居共财是维护家族共有财产制度的重要形式,但是社会中因经济发展,税收制度的影响,父祖未亡而析户分财的现象经常出现。南宋时期在绍熙三年(1192年)三月九日户部颁布条例:凡是祖父母、父母愿意分拨财产并有凭证的,应当准许,不得违背尊长意愿而发生争执,"合与行使"。[①] 司法官胡石壁为了让母子兄弟之间和睦相处,维持家庭和睦,他认为父母在世,子孙不得分立户籍分割家财,"不许别籍异财"。从天理人伦阐述儒家孝道,强调卑幼对尊长要顺从和维护,以此能够增强家族的凝聚力,有利于国家通过

---

① 中国社会科学院历史研究所宋辽金元史研究室点校:《名公书判清明集》卷十《人伦门·兄弟·"兄弟之讼"》,中华书局1987年版,第371页。

家族对地方社会进行控制,①用孝道的义理精神来维护家族主义观念。如在案例"母在不应以亲生子与抱养子析产"中,②原告陈谦、陈寅的诉讼称:继兄陈厚殴打母亲。当事人伦理秩序:平辈之间,原告亲子与被告养子的纠纷。被告陈厚答辩称:原告诉求无事实依据,且原告和继母利用假名隐瞒田产。案件的争议焦点为:亲子诉养子不孝,养子检举亲子与养母假名隐瞒田产,官府是否支持原告的诉讼请求?官府查明:陈文卿在世时,其妻子吴氏抱养陈厚为养子。后与陈文卿又生育两个儿子即陈谦与陈寅。陈文卿亡故后,吴氏将家产一分为三,按照诸子均分原则,给每个儿子一份。陈厚将自己继承的家产出卖,导致自己生活贫困。吴氏偏爱亲子,亲兄弟与继兄长产生矛盾,以至借母亲吴氏的名义状告继兄长不孝,继兄长又揭发吴氏母子利用假名隐瞒田产之事。

司法官对上述事实的价值评价是吴氏的偏私之意导致儿子相诉,规范事实则是吴氏的违法析产行为,"是欲虀之使贫也"。并通过比附援引儒家经义剖析案件的情理,唤起当事人兄弟友爱、孝敬父母的同理之心,"昔姜氏恶庄公爱叔段,东莱吕氏云:爱恶二子,乃是事因。今吴氏爱恶何以异此"。司法官的裁判依据首先为礼法。根据法律规定:父母在世,子孙"不许别籍异财";阐明法之义理,是为了平均财富、培养孝悌观念而设立,"均其贫富,养其孝弟"。其次通过情理中的人情弥补法意不合理之处。"若

---

① 参见龙大轩:《孝道:中国传统法律的核心价值》,载《法学研究》2015年第3期。

② 参见中国社会科学院历史研究所宋辽金元史研究室点校:《名公书判清明集》卷八《户婚门·分析·"母在不应以亲生子与抱养子析产"》,中华书局1987年版,第278页。

以法意言之,谦、寅两户亦合归并,但陈厚既已自卖其所受之产,不欲归并,以遂陈厚重叠分业之科,此又屈公法而循人情耳"。最后权衡理法情,讲明事理。幸亏吴氏母子由于陈厚检举他们利用假名欺瞒田产,才愿意和解,"论收诡户,稍肯就和",这也是司法官所希望的。同时,司法官以礼教化,传唤陈厚当厅先拜谢其母亲,然后陈谦、陈寅再拜谢其兄长。

本案裁判的结果为在官府主持调解下,兄弟达成和解意见。(1)指令陈厚携妻子与母亲同居共爨。要求乡司除了陈厚、陈谦、陈寅三户的财产维持现有状态外,其他的范从政、陈梦龙、陈氏儿、陈堪位下黄庚三姐、陈文卿五户的产业,一并归入陈文卿一户,由吴氏掌管,共同居住生活,"遂为子母兄弟如初"。陈厚与妻子一起回归家族中,改过自新,侍奉母亲、爱护弟弟,"笃友以谐其弟"。(2)由于陈厚已经出卖继承的家产,不合并陈谦、陈寅两户财产,同时给与陈谦、陈寅发凭证。(3)司法官教化风俗之判语。"自此以后,无乖争凌犯之习,以厚里间,尤令之所望也"。关于母子之间立嗣权纠纷,有关母诉子不孝的案件,官府的态度很明确,支持母亲的诉讼请求,但是对不孝子的判决处罚结果不一样。如在案例"出继子不肖勒令归宗"中,[1]原告何氏的诉讼请求为被告继子石岂子不孝,请求解除继母子关系,遣返继子回归本宗。当事人伦理秩序:尊→卑,案件是关于原告继母与被告继子之间的纠纷。案件的争议焦点为继母诉告继子不孝,继子反诉继弟和继母。父亲在世,过继的养子是否能被驱逐,官府是否支持继母的诉讼请求?官府查明:石居敬娶何氏为妻,石居敬在世时从本族

---

[1] 参见中国社会科学院历史研究所宋辽金元史研究室点校:《名公书判清明集》卷七《户婚门·归宗·"出继子不肖勒令归宗"》,中华书局1987年版,第224页。

同辈名下过继石岂子,同时与何氏还生育一子,叫国子。石居敬去世后,石岂子未尽孝道,不在家守丧读书,也不按期服差役,擅自出卖、出借家产,随意外出借债用于游玩;祖父、父亲忌日不按时归家扫墓祭奠;抗拒母亲何氏管教,随意辱骂母亲,对此节客观事实司法官评价为"背理伤道"。石岂子作为命继子对养父母不孝行为:生不能侍奉父母,死不能祭之以礼。司法官依据规范事实即事理"所养子孙破荡家产,不能侍养及有显过",经父母等亲属起诉到官府,"证验得实,听遣"。官府裁判依据为国法和法理。按照法令,凡是收养同宗族辈分相当人为子孙的,养祖父母、父母不许非法驱逐。裁判理由为天理和事理,"石岂子所犯,委是有伤风教"。官府裁判结果为一是支持母亲的诉求,"欲将石岂子押下巴陵县,遣还所生父母"。二是处罚不孝归宗者,"石岂子无状如此,何可不断,勘杖一百,勒令归宗"。

而在案例"背母无状"中,[①]原告王氏的诉称:被告继子许万三及其妻子戴氏不孝,精神上悖逆轻慢自己,物质上带走生活用品不赡养自己,请求官府进行惩处。当事人伦理秩序:尊→卑,原告继母与被告继子之间的纠纷。该案的争议焦点为继母诉告继子不孝,官府是否支持继母的诉讼请求,对不孝子如何惩处。官府查明:王氏最初嫁给张显之为妻,育有一子叫张大谦。后张显之身故,王氏招赘许文进为后夫。许万三是许文进的义子。许文进利用王氏前夫财产经营致富,许万三成年后王氏又为其娶妻成婚。王氏的亲生儿子张大谦也身故,王氏并未为其立嗣。许文进病重离世前写下遗嘱安排家事。许万三在其离世后窃取遗嘱,并和妻子戴氏对王氏有不孝行为,欲不履行赡养义务。司法官认为

---

① 参见中国社会科学院历史研究所宋辽金元史研究室点校:《名公书判清明集》卷八《户婚门·义子·"背母无状"》,中华书局1987年版,第294页。

许万三窃取义父所写的遗嘱和纵容妻子怠慢义母的行为是违背事理的,同时也违反了继承法的天理人伦。

官府裁判依据为天理,"谁无父母,谁无养子,天理人伦,何至于是"?裁判理由:(1)事理:"违背公理,入脚行私。"(2)情理中的事实情节,与事理有交叉相融的部分,"且纵其妻阿戴悖慢其姑,又将盐筴席捲而去,有是理哉"?官府裁判结果:一是支持继母王氏的诉讼请求,命令继子许万三夫妻将财产交付王氏,共同生活侍奉王氏,如果再对王氏吼叫不孝,致使王氏不得安生,那么定将儿子、儿媳一并处以不孝之罪。二是对继子的生父许文通攻讦王氏的行为拟处以杖刑八十,封存案卷暂时不施杖,如果再敢干预王氏家事,立即拆启案封施以杖刑,"牒州差人管押"。

以上两个案例作出的判决结果明显不一样,同样是继子,一个是判决遣返归宗,另一个是判决同居共爨,将家财交由母亲保管。那么司法官的裁判依据是什么?首先两个案件事理和情理不同。在案例"出继者不肖勒令归宗"中,继子石岂子"破荡家产,不能侍养及有显过"。在案例"背母无状"中,"许文进用王氏前夫之财,营运致富。其许万三长成,王氏又为娶妇,悉以家计附之"。可见两个继子为家庭贡献刚好一反一正,一个是破荡家产,另一个是发家致富。石岂子的行为不符合法律规定,没有什么需要解释阐明的。如果所收养的子孙败坏家产,不能尽侍奉赡养职责以及有明显过错的,向官府诉讼验证,询问近亲尊长查证属实,准许驱逐。其次在案例"背母无状"中,司法官就不能引用养子法条对继子许万三进行驱逐归宗,而是根据案件的事理、情理,用儒家孝道的义理结合情理对当事人进行教化,阐释天理作为继承法的正当性依据,最后用刑罚不孝罪作为威慑,督促继子履行赡养继母的义务。

综上,从法典到案例,户绝条件下的"继绝存亡"的立嗣原则,需要司法官在实践中用义理进行释明,目的是解决家族立嗣纠纷和家户的传承。民间虽然允许父母生前析分,但是由此导致母子关系破裂,家财用尽,司法官则通过孝道义理精神的教化,强制家庭成员同居,但不一定同居共财。在儿子不孝养母亲的案件中,司法官根据案件事理,查明儿子赡养父母的实际状况,根据事理和案件情理作出驱逐嗣子回归本家或者家庭成员同居共财、孝养父母的审判结果。与此同时,随母改嫁而成为义子的儿子们原则上是不享有宗祧继承权,至于财产继承份额需要考量个案中义父与义子的情感、同居生活时长、义子是否尽到孝养父母、承担继承门户的义务。由于法律对于义子的财产继承权规定较为宽松,司法官在案件中需要从法理、事理、情理进行解释论证,将儒家重视的宗法伦理、孝养之道等观念、原则、服叙制度贯通到家事裁判之中。对于亲子关系的认定,司法官结合"当者有比"的比附援引法律方法、"情理法一体"的权衡式法律推理方法以及情理的经验法则、证据将相类似行为和事例涵摄到法律规定之中,在家庭权益、家族利益之间进行衡量后,作出合理合法合情的判决。

(二)旁系亲属围绕立嗣权争讼

兄弟姐妹之间关于立嗣权的争讼,司法官的审判原则是"平心品处",价值追求是不能让"兄弟阋于墙"。在法无明文规定的情况下,用风俗习惯作为依据,儒家经义故事对风俗习惯进行类推解释,增强判词说理性。如何体现"厚风俗",这就是依据民间信仰的神明裁判"焚香拈阄",以天理的公正性来确定继承人。如此人为算计得以消除,"人谋自息,天理自明"。绝嗣得续,长幼皆得其所,生死均可无憾了,"存亡继绝,安老怀少"。神明裁判在民间纠纷无法得到彻底解决下,借助"天理"来判断是非对错,衡量"人情"来考察杠杆中的社会化属性,依靠道德教育和刑罚宽恕等手段实现驾驭民众之术。① 这里的神判又与夏、商时期的神权意识不同,这种差别体现了从"神判"到"人判"的跨越,以重"人事"的司法理念奠定了德治的意义基础,这种重"人事"的司法理念首先是要在官府的主持下,司法官有"安老怀少"的恤民意识,谨持法理、深察人情,体现了家事司法官的人文关怀。

1. 兄弟姐妹之间关于立嗣权争讼

对于兄弟之间关于立嗣权的争讼,司法官秉持的立嗣原则是昭穆相当。若是无昭穆相当之人,收养异姓子,也相当于绝后。在继承人争立的情形下,司法官结合立嗣的程序"经官除附"和血缘亲疏远近,在多名继承人中采取民间立嗣的习惯"焚香拈阄",以"人谋自息,天理自明"的续嗣方式,使得百姓中的老者安之,朋友信之,少者怀之,增加判词说理的公信力。如案例"叔教其嫂不愿立嗣意在吞并"中,②原告张氏的诉讼请求为:请求不为亡故的长子命继。当事人伦理秩序:平辈,案件为亲兄弟之间的纠纷。案件的争议焦点是:亲兄弟不同意为亡故长兄立继,祖母遂向官府诉请不为亡故长子命继,官府是否支持母亲的诉求。官府查明:阿张育有三子,长子李学文,次子李学礼,三子李惟贤。李学文成家后早逝,祖父在世时曾经为他立嗣,但是阿张后来以命继子是李学文的堂弟,昭穆不相当为由,向官府申请遣返归宗。官府支持了阿张的诉讼请求,但是要求阿张另外立嗣。阿张现在又

---

① 参见王斐弘:《治法与治道》,厦门大学出版社2014年版,第2页。
② 参见中国社会科学院历史研究所宋辽金元史研究室点校:《名公书判清明集》卷八《户婚门·立继类》"叔教其嫂不愿立嗣意在吞并"》,中华书局1987年版,第246页。

提起第二次诉讼请求不为长子立嗣,理由是两个弟弟均不同意立嗣。官府传唤尊亲属,查明目前族内没有辈份合适的人选,不能够凭此命继。

胡石壁在判词中写道:"阿张,一愚妇耳,无所识。"在之前吴恕斋审理的"探阄立嗣"一案中也写道:"妇人女子,安识理法?"两位司法官提及的理法涉及天理和国法。胡石壁对此进行义理阐释,从人伦上讲是"忘同气之恩,弃继绝之谊",从天理上讲是"弃继绝之谊,废其祭祀,馁其鬼神"。司法官对李学礼想要吞并其兄李学文家业的事实,依据理法是要处以编管之刑。但是官府要求李家宗族为李学文命继,却被告知无同宗昭穆之人,可以选立异姓。胡石壁援引经义"莒人灭鄫",反对命继立异姓,且对立异姓子为嗣的法律义理进行释明,同时说明情理中的人情指的是鳏夫寡妇生活有所依靠,立法的本意不是要让官府在人死嗣绝的时候才去命继异姓为子。

官府裁判依据:立法本意为后世制定法律,虽然有准许立三岁以下异姓的规定,主要也是顺从人情,"盖亦曲徇人情",使得鳏夫寡妇生活有所依靠,立法本意不是要让官府在人死嗣绝时才去命继异姓为嗣,"而自为命继异姓者。"裁判理由首先是儒家经义:国家立嗣异姓被称为灭国,家庭立嗣异姓被称为亡家。《春秋》记载"莒人灭鄫",主要是立异姓为后嗣的结果。其次是情理中的情感需求:虽然法律准许立三岁以下异姓子,"盖亦曲徇人情"。官府裁判结果:一是支持原告诉讼请求。"在官司岂可强令求之异姓"。二是亡故之人财产不作户绝财产析分。判词记载只能将李学文一户的财产进行分配,一份分给李惟贤,一份分给阿张和李学礼,由母子共同管理,等到李学礼将来有两个儿子,令其中一个儿子过继给李学文为后嗣;如果没有儿子,"则听阿张区处"。

兄弟之间关于立嗣权的争讼，有的案例是不要求立嗣，有的案例是争相立嗣。百姓名义上是为传家，实际上是析产争业。汉朝时推崇"主者守文"的循吏之士，对于兄弟争产案件，司法官注重以德教民进行归化。如汉代许荆，年轻时任桂阳太守。以此在春季到耒阳县巡视，遇到蒋均兄弟为争财到官府言讼。许荆采取的是自我问责的态度，认为"吾荷国重任，而教化不行，咎在太守"，并要身边的小吏向朝廷上书说明情况，请求"乞诣廷尉"。蒋均兄弟知道后，深为改悔，各求处理。① 但宋代与汉代的政治经济情况不同，宋代苏洵曾说古代的法律规定简单，现在的法律规定复杂，"古之法简，今之法繁"。简单的法律规定对现在的社会状况不适用，复杂的法律规定不适用过去的社会状况，这并非现在的法律不如过去的法律，而是古今社会时代不同了，"而今之时不若古之时也"。② 宋神宗时期群臣在"阿云谋杀亲夫已伤自首"案中，在适用法律上发生争议，至此国家加强官员之法学修养，选拔专习法令的人才，加强对法律法规条文、法理意蕴的认识和理解，"令已有法者即明具条贯，预以见馆职材能，因以考知转对官知法理与否也"。③ 在宋代兄弟争讼案件中，不管当事人的诉讼请求是否立嗣，司法官还是要注重立嗣法理含义，秉持立嗣的原则首先是昭穆相当，在前项案例中阿张不要求立嗣的诉讼请求，官府最初是不支持的。立嗣首先是以宗祧继承为主，其次才是养老送

---

① 参见（南朝梁）范晔：《二十四史全译·后汉书》卷106《列传第六十六 循吏传 许荆》，许嘉璐编译，汉语大词典出版社2004年版，第1505~1506页。
② （宋）苏洵：《嘉祐集笺注》第五卷《衡论·申法》，曾枣庄、金成礼笺注，上海古籍出版社1993年版，第114~115页。
③ （宋）李焘：《续资治通鉴长编》卷二百十一《神宗熙宁三年五月壬寅条》，上海师范大学古籍整理研究所、华东师范大学古籍整理研究所点校，中华书局2004年版，第5123页。

终,若是无昭穆相当之人,收养异姓子,也相当于绝后。该案在事实方面并无争议,主要是引用立嗣的法律是否妥当,司法官引用儒家义理对法条进行了解释,既然李学文的宗族中没有辈分合适的人选,而且其母亲阿张又常有不愿意命继的想法,"官司岂可强令求之异姓",最终支持原告不立嗣的诉讼请求。

有的立嗣案例中法律和事实均无争议,如在案例"兄弟一贫一富拈阄立嗣"中,①原告的诉讼请求:堂兄争立嗣。当事人伦理秩序:平辈之间,案件为兄弟之间的纠纷。案件的争议焦点:堂兄之间不服祖母为亡兄命继,争相要求命继自己儿子,官府如何选立继承人。官府查明:叶瑞之和叶秀发为堂兄弟,叶瑞之为堂兄,叶秀发为堂弟,两人均无儿子。叶瑞之和叶容之、叶詠之为亲兄弟,其中叶瑞之是他们的兄长。叶容之和叶詠之则是他们的胞兄。两人都各自有儿子,名叫叶慧孙和叶寄孙。现在叶容之和叶詠之都向官府提出诉讼请求,希望能够将自己的儿子立为堂兄叶秀发的后代。而不愿为亲兄长叶瑞之立嗣,原因在于叶秀发家产丰厚,叶瑞之家道中落。对原告争相让自己的儿子作为堂兄的嗣子,而不愿给自己亲兄立嗣,司法官吴恕斋从天理角度批评当事人的这种行为"舍亲就疏,此其意为义乎"?并以情理中的人情作为裁判理由进行说理"徇利忘义,遂阋于墙而不顾"。司法官的审判理念反映的是实质思维,要"平心区处"。官府裁判依据:天理:"存亡继绝""人谋自息,天理自明"。裁判理由为:人伦:"大义所在""舍亲就疏"只为私利;情理:兄弟阋于墙、兄弟手足,并为参商;人情风俗:诬母偏受、人情不美。官府裁判结果:判令叶容之、

---

① 参见中国社会科学院历史研究所宋辽金元史研究室点校:《名公书判清明集》卷七《户婚门·立继·"兄弟一贫一富拈阄立嗣"》,中华书局1987年版,第203页。

叶詠之当庭用叶慧孙、叶寄孙二人名字"焚香拈阄",听从上天的安排,决定谁才是叶瑞之的继承人和叶秀发的继承人。

2. 叔侄关于立嗣权争讼

叔侄之间关于立嗣权的纠纷既有叔父欲遣返已立的侄子,也有侄子想驱逐叔父已立的嗣子,表面看与立嗣权相关,实则是私利作祟。宋儒将义、利之辩看作天下第一问题。"大凡出义则入利,出利则入义",①程颐、程颢抓住义利问题的本质,即"义与利,只是个公与私也"②。梁治平认为中国古代涉及州县自理案件,其中户婚、田土、钱债、相殴一类事件的"民间细故",他们的立场是"不应得为",司法官裁判依据是礼俗、惯例、良知、天理和人情,简单地用一个字概括就是"义"。③ 有学者也认为,宋代关于财产和立继的争诉,司法官会折中而断。④ 上述观点忽视了宋明理学文化影响下,士大夫阶层的司法官们在酌情据法中寻找诸理,以期能够平户婚讼牒,以达到据三尺,明是非,合人情的司法目标。

如在案例"生前抱养外姓殁后难以摇动"中,⑤原告叔父邢枏诉请驱逐被告继侄邢坚,理由是邢坚是异姓子,命继时候已经七岁,不符合法律规定。当事人伦理秩序:尊→卑,有关继叔侄之间

---

① (宋)程颢、程颐:《二程集·河南程氏遗书》卷十一《明道先生语一》,王孝鱼点校,中华书局1981年版,第124页。

② (宋)程颢、程颐:《二程集·河南程氏遗书》卷十七《伊川先生语三》,王孝鱼点校,中华书局1981年版,第176页。

③ 参见梁治平:《寻求自然秩序中的和谐——中国传统法律文化研究》,上海人民出版社1991年版,第165~166页。

④ 参见张利:《宋代"名公"司法审判精神探析——以〈名公书判清明集〉为主要依据》,载《河北法学》2006年第10期。

⑤ 参见中国社会科学院历史研究所宋辽金元史研究室点校:《名公书判清明集》卷七《户婚门·立继·"生前抱养外姓殁后难以摇动"》,中华书局1987年版,第201页。

的纠纷。该案的争议焦点为:妻子、祖母在世时命继异姓子,亡故后,叔父诉请命继异姓子违法,要求更立,官府是否支持原告的诉讼请求。官府查明:确认邢林、邢柟是同胞亲兄弟。在邢林去世时,他没有儿子。尽管邢柟有两个儿子,但他不愿意把他们过继给邢林,于是在邢林去世那天,他的母亲吴氏、妻子周氏决定让七岁侄子为邢林的后嗣,即邢坚。八年之后当邢坚的祖母、母亲相继过世,叔父要求再为邢坚立继吴德孙为弟。族人也在邢柟的挑唆下驱逐邢坚,理由是邢坚是异姓子。司法官从法理角度分析邢坚是异姓子的事实于法无据"诸无子孙,听养同宗昭穆相当者"。虽然立嗣异姓子违背法意,但是立嗣权人是祖母和母亲,邢柟作为叔父亦没有反对,所以这不是邢坚的过错。从事理上看,八年期间祖母、母亲抚养疼爱邢坚无隔阂,邢柟也并未指责邢坚的过失。邢坚也"三承重服"。本案的难点在于不符合法律规定,却合情理如何判决?这属于案件事实无法涵摄在法律规定的大前提中,那么需要在法律适用过程中对法律进行修正。① 基于一般法律原则的修正,昭穆相当的继承原则就是防止无子家庭绝后,能够承担养老送终的义务。本案中邢坚已经承担继子义务长达八年,又为祖母和母亲服丧守孝。虽然命继形式不符合法律规定,但是实质符合立嗣的法律原则。

因此在法律论证的过程中对立嗣的法意做目的性扩张解释,"年未长、恶未著,破家荡产,未有实迹,遽欲无故遣之",司法官认为立嗣应该符合天理,立嗣行为具有正当性,"其祖母、其母生前已立八年之嗣,于理断断乎不可"。结合法律论证的三要素"察情·依因·据理",阐释立嗣的法条义理蕴意。司法官也要查明

---

① 参见雷磊:《法理学》,中国政法大学出版社2020年版,第184~185页。

原告争诉的依据和理由是邢坚的舅舅周耀及邢坚母亲的婢女王燕喜不能教导邢坚遵从奉事叔父之礼，争端遂由此起。司法官认为邢梇作为豪门大族，合知理法，以人心天理之道劝解，同时戒斥邢坚要痛改前非，敬事叔父。官府裁判依据首先是国法：虽然"诸无子孙，听养同宗昭穆"，但是邢梇有二子不愿"立为兄长后"。裁判理由参酌情理中的人情：其母吴氏、嫂周氏立继祖母蔡氏之侄，即邢坚，邢坚过继八年之后再驱逐于理不可。官府裁判结果：一是驳回邢梇诉求；二是督促族人点检核查家产分作两份，邢坚继承的一份家产由其叔父邢梇代为掌管，待邢坚成年后再予交付。

如果说上述案例仅仅是侄子不孝敬叔父，才使得叔父屡次上诉恣意诬陷诋毁办案的司法官吏"欲以私情废公法"，那么在有些案例中体现的就是叔父谋财的私利，司法官认为"凡骨肉亲戚之讼，每以道理训谕"，用弘扬家庭美德，促进家庭和睦以达到家事纠纷息诉。应当挽回彼此间的和睦之情，"毋致悖理法而戕骨肉"，徒费财资以利胥吏。如在案例"先立已定不当以孽子易之"中，①原告叔父阳锐诉请驱逐被告命继子孙阳梦龙、阳攀鳞，更立自己庶子为继子。当事人伦理秩序：尊→卑，案件为继叔侄之间的纠纷。案件的争议焦点为：祖父、亡兄生前命继子孙，叔父以继侄行为"跌荡"，要求更立自己庶子为继孙，官府是否支持叔父的诉讼请求。官府查明：阳八二秀和阳八五秀早逝，阳梦龙由祖父立为阳八二秀的命继子，阳攀鳞由父亲和祖母立为阳八五秀的命继子，且有亲笔遗嘱为证。两位命继子有官府发给的凭证为据，族中长房也并无异议。叔父阳锐却起诉至官府要求驱逐两位命

---

① 参见中国社会科学院历史研究所宋辽金元史研究室点校：《名公书判清明集》卷七《户婚门·立继·"先立已定不当以孽子易之"》，中华书局1987年版，第206页。

继子，理由是"二侄跌荡，不无子弟之过"。根据淳熙时期指挥中内臣官僚们提出的奏请：按照祖宗之法的规定，立继是指夫亡而妻在，应当遵循妻子的意愿确定继承人的法律，"其绝则其立也当从其妻"。命继是指夫妻俱亡，依照近亲尊长的意思命定继承人的法律，"则其命也当惟近亲尊长"。立继子的继承原则与子继承父亲财产份额的法律原则的意思相同，应该按照亲子继承法继承全部家财，"当尽举其产以与之"。① 该法条说的明确，立继子与亲子享有的财产继承份额一样，这才是叔父起诉遣返侄子的目的，为争财而来。该案继子的立嗣符合法律规定，且经过立嗣程序的确认，又有遗嘱和官府的凭证作为证明，是合法的继承人。一审官府受原告阳锐片面之词误导，在论证事实时认为二位侄子行为破荡，二审官府查明事实后，用儒家经义对情理经验法则中的家风家德进行了阐明。"私意一萌，知有庶子，则不知有兄之子矣"，该节事实违背"人心天理"。作为依据规范事实，裁判理由是"悖理法"。官府的裁判依据为国法："同姓之讼""悖理法而戕骨肉，费赀财而肥吏胥"。裁判理由一为伦理道德：私意为萌，"知有庶子，则不知有兄之子矣"；二为天理："人心天理，谁独无之"？"骨肉亲戚之讼，每以道理训谕"。官府的裁判结果：一是驳回阳锐诉请，发文县衙裁断执行，重新发给命继子孙户籍凭证；二是警告命继子孙重新归宗后，"遵依教训，以坚悔过自新之意"，若再犯"游荡不肖实迹"，坐以"不孝之罪"。

司法官吴恕斋的案例"生前抱养外姓殁后难以摇动"与另一

---

① 中国社会科学院历史研究所宋辽金元史研究室点校：《名公书判清明集》卷八《户婚门·立继类·"命继与立继不同"》，中华书局1987年版，第266页。

起翁浩堂的案例"出继不肖官勒归宗"对比之下,①前者是官府没有支持原告驱逐异姓子的诉讼请求,后者是官府支持原告驱逐继子的诉讼请求。两位司法官是否违反了同案同判的原则。现在分析翁浩堂的"出继不肖官勒归宗"一案,案件事实为卢公达是侍郎的孙子,在世的时候不幸没有子嗣,于是收养同姓人卢君用之子卢应申为继子。但卢应申与卢公达生前没有在一起生活同居,且在卢公达亡故后又不肯花钱将其安葬,还跟随亲生父亲犯下贪赃盗窃罪行。虽然卢应申是被继承人亲自所立,且有被继承人遗嘱和书状为证,但是官府认为卢应申不是合格的继承人。原因有两方面:一是根据法意,继承人不仅要符合昭穆相当的法律规定,也要是品行端正之人,不能玷污士大夫的道德修养,"生事乡邻,背所养,从所生,犯赃犯盗","此尚可以继侍郎之后,而奉其香火乎"?在案例"衣冠之后卖子于非类归宗后责房长收养"一案中,翁浩堂用《左传·成公四年》中的语句"非我族类,其心必异"来释明昭穆相当的法律原则,不仅仅要求继承人和被继承人有血缘关系,还有阶级差别,"宦裔""农夫"就不是同族。在"出继不肖官勒归宗"一案中继承人虽然与被继承人是同姓,具有血缘关系,但是继承人的犯罪行为使他失去"宦裔"的身份资格,跌入另一个阶层,即犯罪分子,就与被继承人不是同族。

二是卢应申也没有对卢公达生前做到事奉父亲之礼。如何将该节案件情理涵摄到法律规定中,司法官用天理人伦对事理进行阐明,"父之所以生子者,为其生能养己,死能葬己也"。这个立嗣原则不仅是要防止"继绝世",还要"明养老",就是孔子曾说的

---

① 参见中国社会科学院历史研究所宋辽金元史研究室点校:《名公书判清明集》卷八《户婚门·立继类·"出继不肖官勒归宗"》,中华书局1987年版,第276页。

"生,事之以礼;死,葬之以礼,祭之以礼"①。如此用情理阐明卢应申的不生养父亲之礼,就是违背立嗣原则。综上,从法律规范到事实论证,得出的法律推理是判令卢应申回归本家。从以上案例可见,司法官首先考虑的是法律依据,这里的法不仅是法典中的条文,还有法律原则和法律精神,如国家法、民事习惯、地方风俗之礼等,这也是家事审判中司法官经义决讼的特别之处。

苏洵撰写苏氏族谱的目的就是弘扬乡邻风俗之美,在提到叔侄之间的诉讼纠纷时言:"自斯人之逐其兄之遗孤子而不恤也,而骨肉之恩薄"。对于族弟为"取其先人之赀田而欺其诸孤子也"的行为,苏洵认为"孝弟之行缺",叔侄之间的诉讼是"礼义之节废"。苏洵将叔侄之争诉写入族谱以告示族人此类行为大乱风俗,苏洵指出其结果"是故其诱人也速,其为害也深"②。宋儒认为"右族""儒名"的道德素养高于一般人,在判词中他们应深知"理法",提升自己的道德素养,发挥好榜样作用。然而现实案例却是卑尊伦理秩序颠倒,为利不顾伦常服属。司法官认为叔伯兄弟之间的血脉亲情,本属于"同祖宗",应该珍惜,"宗族之恩,百世不绝"。前两个案例是叔父驱逐侄子,现在提到的却是侄子贪图叔父家产,欲驱逐已立嗣子。如在案例"同宗争立"中,③原告伯达希望官府支持立自己弟弟鹤翁为叔父继子,驱逐叔父的继孙。当事人伦理秩序:尊→卑,该案为原告叔父与被告继侄的纠纷。案件争议焦点是:侄子争立为叔父继子,欲驱逐叔父命继孙子,官

---

① 陈晓芬、徐儒宗译注:《论语·为政篇第二》,中华书局2015年版,第17页。
② 曾枣庄、刘琳主编:《全宋文》第43册卷九二七《苏洵·苏氏族谱亭记》,上海辞书出版社、安徽教育出版社2006年版,第164~165页。
③ 参见中国社会科学院历史研究所宋辽金元史研究室点校:《名公书判清明集》卷七《户婚门·立继·"同宗争立"》,中华书局1987年版,第209页。

府是否支持其驱逐命继孙子的诉求。官府查明:王文植无子,立继兄长王文枢次子伯大为继子,伯大亡故后,立亲侄子志学的儿子志道为伯大继子。子孙相须,合乎礼法。但是王文枢的长子伯达想将伯谦(别名鹤翁)立为王文植的继子,王文植不同意。在其年老之际,王伯谦算计志道,诬蔑其不孝顺祖父,唆使王文植驱逐志道。但是志道"已经给据立之矣,久立而遽逐之,鹤翁蹊人之田,而夺其牛,于心果安乎"?司法官认为王文植驱逐志道的行为不符合事理,"物之逆其天者,其终必还,而况油然此理之天"。志道携其妻子归家,在祖父面前忏悔罪过,则"天理油然而生"。该节事实并不能作为驱逐志道的规范事实,原告的诉讼请求于法于理不符,官府应该驳回。但司法官认为遵从金厅两立嗣子的建议,"第独以志道为嗣,鹤翁垂涎物业之久,已为几上肉,囊中物矣,决不能已于词。不若金厅两立之说,以止终讼"。

　　文植已是八十岁老者,应享百岁之乐,司法官认为如果依法驳回原告诉求,估计另一名争嗣者鹤翁将会诉讼不止,从立嗣的法律上看鹤翁也是符合昭穆相当的原则,那么用孝道讲明情理"养则致其乐",多一名嗣子孝养原告王文植,使其安度晚年,可保"家道日已兴矣"。官府因此给出双立的调解方案。官府裁判依据为:(1)国法:子孙相继"法甚顺也"。(2)天理:凡事逆天理而行,最终必有报应,毕竟是天性使然,"而况油然此理之天",本来就没有隔阂呢。裁判理由为儒家经义:古诗歌中写道百年人生能有多长,就像被风吹动的蜡烛一样短暂。只有尽力去行孝,才能避免父母早逝,"可免亲龄促"。"劝行孝道,天地鬼神,亦将祐之,家道日已兴矣"!官府裁判结果:如今立继鹤翁、志道,二人为文植后嗣,不允许另立门户分割家庭财产,蓄意藏匿私财,"当始终乎孝之一字可也",否则文植再次起诉"到庭,明有国法,有司岂得而私之哉"!

3. 姑嫂关于立嗣权争讼

宋代女性参与家产分配、奁产纠纷等方面的争诉案例不在少数。前文提到的北宋左领卫将军薛惟吉的妻子柴氏无子,携带个人奁产改嫁,因与继子薛安上私下不和,在薛惟吉死后双方因争产发生纠纷,对簿公堂。此案涉及当时的宰相向敏中,真宗尝试调解无果,又命令朝廷"下御史狱鞫之",①最终以向敏中罢为户部侍郎,"柴用荫赎铜八斤。安上坐违诏贸居第,笞之,以所得瘗藏金贝赎还其居第"才了结此案。② 宋代妇女诉讼权利意识较强,不仅寡妇会为自己的奁产进行诉讼,妇女也会为子女正当获得家产权而争诉。北宋真宗年间韩亿任洋州知州期间,当地州有一个亳民叫李甲,他的兄长去世后,强行逼迫兄长的妻子改嫁他人,并通过诬告兄长的儿子为他姓"以夺其赀"。此前审办此案的官吏被李甲贿赂屈打其嫂结案,嫂子不服判,十多年间不断去官府上诉。韩亿查办此案发现原来的卷宗案件事实没有查明亡兄儿子的出生证明,即没有邀请过乳医来证明这一点,因此在重新审查这个案件时,官府当庭让乳医作为鉴定人,陈述鉴定意见,以展示给李甲,"甲亡以为词,冤遂辨"。③ 宋代司法官不仅要依法,更要以事实为依据,重视事实在案件类型中的区分即客观事实、价值事实和依据规范事实。

---

① (元)脱脱等撰:《二十四史全译·宋史》卷265《列传第四十一 向敏中》,许嘉璐、安平秋、倪其心编译,汉语大词典出版社2004年版,第6428页。

② 参见(宋)李焘:《续资治通鉴长编》卷五三《真宗咸平五年冬十月癸未条》,上海师范大学古籍整理研究所、华东师范大学古籍整理研究所点校,中华书局2004年版,第1157页。

③ (元)脱脱等撰:《二十四史全译·宋史》卷315《列传第七十四 韩亿》,许嘉璐、安平秋、倪其心编译,汉语大词典出版社2004年版,第7088页。

前文提到的多是叔侄相互争讼,也有姑嫂为争夺奁产而争讼。司法官指出此类家事纠纷案件处理原则,既要依法也要酌情才能公平处理此类案件,此处的情有案件情理"明其是非"和人之常情"合于人情"。司法官认为察得户婚诉讼,情形各异,不一而足。假如司法官吏不能参酌人情依据法律,"以平其事,则无厌之讼炽矣",家财不破当殆尽不会罢休。如案例"立继有据不为户绝"[1]中,原告二十八娘诉告吴有龙为异姓子,父亲收养违法,应按户绝财产份额继承继产。事实及理由:吴琳持有的收养吴有龙的凭据记载为"男七岁",吴有龙是异姓之子,收养时超过三岁的年龄规定,不能作为养子,不能够继承家产。女婿胡阆又提起诉讼请求:吴氏的产业为女婿从事经营增添,要分割归四个女儿所有。当事人伦理秩序:卑→尊,案件为原告姑与被告继嫂的纠纷。案件的争议焦点为:在室女起诉已故养子收养违法,官府是否支持其诉请。一审官府查明:根据宗族的分支书记载:吴琛有四个女儿、一个儿子。长女叫二十四娘,女婿叫石高。次女叫二十五娘,女婿叫胡阆。儿子为立继子,全名为吴有龙,在家叫二十六,娶妻涂氏,生子叫吴登。三女儿叫二十七娘,女婿为许氏。幼女叫二十八娘,未出嫁。二十八娘在吴琛、吴有龙相继去世后,诉求官府确认吴有龙收养手续违法。司法官查明该节案件事实是根据吴琛生前收养凭据,有官府出具确认,"虽不经除附,而官司勘验得实者,依法",说明收养手续合法,吴有龙为养子而不是义子。涂氏出具吴有龙收养凭证,记载为"一岁乳",说明吴有龙虽为异姓子,但是收养时年龄"三岁以下",收养程序合法无误。官府认为,既然吴有龙收养程序合法,理应为合法的养子,吴琛就不是户绝之家。

---

[1] 参见中国社会科学院历史研究所宋辽金元史研究室点校:《名公书判清明集》卷七《户婚门·立继·"立继有据不为户绝"》,中华书局1987年版,第215页。

从法律论证过程中，司法官区分案件事实、价值事实，通过证据锁定案件依据规范事实，对原告诉请的理由和事实一一进行了反驳。一审官府裁判依据其一为国法，法律规定：凡是义子义孙及抚养其的祖父母、父母皆已亡故，或者义子义孙虽然在世，但生前抚养其的祖父母、父母都已亡故，被起诉以及自诉的，官府不得受理。另外法律规定：异姓三岁以下者，准许收养，随收养者的姓氏，准许收养家庭向官府申请加入本家户籍，适用亲子孙法。即使没有经过除籍和附籍程序，但官府审理验证属实，同样适用亲子孙法。法律还规定：凡是入赘女婿利用妻家财物从事经营增添的财产，到该户绝嗣之日，财产分配给入赘女婿三成。其二为证据，书证：宗族的分支书、官府确认的收养凭证。一审司法官以案件情理为裁判理由"深烛其情，遂有均分议嫁之判"。外嫁女二十四娘、入赘女婿胡闿等人认为一审裁判结果侵犯自己的家产权益，遂又向二审官府起诉反对二十八娘继承家产。二审官府经审理认为二十四娘、二十五娘和入赘夫婿的诉讼请求于法无据，凡入赘女婿利用妻家财物从事经营增添的财产，到该户绝嗣之日，财产分配给入赘女婿三成。吴琛不是户绝之家，赘婿无权参与家产的分配。出嫁之女继承家产没有明确法律依据，未出嫁之女均分财产没有法律依据。二审裁判依据首先是国法，未嫁女的继承财产份额为：凡是分配财产，没有娶亲者分给成婚聘礼的财产，姑母、姐妹未婚或回归本宗之女分给出嫁财产，没有到出嫁年龄的另外分给财产，财产数量不得超过出嫁所需数额，"不得过嫁资之数"。法律又规定：凡绝户之家财产全部分给未嫁之女，回归本宗之女减半分配。此外，法律还对未婚女的适婚年纪进行了界定：男性必须达到 15 岁，而女性至少需要年满 13 岁才能被允许结婚。

司法官在二审中根据查明的事实认为吴琛生前有养子吴有

龙,不能认定为户绝。一审官府在案件事实中未能查清户绝一节事实,遂对拟定的按照户绝财产给予女儿继承财产份额的意见,二审司法官难以裁断,需要呈报仓司照会。同时,一审官府也未能核实二十七娘是否出嫁,需要发文"欲与移文通城县取",视情况另行处理。二审官府的拟定裁判结果:(1)驳回外嫁女的诉讼请求,将未嫁女二十八娘迎接归家,寻求婚配之后再分配嫁财;(2)道德谴责赘婿胡阆干扰诉讼的行为。该案司法官一直秉持以法律为依据,以事实为准绳的审判原则,用儒家经义对案情进行阐明,通过情理的经验法则和证据论证,将案件事实涵摄在法律规定之中。

综上,在兄弟姐妹之间关于立嗣权的争讼中,司法官比附援引"兄弟不能阋于墙"的儒家经典作为调解原则,以实质思维运用"平心区处"的规范性审判理念,即依据法律→风俗习惯作为裁判说理的依据,对于立异姓子的法律义理进行释明。在立嗣继承人为财争立的情况下,秉持昭穆相当的立嗣原则,以"天理"作为正当化根据,参酌情理之人情,通过道德与刑罚双向操作达到司法的社会治理效果。在叔侄之间关于立嗣权的争讼中,司法官从立嗣原则的礼法规定上,整体性解释昭穆相当的继承法理内涵,通过修正法律原则,在法律论证中对立嗣的法意作出目的性的扩张解释,采用"察情·依因·据理"三要素结合的法律论证方法,阐释立嗣的法条义理蕴意,对于驱逐嗣子的诉讼请求,官府注重事理的查明,继承人与被继承人的血缘关系与阶级差别,依据法律、民间习惯和地方风俗之礼,论证和推理嗣子是否履行了对继父母的孝养义务,再依据案件情理,保护嗣子的合法继承权,同时也会驱逐不孝嗣子归宗。在姑嫂为立嗣权争讼中,司法官注重区分案件情理的"是非"与"人情",同时在法律论证中司法官对案件事实和价值进行分辨,结合证据,在裁判依据规范事实中认定或反驳当事人的诉请及其理由。

4.宗族亲属围绕立嗣权争讼

宋代随着服叙制度在礼制方面的变化,亲属范围较之唐朝有所扩大。先秦时期虽然儒家经义倡导"神不歆非类,民不祀非族",从血缘上看异姓养子不能与本宗族有血脉联系,从财产集中看也是预防家产外流。从礼法方面规定一概不准收养异姓之子。但是宋令规定三岁以下可以收养异姓子,不论遗弃或抱养均可向官府申请除籍附籍手续,可改随养父之姓,在法律上享有同亲生子的权利,继承家产。养子等同嗣子,为养母之服视同亲生母亲。宋代无服亲属范围的扩大,是国家为了增强宗族组织的基层凝聚力量,鼓励与支持新型宗族组织的一项政策。① 司法实践中随着亲属范围扩大,家事纠纷愈加繁杂。宗族之人名义上为关心立嗣权,实际也是为私利争夺财产,官府既要出面维持宗族和睦,防止内部纠纷过多,也要对基层组织进行严管和惩戒,防止基层组织在群众中失去公信力,无法达到收宗敬族的效果。司法官处理此类案件以义理为中心,查明案情的"因依",从案件"所申"中分析事理、法理、情理,保护民众的合法利益,维护官府权威。

如在案例"争立者不可立"中,②原告的诉讼请求:请求官府确立自己为继子。当事人伦理秩序:卑→尊,案件是关于族人之间的纠纷。案件的争议焦点为:族孙辈张达善欲争立为叔祖母刘氏继孙,官府是否支持其诉讼请求。官府查明:张介然生前与刘氏育有三子,长子张迎与陈氏结婚,张迎婚后早逝无子。刘氏健

---

① 参见丁凌华:《五服制度与传统法律》,商务印书馆2013年版,第179、184页。

② 参见中国社会科学院历史研究所宋辽金元史研究室点校:《名公书判清明集》卷七《户婚门·立继·"争立者不可立"》,中华书局1987年版,第211页。

在,兄弟同居,未分家析产。族人张达善诉请官府立自己为张迎继子,刘氏答辩称不同意立张达善为继孙。司法官的裁判理由从诸理分析,认为张达善不应立为刘氏继孙。一是在事理上张达善为张自守之子"自守之户已绝,若欲继张氏,合当继自守之户"。二是根据法律规定:立嗣应当遵循祖父母、父母之命,如果一家全部亡故,则听从亲族尊长的安排,"则从亲族尊长之意",该案祖母刘氏在堂,族长张翔道不应插手干涉并出具立张达善的书状。三是从情理的感情角度出发,张达善的诉状中多有对陈氏、刘氏、堂叔的背理傲慢之言辞,相攻如仇敌,故其不能作为承继人。官府驳回张达善的诉讼请求,裁判依据为尊重民间诸家长的立嗣习惯"如欲立孙,愿与不愿悉从其意",以妄诉的罪名判处张达善杖刑八十,但是案封暂缓执行,"勘杖八十,且与封案,再犯拆断"。

宋宁宗嘉定十年(1217年),有大臣向朝廷上奏指出:近年来,一些地方的豪强大家族,把持地方经济和政权。他们利用微小的利益与细民争利,"以小利而渔夺细民";通过强行歪曲词理制造无端的诉讼案件,"以强词而妄兴狱讼";通过向司法官大量贿赂影响案件的公正性判决,"持厚赂以变事理之曲直";并通过滥用越诉的司法程序来阻止地方政府对其行为的制约,"持越诉以格州县之追呼"。综上,这些豪强大家族主要通过控制和操纵官吏的方式对善良之人进行欺压。[1] 叶宪在"夫亡而有养子不得谓之户绝"案件中提出司法官应该以义理为先,遵照法令。[2] 司法

---

[1] 参见刘琳等点校:《宋会要辑稿》第4册《刑法三之四二》,上海古籍出版社2014年版,第8414页。

[2] 参见中国社会科学院历史研究所宋辽金元史研究室点校:《名公书判清明集》卷八《户婚门·户绝·"夫亡而有养子不得谓之户绝"》,中华书局1987年版,第272页。

官首先要查清案件的是非曲直和前因后果,在法律论证过程中明晓事理,"续又据宁都县申,具到因依",在查明案件事实的客观基础上,依据法律规范准确辨析规范事实。司法官提到林知县既然已经查清事实,却还适用不曾经官府办理除籍附籍手续的法律规定,而且一般不可能知晓"除附"的含义,所以要阐明法理"虽不除附,官司勘验得实,依除附法",再结合案件情理进行法律推理。况且本案中妇人没有依靠,收养儿子用以延续前夫的后嗣,而自己托身于后夫,这些都应该值得被同情,"此亦在可念之域"。司法官认为法律并没有命令禁止这种做法,人之常情在于即便子嗣不该收养,阿甘属于招赘后夫,也有酌情给付财产的法律规定,"亦有权给之条",不应当没收。依据《户令》的规定:寡妇没有子孙且没有自己分内的亲属共同生活,招赘后夫的,前夫的田宅经过官府登记完毕后酌情给付,给付数额计价不得超过5000贯。司法官还解释了"户绝"在法律条文中的法理"妇人愿归后夫家及身死者,方依户绝法"。综上,该案据理据法,裁判结果为"丁昌之业,所直不过二百余贯,其合给阿甘明甚"。从以上案例可见寡妇在小家庭中的立嗣自主权与宗族立嗣权之间的较量。有学者认为,这是司法官在判定一件嗣子违法的恶案件,没有固守法律的规定,进行"一刀切"式的判决。[1] 笔者认为,这个观点失之偏颇。宋代司法官审理案件的依据首先就是法律规定,但是他忽略了寡妇立嗣权的案件类型,即家事案件。家事案件的裁判依据不仅包括法典中的法条,还有礼典、礼仪、风俗习惯等。寡妇立嗣权在法律规定中虽然具有优先决定权,但是在司法实践中需要公婆的协助和小叔子的同意。族中无异议者,寡妇的立嗣权才具有最终的

---

[1] 参见李节:《礼法视野下的宋代妇女的家庭地位研究》,中国书籍出版社2020年版,第228页。

法律效力,说明寡妇立嗣权从属于家庭、宗族。宋朝的立嗣权法律,在儒家化影响下经历了长期的发展和演变。在关于寡妇立嗣权的法律条款发生变化中,融入了士大夫的宗族理念,当然还受国家户籍和赋役制度的改变和影响。因此,并不能单独从妇女的权利和家庭地位角度进行考虑,法律儒家化的过程是不能忽视的一个大前提。①

随着服叙制度在礼制方面的变化,亲属范围与唐朝相比在礼制规定方面有所扩大,也由此产生族人之间关于立嗣权的争讼。对于祖母和寡妻的立嗣权,虽然法律作出了明文规定,但是司法实践中仍需要官府对户绝立嗣权作出法理释明,以支持民间在父家长亡故后,妇女作为家长参与立嗣的权利,当然这种寡祖母或寡妻的立嗣权需要司法官结合案件事理和情理,参考公婆、小叔子、族人的意见后,从维护宗族和睦、家庭和谐的角度,在服叙制度法律儒家化过程的背景下进行综合权衡。

三、关于户绝继产案件争讼

涉及宋代户绝继产问题,学界的研究成果集中在女儿的继承权、家庭财产性质、财产继承与宗祧继承。② 但以案件类型化考察户绝继产争讼中司法官的理念、思维和法律方法的学术成果阙

---

① 参见杜正贞:《宋代以来寡妇立嗣权问题的再研究——基于法典、判牍和档案等史料的反思》,载《文史》2014 年第 2 期。
② 相关研究成果可参见:[日]滋贺秀三:《中国家族法原理》,张建国、李力译,商务印书馆 2013 年版,第 137~139 页;[美]伊沛霞著:《内闱:宋代的婚姻和妇女生活》,胡志宏译,江苏人民出版社 2004 年版,第 235 页;[日]仁井田陞:《中国法制史》,牟发松译,上海古籍出版社 2011 年版,第 170 页;何燕侠:《日本的南宋女性财产继承权之论》,载葛志毅主编:《中国古代社会与思想文化研究论集》(第三辑),黑龙江人民出版社 2008 年版;[美]白凯:《中国的妇女与财产:960~1949》,刘昶译,上海书店出版社 2007 年版,第 1~37 页。

如。因此,笔者将在户绝继产争讼案件类型中,对司法官在此类案件中的理念、法律方法等方面展开论述,希望能够补充此方面的缺漏。

(一)户绝继产争讼中"达人情"的审判理念

司法官在处理宋代家庭成员户绝继产案件中秉持人文性的"达人情"的审判理念,以实质思维将家事审判的优厚原则、"平心区处"审判态度、同理之心的司法能动理念融入案件审理中。司法审判理念的目的性在中国古代具有强烈的指导性。原因在于:(1)司法理念中的"平心区处"的治平天下是司法发挥作用的基本工具;(2)司法审判理念中的同理心也关切着百姓民生,因此整个司法制度的价值取向都是建构在国家的司法目的性和个案正义的基础上。宋代的朱熹认为,审理案件不能只是依据制定法的规定,还要参酌法条背后的理法。他提到"盖三纲五常,天理民彝之大节,而治道之本根也"①。如在尊亲属争讼案件"立继有据不为户绝"中,②司法官提出要酌情据法,参考案件情理,明辨是非。因为司法官认为察得户婚诉讼,情形各异,不一而足。假如司法官不能参酌人情依据法律,公平处理纠纷,"以平其事",那么不厌其烦的诉讼会愈加激烈,家财不破殆尽不会罢休。

审判理念是一种理性的认知形态,与现代司法理念不同,古代司法审判理念并不是单纯以法条至上为信仰,而是从理法结合的角度强调法律和道德在社会治理中的作用。官府在处理家事

---

① 曾枣庄、刘琳主编:《全宋文》第243册卷五四三二《朱熹五·戊申延和奏劄》,上海辞书出版社、安徽教育出版社2006年版,第83页。
② 参见中国社会科学院历史研究所宋辽金元史研究室点校:《名公书判清明集》卷七《户婚门·立继·"立继有据不为户绝"》,中华书局1987年版,第215页。

审判中，并不能依照"一刀切"的法律规定判决结案，而是本着优厚原则进行诉中调解。如在旁系亲属争讼案件"雄邦兄弟与阿甘互争财产"中，①司法官主张调解，虽然这不是按照法律的规定处理，"但官司从厚"，听从当事人抓阄来决定田产归属。如果出现法律上的争议，还是以法为据解决纠纷，"如有互争，却当照条施行"。司法官在审断家务事情时费时费力，如果不依照理法处理，重视道德和法律的作用，司法很难达到定分止争的效果。"酌情区处"的能动司法理念是弥补法律内在局限的一个有益尝试，情理是司法过程中不能忽略的，裁判结果的公正还需要接受人们的惯常行为标准来检验。②如司法官在处理宗族亲属户绝争诉案件"出继子破一家不可归宗"的判词中写道官府如果不为何氏善后考虑，"酌情区处"，那么斗焕与康功的纠纷不到耗光产业不会罢休。③从司法实践方面看，宋代司法官能够本着"达人情"的司法审判理念，将实质思维运用到家事户绝争诉个案中，保持法律与社会现实之间的亲和力，使得国家法律、政策与民众法律意识之间的差异逐渐缩小，在法律弹性限度允许范围内，灵活处理户绝争诉中具体的问题。

（二）户绝继产争讼中"诸理"的法律适用

传统中国司法是具有理性的，学界已有的研究从形式理性和

---

① 参见中国社会科学院历史研究所宋辽金元史研究室点校：《名公书判清明集》卷四《户婚门·争业上·"熊邦兄弟与阿甘互争财产"》，中华书局1987年版，第110页。

② 参见李辉：《司法能动主义和我国的能动司法》，载陈金钊、谢晖：《法律方法》（第11卷），山东人民出版社2009年版。

③ 参见中国社会科学院历史研究所宋辽金元史研究室点校：《名公书判清明集》卷七《户婚门·归宗·"出继子破一家不可归宗"》，中华书局1987年版，第225页。

实用理性进行讨论分析。① 宋代司法传统表现为理性思维的求真、价值关怀的向善。② 理性就是司法官在审案过程中,能够运用逻辑思维和法律方法进行推理的过程。中国传统的审判推"理"模式不同于西方的法律推理模式,③司法官重视说"理"在法律推理中的定位和功能,关键在于辨明法律解释中的法理、法律论证过程中的事理、法律推理中的情理等诸理。这也是儒家精神在家事审判领域法律化的升华,转变为评论法模式可描述为"义理决讼"。

宋代的义理之学与汉代的儒学治经、章句训诂之学不同,它摆脱了汉儒章句之学的束缚,从经的义理阐释出发,理解儒家经典的含义,以此达到通经的目的。南宋时期理学就是在义理之学的基础上发展起来的。司法官在执法实践中将情理即是否合情合理作为案件审理结果的衡量标准。表现为以法律解释阐明立法原意,在法律论证中说明事理,在法律推理中权衡情理,探究情理法在法律适用中的作用。如在"继绝子孙止得财产四分之一"案例中(又称"建昌县刘氏诉立嗣事"),④学界多集中对"女合得

---

① 相关研究参见[德]马克斯·韦伯:《中国的宗教:儒教与道教》,康乐、简惠美译,上海三联书店2020年版,第212~215页;[德]马克斯·韦伯:《法律社会学》,康乐、简惠美译,广西师范大学出版社2005年版,第216~229、231页;[美]黄宗智:《清代的法律、社会与文化:民法的表达与实践》,法律出版社2013年版,第179~191页;林端:《韦伯论中国传统法律:韦伯比较社会学的批判》,中国政法大学出版社2014年版,第7~18页。

② 参见陈景良:《跬步探微:中国法史考论》,法律出版社2022年版,"代序"第12页。

③ 参见李平:《唐代判书中的审判推"理"模式及其当代启示》,载《法律史评论》2023年第2期。

④ 参见中国社会科学院历史研究所宋辽金元史研究室点校:《名公书判清明集》卷八《户婚门·立继类·"继绝子孙止得财产四分之一"》,中华书局1987年版,第251页。

男之半"法展开讨论,有学者认为是司法官照顾孤幼而特地多分配给了女儿财产继承份额。有学者反对这个观点,他认为"女合得男之半"与聘财法虽同时并存,却适用于不同场所。这也反映了执法者将"诸子均分之法"应用在两个分属父辈和子辈的家庭中,在中国传统民法中的法律公平原则与身份等级原则的抉择之处,司法者是超越法律的裁判。① 笔者认为,学界讨论忽视了理法在案件中的法律适用,只有探讨"诸理"才能更为客观地了解此类案件。

1. 析理在法理解释中的适用

从法理角度分析昭穆相当的立法原意。"建昌县刘氏诉立嗣事"案件一审阶段:田通仕诉讼请求为:请求立自己儿子世德为世光的后嗣,目的是全部占据世光的家产。理由和事实是世光的两份遗嘱,并以此作为立嗣凭据。刘氏第一次递交答辩状反对立嗣之事,应该确认世光作为户绝,财产应由自己儿子珍郎承分。案件的争议焦点为官府是否支持田通仕的诉求将世德立为世光之子,以获取世光全部家产。一审司法官蔡提刑根据当事人陈述的事实,认定的案件事实为田县丞有两个儿子,一个叫世光(又称登仕),是抱养的儿子,入仕为官。一个叫珍珍,是田县丞与妾氏刘氏所生。蔡提刑认为田县丞只有两个儿子。田通仕系田县丞之弟,将自己儿子立为世光之子,是将弟弟立为儿子,从法理分析为昭穆不顺,不符合立嗣的法律原意。结合事理,从天理人伦和国

---

① 相关研究参见柳立言:《宋代分产法"在室女得男之半"新探》,载柳立言:《宋代的家庭和法律》,上海古籍出版社2008年版;邢铁:《南宋女儿继承权考察——〈建昌县刘氏诉立嗣事〉再解读》,载《中国史研究》2010年第1期;柳立言:《妾侍对上通仕:剖析南宋继承案〈建昌县刘氏诉立嗣事〉》,载《中国史研究》2012年第2期;马子政:《从〈建昌县刘氏诉立嗣事〉分析南宋遗产继承的法律适用》,载《法律适用》2020年第10期。

法评价田通仕和刘氏的行为是"通仕、刘氏皆缘不晓理法"。官府遂作出一审判决为:产业由刘氏作主,暂不立嗣。

2. 辨理在事理论证中的适用

从事理角度分析立嗣案件的客观事实、价值事实和规范事实。"建昌县刘氏诉立嗣事"案件二审阶段:田通仕不服上诉,要求立世德为世光的嗣子,承继其家产。刘氏继续答辩请求驳回田通仕的诉求,确认世光为户绝,由珍珍继承其家产。司法官刘后村经审理认为一审判决认定事实清楚,适用法律正确,维持原判,"当职初览刘氏状,所判亦然"。传统中国司法类型的基本特征是"实质主义",在司法官追求个案解决的妥当性中,兼顾"天理、国法、人情",达到一种"正义的衡平"。实际上从宋代司法实践看,司法官并没有忽视事实论证部分,只是在纷乱复杂的家事纠纷困局中,不是每一个"线头"都是能够提供解决纠纷的方案,可能在随意的扯动过程中都会加剧家事审判审理的困境。这也是二审阶段司法官试图以调解方式解决问题的固有思维,[1]未能考虑经济生活自身的复杂程度,纠纷的复杂性可能会随着每一次的审理加剧,法律关系的厘清也不意味着能够解决纠纷。如当事人双方为争夺登仕的财产都隐瞒了其与婢女秋菊育有儿女的客观事实,一审司法官在认定田县丞只有两个儿子田世光(已死)、珍珍中,适用户绝之家,夫亡妻在听凭妻子作主的立嗣原则并无不当。二审司法官也据此维持原判。

"建昌县刘氏诉立嗣事"案件三审阶段:司法官刘克庄发现一审、二审阶段当事人未能提出的客观事实,即刘氏隐瞒世光与婢女秋菊育有二女之事。这并不是案件的新事实,而是当事人出于

---

[1] 参见童晓宁、张永颖:《多元化纠纷解决机制改革实证研究——以"烂尾楼"纠纷处置为视角》,载《人民司法》2019年第10期。

私利和不懂理法未能主动提出的事实。刘克庄对此节事实评价"为囚牙讼师之所鼓扇,而不自知其为背理伤道"。从客观事实到官府认定的规范事实,需要证据支持。司法官从法理和事理的角度分析案件事实:(1)立嗣权的相关规定和程序认证。证据是田通仕所持的遗嘱,司法官认为立嗣的事理是以宗族意见为要,"世俗以弟为子,固亦有之,必须宗族无间言而后可",遗嘱真伪需要官府的认证且符合昭穆相当的立嗣原则。户绝的法理蕴意:根据法律规定:凡是户绝人家有生母共同生活的,财产应当由其做主决定。案件事理:"况刘氏者珍珍之生母也,秋菊者二女之生母也","立继者谓夫亡而妻在,其绝则其立也当从其妻",夫亡立嗣权由母亲做主,该案母子都健在,财产应当由母亲掌管,田通仕岂能以立子嗣为由而出面干涉呢?司法官参考宗族田氏尊长钤辖家书中的意见,让司理官以义理劝谕田通仕和刘氏"本宗既无别无可立之人,若将世光一分财产尽给二夫妇,世光遂不祀矣"。(2)户绝财产分配原按照越位继承制度,实行"诸子均分"财产分割原则,"县丞财产合从条检校一番,析为二分,所生母与所生子女各听为主"。(3)户绝财产份额法律规定:凡是户绝之家的财产,全部由未出嫁之女继承。法律还规定:凡是已经绝嗣的人家立继子孙,如果该户只有未出嫁之女,那么绝户之家的财产只能分给继嗣者四分之一。至此,裁判依据规范事实是田县丞育有二子田登仕和珍珍,命继子田世德。田登仕已亡,留有婢女秋菊生育的二女。裁判结果是:财产分为两份,珍珍继承一份,另外一份由田世光二女承分其家产中的3/4,命继子世德承分其家产的1/4。

3. 权理在情理推理中的适用

权衡立嗣案件的情理。立嗣案件中的财产分配份额不仅要照顾小家庭的生活需求,还要注重礼法制下大家庭的情理,强调小家庭之私与大家庭之公之间在财产支配权方面的均等,以保持"家门安静,骨肉无争",官府希望"民间和睦,风俗淳厚"。"建昌县刘氏诉立嗣事"案件四审阶段:刘氏不服三审判决,提起诉讼请求确立后嗣。事实和理由:提出在以往审判中未能提供的事实:刘氏与田县丞育有二女。司法官从法理、情理角度分析案件事实:该案的规范事实为田县丞育有二子二女,长子田登仕已亡,登仕生前与婢女秋菊育有二女,命继子田世德。田县丞与妾氏刘氏育有一子二女,儿子名为珍珍。财产分配原则:从法理分析若登仕在世,按照"女合得男之半"财产分割原则,田登仕、珍珍分得田县丞财产两份,刘氏二女分得县丞财产一份。现登仕已亡,按照"诸子均分"财产分割原则,田县丞的财产分为两份,一份由珍珍和其两个姐妹按照"女合得男之半"分割财产,另外一份由田登仕二女和命继子世德按照"命继子条"分割财产。从情理分析,刘氏感情上无法接受此分割方案,她认为田登仕二女分得的财产多于二姑。刘后村又比照田县丞二女所得财产份额,将秋菊二女多出的财产份额充作田登仕安葬费用,以从情理角度实现案件处理的"事体均一"。刘后村为防止刘氏再次起诉要求为二女增加所得财产,官府只分割田县丞的田产。县丞一生浮财、笼箧,既是由刘氏收掌,"若官司逐一根索检校,恐刘氏母子不肯赍出,两讼纷孥,必至破家而后已"。司法官在通过法理解释、对事理进行法律论证、对法律进行推理过程中的情理衡量,作出裁判结果:田县丞田产份额分作八份,让刘氏母子和秋菊、田通仕及其子世德到官府拈阄均分。若田通仕及其子世德不服从官府所判,即按照户绝财产尽归在室女的分配原则,由秋菊二女承分世光家产。

从宋代户绝继产争讼案件的法律推"理"中,可知司法官不仅是依据法理判决,而且是以情理为主调解。并非马克斯·韦伯所说的卡迪司法,也并非有些学者所认为的司法官没有按照法律处理,自由裁量权过大。司法官裁判案件不是机械司法,而是能动司法,同时要顺应民情风俗,注重解决案件的具体纠纷,而不是只关注抽象的法律条文和原则。[1] 从此案的实践中可得出女儿的继承权由少变多,也反映出命继子继承份额的减少。可见法条的规定与实践确实有差异,司法官会在具体案件中照顾女儿的财产继承份额,命继子相比亲女在血缘上有亲疏之别,女儿由于血缘关系取得父宗的财产权利,是维护父宗财产权利的表现,也是认可其作为父宗家庭成员的身份,加强其与父宗亲属血缘纽带上的一种关系,如此才能安抚民心。[2] 在法律儒家化过程中,国家政策虽然规定以家户为单位,注重家户传承,但民间更重视家庭血脉的承续,以此保护女儿的继承份额。

四、关于遗嘱继产案件争讼

关于宋代的遗嘱继产案件争讼,学界的研究集中于讨论传统中国遗嘱制度中体现的财产制度,考察遗嘱对于父家长的财产权利的制约、遗嘱继承财产和户绝情况下的立嗣是否一体、遗嘱继承立法的时代特色所反映的个人私有财产处置权的扩大、从遗嘱征税的性质上可将古代家产传承分为析产与继承两种不同的行

---

[1] 参见苏力:《法治及其本土资源》(第 4 版),中国政法大学出版社 2022 年版,第 138 页。

[2] 参见李节:《礼法视野下宋代妇女的家庭地位研究》,中国书籍出版社 2020 年版,第 289 页。

为等方面的问题,①但是通过遗嘱继产案件争讼的类型化分析,考察此类家事案件中蕴含的审判理念和法律方法还没有相应的学术成果,笔者希冀通过梳理案件类型,以此展现司法官在审理遗嘱继产案件的审判技艺。

(一) 遗嘱继产争讼中"理·法"的规范性审判理念

宋代遗嘱继产是建立在家庭财产共有制的基础上,家产的分割必然涉及分家析产和遗嘱问题。宋代商品经济制度的发展,私有制观念的兴起和私有化程度的加深,并未导致遗嘱继承范围的扩展。从立法上看,遗嘱继承被限制在"户绝"的条件下。国家政策和法令强调"户绝"条件下的遗嘱继承,旨在维护小家庭的稳定,随着大家庭析分为多个小家庭,父权家长的权威会被减弱,因此民间纠纷多有"父祖有虑子孙争讼者,常欲预为遗嘱之文"的现象。② 遗嘱体现的是家长的权威,父母在世且有子时以遗嘱分割家产的行为属于析产,无子时通过遗嘱分割家产涉及立嗣和析产,③无论在户绝还是非户绝条件下立法和司法均要求遗嘱继承的规范性,因此司法官在审判实践中秉持规范性的审判理念即

---

① 相关研究成果参见郭东旭:《宋代财产继承法初探》,载《河北大学学报》1986年第8期;邢铁:《宋代的财产遗嘱继承问题》,载《历史研究》1992年第6期;魏道明:《中国古代遗嘱继承制度质疑》,载《历史研究》2000年第6期;姜密:《中国古代非"户绝"条件下的遗嘱继承制度》,载《历史研究》2002年第2期;[日]滋贺秀三:《中国家族法原理》,张建国、李力译,商务印书馆2013年版,第138~144、220~229页;魏道明:《宋代遗嘱征税的性质——兼论析产与继承的区别》,载《安徽史学》2023年第1期。

② 参见夏家善主编:《袁氏世范》卷之上《睦亲·遗嘱之文宜预为》,贺恒祯、杨柳注释,天津古籍出版社2016年版,第61页。

③ 参见桑志祥、李云飞:《宋代遗嘱继承的规范化运作》,载《人民法院报》2022年6月10日,第7版。

"循天理"和"参法意",缓解国家法和家事习惯法之间的冲突。"循天理"具体表现为:一是"公平"的审判理念。财产继承实行诸子均分原则。"应分田宅及财物者,兄弟均分。"[1]中国古代的遗嘱继承既有户绝也有非户绝条件下的继承事例。根据中国古代的家庭或家族共财制度,家庭财产的分配按照公平、均等的原则进行。虽然宋代允许遗嘱在分配财产时可视情况多给、少给或不给部分家庭成员财产,但是这种遗嘱形式也有限制,往往与家庭成员是否尽孝、为家庭作出的贡献多少有关等。如在案例"父子俱亡立孙为后"中,司法官认为王怡母亲立王广汉为嗣的遗嘱真伪不符合法律规定的形式,"官司以其遗嘱未甚正当,方此尼而不行",应当依据公平理念为民众立嗣,"欲贴县,照条从公以广汉次子王椿为王怡后,除附给据"[2]。

二是"序人伦"的审判理念。人类社会的存在离不开伦常生活。孟子认为人之异于禽兽就在五伦,三代之学不过是五伦之教。"学则三代共之,皆所以明人伦也。"[3]宋明理学虽然从义理方面探赜索隐,但是究其本源来看,也是以人伦为教。王阳明曾说:"然其教之大端,则尧舜之相授受,所谓道心惟微,惟精惟一,允执厥中,而其节目,则舜之命契,所谓父子有亲、君臣有义、夫妇有别、长幼有序、朋友有信五者而已。"[4]"天理"被程朱引申扩展成"天理之性",代表了"仁、义、礼、智"所有元素的总和,也就是

---

[1] (唐)长孙无忌等:《唐律疏议注译》,袁文兴、袁超注译,甘肃人民出版社2016年版,第362页。

[2] 中国社会科学院历史研究所宋辽金元史研究室点校:《名公书判清明集》卷八《户婚门·立继类·"所立又亡再立亲房之子"》,中华书局1987年版,第264页。

[3] 方勇译注:《孟子·滕文公上》,中华书局2015年版,第91页。

[4] (明)周汝登:《周汝登集(上册)·圣学宗传》卷十三《国朝·王守仁》,张梦新、张卫中点校,浙江古籍出版社2015年版,第804页。

伦理道德规范纲常。家事审判具有强烈的情感色彩和人伦特点，要注重民本思想、和谐观念。宋代司法官在遗嘱继产案件中首先强调的是人伦。在"侄假立叔契昏赖田业"案例中，司法官认为"善听讼者"要深察当事人之间的伦理秩序，"观文虎之词，以叔父见呼性甫，以游宪见呼贾宣，岂伦法之不明耶"。[①] 家事审判虽然具有情感性，但是在认定遗嘱真伪中，司法官依旧据法调查，秉公裁断。

"参法意"的审判理念具体表现为遗嘱的订立形式和内容要符合法律规定。一是采用书面遗嘱。曾千钧在临终前亲书遗嘱，在有养子的情况下，分割部分家产给两个女儿，"垂没，亲书遗嘱，摽拨税钱八百文与二女"。[②] 二是订立程序经过官府和宗族的确认，"遗嘱，经官给据，班班可考，质之房长，并无异词"。[③] 三是户绝条件下"无承分人"，非户绝条件下继承人和被继承人的身份地位限制，如果被继承人为父祖尊长，那么继承人应该是被继承人五服亲属或同居之人。[④] 如在"鼓诱寡妇盗卖夫家业"案中，徐二通过书写遗嘱将家产分给女儿六五娘和妹妹百二娘，并且经过官府投税钤印，符合法律规定。[⑤]

---

① 中国社会科学院历史研究所宋辽金元史研究室点校：《名公书判清明集》卷五《户婚门·争业下·"侄假立叔契昏赖田业"》，中华书局1987年版，第146页。
② 中国社会科学院历史研究所宋辽金元史研究室点校：《名公书判清明集》卷七《户婚门·女受分·"遗嘱与亲生女"》，中华书局1987年版，第237页。
③ 中国社会科学院历史研究所宋辽金元史研究室点校：《名公书判清明集》卷七《户婚门·立继·"先立已定不当以孽子易之"》，中华书局1987年版，第206页。
④ 参见姜密：《中国古代非"户绝"条件下的遗嘱继承制度》，载《历史研究》2002年第2期。
⑤ 参见中国社会科学院历史研究所宋辽金元史研究室点校：《名公书判清明集》卷九《户婚门·违法交易·"鼓诱寡妇盗卖夫家业"》，中华书局1987年版，第304页。

从上述立法和司法中看宋代遗嘱继产的法令和实践,司法官并不是随意解释遗嘱的含义,而是在规范性的审判理念指导下,依据国家法律,参照民间惯行,最大限度给予遗嘱继产一定的法律效力。

(二)遗嘱继产争讼中"诸理"的法律适用

从古代罗马社会的遗嘱继承制度的发展历程看,在氏族组织衰落之后,城邦国家和父权制家庭取代了氏族的功能,财产所有权的形式表现是财产的家庭共有制,因为当时的个人财产所有制并未形成。可见家庭所有的财产私有制化时,遗嘱继承制度就出现了,并需要完全发展到个人所有的程度。[①] 日耳曼法中出现的遗嘱继承制度与"狭小型家庭"的形成也密切相关。中国古代秦汉以降,随着"分户令"的实施,中国传统社会的主体转变为以小家庭为单位,这时的遗嘱继承也开始由国家法和习惯法予以调整。遗嘱继产涉及当事人身份的认定和变动,加之家产的分割和继承,司法官在此类案件中以法律论证辨明事理为主,在认定遗嘱真伪的基础上,强调天理人伦在法律推理中平衡情理与法理的重大作用。

1. 析理在事理论证中的适用

事理在非户绝条件下对遗嘱真伪性的认定。司法官对于案件事实不清、规范欠缺或价值选择困难时,根据事实和行为的事理推导道德、习俗等规范,注意事实、价值、规范三要素在案件分

---

① 参见[法]安德烈·比尔基埃等主编:《家庭史》(第 1 卷下册),袁树仁等译,生活·读书·新知三联书店 1998 年版,第 489 页。

析过程中的作用和关系，以整体性思维进行审视。① 如在"侄假立叔契昏赖田业"案例中，②二审司法官指出一审司法官案件事实不清，法律适用错误，导致案件判决有误，致使当事人上诉。司法官认为所诉案情有似是而非的，诉辨理由有似弱而强的，要注重分析案情中的言辞真伪，"察词于事，始见情伪"。原告贾性甫提起的诉讼请求：要求官府确认贾性甫与贾文虎签订的典契、贾勉仲划拨田产给严氏的遗嘱无效。案件的争议焦点为：贾性甫所签的典契、书写的遗嘱是否具有法律效力。二审司法官认为该案一审未能查清案件事实，阐明事理。一是在户绝继产案件中要厘清当事人伦理秩序。客观事实为：贾性甫是贾勉仲的亲弟，过继给县尉。贾文虎是贾勉仲的庶子，过继给宁老。贾宣是游氏之子，被贾性甫抱养。价值事实为：过继的人属于继养之房，被抱养的人归从抚养之家。贾性甫与贾文虎为叔侄关系，贾文虎与贾宣为堂兄弟关系。从贾文虎的状词看却直接称乎贾性甫，以游宪称呼贾宣。绍定己丑年贾性甫将贾勉仲的小妾严氏收归，这是案件事实在时间上发生变化的重点。二审司法官特别指出"至于剖决之际，未免真伪混淆，是非易位，金厅盍申言之"。客观事实为宝庆乙丑年（1225年）贾性甫将田产出典给贾文虎。司法官评价此节事实（价值事实）：彼时贾文虎年幼，贾勉仲在世，田产并未到官府钤印、过户交割赋税、不收田租和掌管产业。暗指典契可能伪造。典契上写道：绍定六年四月初三钤印押字。司法官认为从订立契

---

① 参见潘德勇：《裁判要素的法律生成及相互转化》，中国政法大学出版社2021年版，第270页。
② 参见中国社会科学院历史研究所宋辽金元史研究室点校：《名公书判清明集》卷五《户婚门·争业下·"侄假立叔契昏赖田业"》，中华书局1987年版，第146~148页。

约宝庆元年到绍定六年,此契约在九年之间都不曾收租、过户纳税、掌管产业,不符合事物的常理。

二是遗嘱真伪认定。客观事实:贾文虎提供的贾勉仲划拨田产给严氏的遗嘱,与贾文虎承典贾性甫的典契字迹相同、印章相同、盖印的时间相同。价值事实:二审司法官认为既然严氏已经收归贾性甫,那么严氏的自随产业应该归属于贾性甫。贾勉仲的遗嘱就应该由严氏保管,而不是由出继子贾文虎掌管,田租的户头应该立在贾性甫名下,田租由贾性甫收取而不是贾文虎。综上,此案的规范事实就是贾文虎提供的典契、贾勉仲划拨给严氏的遗嘱均为伪造,一审司法官"奈何偏听",裁判结果为"贾文虎领过性甫苗利钱,令责限还性甫,取领状申",阐明事理就是为了全面了解案情的背景、真实情况以及因果关系,将其展示在裁判文书中,以此作为案件事实认定的客观性、公正性和准确性依据。①

2. 辨理在法律解释中的适用

情理法理事理在非户绝条件下可作为保护妇幼弱势群体在家庭中的合法权益的参照。如在案例"诸侄论索遗嘱钱"中,②侄子起诉要求叔母按遗嘱约定付给资助钱。该案争议焦点:柳璟生前书写遗嘱,内容为资助四个贫困侄子各十千缗,按年给予资助,该遗嘱是否具有法律效力。范西堂从情理上分析案件事实:柳璟去世的时候,他的儿子尚处于襁褓之中,他知道侄子们并不能担负起托孤的责任,而以利益加以劝诱,此情非得已,"执笔至此,夫岂得已"。司法官又援引张乖崖审理的遗嘱案件,对遗嘱中"女合

---

① 参见刘树德:《无理不成"书":裁判文书说理23讲》,中国检察出版社2020年版,第292页。

② 参见中国社会科学院历史研究所宋辽金元史研究室点校:《名公书判清明集》卷八《户婚门·遗嘱·"诸侄论索遗嘱钱"》,中华书局1987年版,第291页。

得半"的财产继承原则从法理上进行释明。昔日有老者临终前立下遗嘱,家产由女婿得 2/3,幼子得 1/3。张法官认为老者深意在于通过这种财产安排保护幼子平安,最终裁判结果将财产分配按遗嘱进行反省分配份额:儿子得 2/3,女婿得 1/3。从事理上再反观本案"诸侄不体厥叔之本意",柳璟的儿子随着岁月的增长而逐渐长大,柳璟的妻子处理事务也逐渐成熟。当初的门户之托,以利益相许,现在不履行诺言被责怪也无妨。从事物的常情常理角度看也是无大碍的。裁判结果为:应当效仿张乖崖的做法,原有契约勾销作废,从现在开始,各自按照分得的财产为业,"如有侵欺,当行惩断"。

3. 权理在情理推理中的适用

遗嘱争诉多在户绝条件下发生,情理与法理的衡平需要司法官在法律推理中以天理人伦作为法律正当性依据,权衡诸理的作用。如在案例"不可以一人而为两家之后别行选立"中,[1]立嗣的法律精神"存亡继绝"不但法律有明确的规定,而且作为同一宗族的兄弟子侄,都"当以天伦为念",不可以有一点私利之心掺杂其中。吴烈的诉讼请求为:确认祖母朱氏的遗嘱无效,未能为伯父季八确立嗣子。该案的争议焦点为:官府是否支持吴烈的诉讼请求。官府查明案件事实为季八为吴烈的伯父,已经去世,没有子嗣。朱氏为吴烈祖母,留有遗嘱摽拨产业作为殡葬之资。吴登云已经过房为季五子,又想过房与季八。司法官吴恕斋评价以上事实为吴烈以祖母遗嘱为影射,不肯为季八立嗣,实际是想谋夺季八的财产。吴登云想以一身跨有两位的家产,于法于理更加不

---

[1] 参见中国社会科学院历史研究所宋辽金元史研究室点校:《名公书判清明集》卷七《户婚门·立继·"不可以一人而为两家之后别行选立"》,中华书局 1987 年版,第 208 页。

符。根据事物的常情常理,再参考本案情理中的人情,司法官裁判结果:命宗族成员在季一秀、季七秀两位之间选择嗣子,除了朱氏遗嘱摽拨外的财产,余下的一份产业由该嗣子承继。

真德秀曾在《谕州县官僚》一文中明确指出:公家的事由官府处理,"是非有理,轻重有法"。不能因一己私利违背公理,也不能因顺从人情曲枉法律。公平的法律不仅是规范层面的内容,也要体现在司法实践中,查明案件事实是保证司法公正的前提。释明法理也是司法官职责所在。律文正条对命继有具体的规定,对此司法官惟有依法而行,而宗族亲属则要参酌人情"必情法两尽",使得在世之人和亡故之人各得其所。[①] 从情理角度,户绝继产案件的审理不仅要注重立嗣的血缘关系,而且也要将审判的重心放在家户的继承。司法官在案件中需要从法理、事理、情理进行解释论证,将儒家重视的宗法伦理、孝养之道等观念原则、服叙制度贯通到家事裁判之中。结合情理的经验法则、证据将相类似行为和事例涵摄到法律规定之中,在家庭权益、家族利益之间进行衡量后,作出合理合法合情的判决。

第三节　宋代继承案件成因

宋人受发达的土地交易商品经济的影响,私有观念较强,宗法意识较弱。

一是从社会的政治角度来看,随着隋唐时期贵族世家的没落,氏族门阀制度的消失与亡去,促进了宋朝的社会结构转变,各个不同经济地位的人们都能够成为国家统一管理的编户齐民。

[①] 参见中国社会科学院历史研究所宋辽金元史研究室点校:《名公书判清明集》卷八《户婚门·立继类·"命继与立继不同"》,中华书局1987年版,第265页。

例如，有常产的税户（主户）、非本土的住户（客户）、土地拥有者（地主）、无地佃客（佃户）、商业人士（商人）及手工业制造与生产者都被视为有资格行使其权益，包括他们在法律上享有的不动产和动产的所有权、用益物权、担保权利中的质权、债权中的担保权利、履行权利和抗辩权利、继承权利等。宋代维护私有权的民事法律法规较之前代更加完备。比如宋代户绝的出现与宋朝实行两税法相关。自唐开元末，土地兼并严重，均田制遭破坏，租用调制无法维持，唐德宗时期推行两税法。宋沿袭唐朝，继续实行两税法，从"人丁为本"到按财产多寡征税。因此，绝户之家的土地如何分配与征税就成为关系政府财政税收的问题。户绝之后，土地重新分配，继绝问题就不会成为困扰政府的难题，有利于租佃经济的发展、税收的延续性和稳定性。[①] 宋代法律规范化运行的表现之一就是确认遗腹子的继承权，监督和保护孤幼的财产权，以及验证遗嘱的有效性，这些都体现了宋代对私有权的保护。

二是在制度规则方面，为改变五代法制混乱的局面，宋代统治者崇尚规则，奉行法度。北宋名臣富弼指出：臣观察了历史上的帝王统治者管理国家的过程，没有哪一位不是把法律制度作为优先考虑的事情。只有建立起完善的法律系统，才能让"万事有经，而治道可必"。[②] 宋太祖曾问宰相赵普："天下何物最大"？赵普回答说"道理最大"。[③] "道理"代表了理性、法律道德规范及由

---

① 参见许毅、沈经农主编：《经济大辞典·财政卷》，上海辞书出版社1987年版，第602~603页。

② （宋）李焘：《续资治通鉴长编》卷一百四十三《仁宗庆历三年九月丙戌条》，上海师范大学古籍整理研究所、华东师范大学古籍整理研究所点校，中华书局2004年版，第3455页。

③ （宋）沈括：《梦溪笔谈·续笔谈》，施适校点，上海古籍出版社2015年版，第225页。

此形成的一系列制度安排。宋代继承原则重视"理法"规则,无论是立继还是命继,都必须是与被继承人昭穆相当的人。"昭穆既顺,且无显过,自无遣逐之理"。财产继承份额以理法为据,如在"已立昭穆相当人而同宗妄诉"中族人王思权置律令于不顾,只管劫取财产利益,欺负孤儿寡母,贪婪算计,官府定会追究惩治,"官司定与追究断治"。遗嘱通过立法予以规制,并写入判例作为司法官审案的指导性案例,这也是古代民事法律在宋代的一个重大变化。

三是在文化方面作为宋代儒学大家朱熹认为法律是"理"的体现。"法者,天下之理"。① "理"的目标是天下能够保持现存秩序的稳定,因此法律的功能在于通过德治教化、明法禁非的方式达到天下太平。因此法律适用方法一方面要"明谨用刑",另一方面也要注重"义理决讼"。② 宋代遗嘱继承制度的范围不限于户绝之家,儒家伦理逐渐庶民化,司法官在审理遗嘱案件中强调孝道理念,如果继子"生不能养,死又不肯葬",根据不孝的案件情节,官府将剥夺不孝嗣子的继承权身份,同时嘱咐家族族长另行立嗣。吕维祺在研究《孝经》时,引用宋代理学家二程的语录说道:"程子曰:'读书者,当平其心,易其气,阙其疑,则圣人之意可见',又曰:'易其心,自见义理,只是义理甚分明,如履平坦道路'",义理决讼也是中国古代法律儒家化的表现。

---

① 曾枣庄、刘琳主编:《全宋文》第 251 册卷五六四二《朱熹 二一五》,上海辞书出版社、安徽教育出版社 2006 年版,第 274 页。
② (明)邱浚:《大学衍义补》卷一〇六《详听断之法》,林冠群、周济夫校点,京华出版社 1999 年版,第 902 页。

第四节　宋代继承案件审判原则

关于宋代继承案件的审判特征,主要表现在司法官以礼法为据,运用"和合"整体思维,以义理阐释孝道、"昭穆相当"的立嗣原则,将"天理"作为法律的正当性依据,尊重民间立嗣意愿。司法官遵循"循天理""参法意""达人情"的审判理念,将优厚原则、同理之心融入户绝案件审理,以公平、人伦的审判理念用于辨别遗嘱法律效力,以实质思维权衡案件情理,在法律论证中平衡继承的情理与法理,通过"安老怀少"的恤民意识,体现家事司法官的人文关怀。

一、明人伦

宋代"祖宗家法"的提出,伴随对儒家经典文献及其解读的标准化与规范化进程,也推动了士人家族法规的书面化和吉凶礼仪标准化与规范化的需求,使得家法礼仪典范趋于一致性成为了历史演进的主流方向。

一方面,通过儒家的伦理道德化,我们看到了其成功地将国家的思想意识形态转变为社会及个人的伦理道德准则与规范,是国家礼制融入家族礼制的体现。[1] 在"家族文化"中就表现为重视家族成员之间的关系,尤其是以家庭的人伦关系为基础。清朝康熙九年,皇帝颁行"上谕十六条"中明确伦理规则的重要性。

---

[1] 参见张国刚:《汉唐"家法"观念的演变》,载牟发松主编:《社会与国家关系视野下的汉唐历史变迁——2004年国际学术讨论论文集》,华东师范大学出版社2006年版。

"敦孝弟以重人伦,笃宗族以昭雍睦。"①肯定宗族作为一种结构性社会组织在基层社会治理中的重要作用。

另一方面,宋代司法官重视家庭伦理和亲子关系,用儒家义理说明天理人伦,解释法律原则的正当性,如在案例"下殇无立继之理"中,②对于立嗣制度的原则限制有未婚之未成年男子夭亡不得立嗣。原因是为未成年者立嗣子与伦常不合,在民间不被民众所认可。立嗣关系中司法官以家户传承为重,重视家庭的延续,不会让它绝后,将儒家的"天理"内涵与"礼"内涵相结合,遵循"承天道以治人情"的理念,在判案中体现整体礼法"和合"思维和实质思维,合乎个案的风俗和人情,统一法理跟情理。

二、明事理

朱熹曾曰:"下学是事,上达是理。理在事中,事不在理外。一物之中,皆具一理,就那物中见得个理,便是上达。"③

一则说明理是具有规律意义的认识论,都是指事物变化中所表现的具有相对普遍性的联系。宋代司法官在审理遗嘱继产争诉案件时,当发现遗嘱有伪造嫌疑的时候,司法官通常是"先论其事理之是非,次考其遗嘱之真伪",把论理和辨伪结合起来,以明事理之义统一情理与法理,辨别遗嘱真伪性通过事理的作用而成

---

① (清)陈梦雷编:《古今图书集成·明伦汇编·交谊典》第三三三册卷二十七《乡里部·大清会典·上谕十六条通行晓谕八旗佐领并直隶各省督抚》,中华书局1934年影印本,第16页。
② 参见中国社会科学院历史研究所宋辽金元史研究室点校:《名公书判清明集》卷七《户婚门·立继·"下殇无立继之理"》,中华书局1987年版,第213页。
③ (宋)黎靖德编:《朱子语类》卷四十四《论语二十六·宪问篇·莫我知也夫章》,王星贤点校,中华书局1986年版,第1141页。

为合法合理裁判的关键。

二则在面对案件情形相互违背而又缺乏证据的情况下,就要依据事理作出判断,在判词中做到"揆之以理,衡之以情,未有不得其实者"。宋代司法官在判词的书写中注重务实之风,这些判词叙事清楚,文字准确凝练,尤其擅长对案情的释法说理。官府要求负责受理调查案件的县尉、巡检等人"顾事理之是非""察情辞之真伪"。后世司法官承继这种判词写作方法,达到"言语紧切,事理贯串"。

三、明均产

宋朝朱熹在《四书章句集注》中提出"均,谓各得其分",清代刘宝楠在《论语正义》中提出"均者,言班爵禄,制田里,皆均平也"。

一是根据家产共财制,诸子均分是宋代财产继承分配的首要原则。宋代大家庭实行"家长支配下的'共财'制度",理想中的大家庭是同爨共食,实行绝对平均主义。虽然立法限制大家庭的分家析产,但是随着赋役制度和经济的发展,小家庭模式发展迅速。宋代的司法官根据案件情理,在非户绝情形下,宗祧继承实行嫡长子继承制,财产继承实行诸子均分。

二是户绝条件下综合考量立法和司法实践,详细借鉴情理经验。司法官在"命继与立继不同"判词中写到律文正条对命继有具体规定,对此官府惟有依法而行,而宗族亲属则要参酌人情,做到人情与国法兼顾,使得生者与亡者各得其所。"然后存亡各得其所。"宋律对寡妻的继承权作了相关规定:在有儿子的情况下,寡妻妾"不得分"。也就是说,她们要为丈夫守节,"谓在夫家守志者"。但如果她们选择改嫁,那么她在夫家拥有的部曲、奴婢、田宅等由其他"皆应分人均分"。对于个案司法官要参酌案件情理中的人情："请本县委官从公均分"，女乃亲出，婿赘居多年"稽之条令，皆合均分"；范氏年老，仍"众存些小"以为范氏"送老之计"。

第四章　宋代家产案件审判

宋代的家产既有共财的特征,也有私财的属性。家产案件审判涉及家庭共财纠纷发生在直系亲属之间(父子、母子、兄弟姐妹)、旁系亲属之间(叔侄、堂兄弟)盗卖、侵占共有家产如田产、屋产、父母养老田等违法交易纠纷;族人之间关于族产如墓祭田、墓木的纠纷。家庭私财纠纷主要包括妇女的奁产纠纷、析分财产纠纷、亲邻权纠纷。司法官审理争讼案件以论理为首,遵循从厚原则。以"天理"的公正性作为法律的正当性依据,在裁判理由中以道理劝谕。官府在法律论证中注重说明事理,讲明情理。在尊长擅自盗卖或侵占家庭共财时,能够维护卑幼的合法权益。涉及父母子女共财纠纷时阐明孝道的法律原理,维护家庭和睦。宋代私财纠纷与别籍异财的民间习俗密不可分,司法官在维护家庭、宗族之谊,秉持规范性和人文性的审判理念,在法律推理中按照"依法·比附·疑谳"的权衡法律方法,在国家法与民间习惯之间作出平衡,体现了古代法律包容性的特点。兄弟争产、亲邻权和叔侄争产案件类型表现为法律儒家化的减弱,又由于宋代同居共财的法律维护和道德提倡、家户制度的设计,使得"从身份到契约"的社会运动论断并不能描述宋代社会的发展转型现象。

第一节 宋代家产概述

宋代处于唐宋变革时期,其中一个显著的变化是民事法律的发展。关于中国古代是否存在民法,中外学界曾对此有过长期争论。否定说一派认为中国古代无民法。如英国的梅因曾说,"中国古代只有刑法,没有民法",这个观点形成是以罗马法为参照对象,罗马法在法律文化的发展史中以发达的民法而著称。相较之下,中国古代法典的编纂并没有从法律上对调整对象作出严格区分,而是将民事法律和刑事法律混合在一起,以致形成中国古代存在刑法而不存在民法的认识偏差。日本的滋贺秀三在讨论中国传统法文化时也指出,在中国古代的法律文明的发展历史中,私法体系并没有在传统法律中发展出来。他主张中国的法律体系包含了两个部分,一个部分是指刑律,另一个部分则是官僚体制下官府管理机构的组织管理法和行为法、行政执行的实施准则和对违反行政规章制度行为的惩戒规则等构成。从古代民事案例中分析,滋贺秀三认为古代中国的国家律典、礼俗习惯在民事审判中都没有被作为规则引用,而是通过"情理"进行协调和平衡。但肯定说是学界的大部分学者持有的观点。中国民法的鉴别不仅是依据法典的编纂体例,而且也要看到中国古代存在的法律关系,以调整的民事对象为划分标准,通说观点有"形式民法"与"实质民法"。黄宗智认为,民事审判中的指导、参照源于国家律典中的原则。陈顾远提出,中国古代的礼制中存在民法。宋代以后,随着商品经济的发展和土地私有化、土地自由交易的兴起,宋代的民事法律已发展为实质意义上的民法,而不是形式意义上的民法。从宋代民事法律法规及立法情况、民事法律制度的特点、民事法律关系主体的变革、土地和田宅交易法规的分析、买卖契约制度的考察、从讼师、士大夫的角度考察宋代司法传统的转型及其意义等。①

综上,学界相关论述可以论证宋代民事法律的发展变化具有私法精神。人本主义则是私法精神的根本内核与最终指向。宋代司法官秉持的规范性和人文性的审判理念就是私法精神的体现,同时在家产审判案件中注重对田宅土地纠纷进行法律义理阐释、在法律论证中原情定罪,以"察情·依因·据理"的法律论证说明事理,在契约纠纷中以"依法·比附·疑谳"的法律推理方法解决典卖、倚当、抵当等契要不明的疑难案件。由于宋代的家族法和古代民法的伦理性,宋代的民事主体不是以个人为主,而是

---

① 相关研究参见[英]梅因:《古代法》,沈景一译,商务印书馆1959年版;赵晓耕:《试论宋代的有关民事法律规范》,载《法学研究》1986年第3期;莫家齐:《南宋田宅交易法规述略——〈名公书判清明集〉研究之一》,载《现代法学》1987年第4期;陈景良:《两宋法制历史地位新论》,载《史学月刊》1989年第3期;姜锡东:《宋代买卖契约初探》,载邓克铭、漆侠主编:《中日宋史研讨会中方论文选编》,河北大学出版社1991年版;刘春萍:《南宋田宅交易法初探》,载《求是学刊》1994年第6期;郭东旭:《宋代买卖契约制度的发展》,载《河北大学学报(哲学社会科学版)》1997年第3期;张晋藩:《中国法律的传统与近代转型》(第3版),法律出版社2009年版;吕志兴:《宋代法制特点研究》,四川大学出版社2001年版;俞江:《关于"古代中国有无民法"问题的再思考》,载《现代法学》2001年第6期;陈景良:《讼学、讼师与士大夫——宋代司法传统的转型及其意义》,载《河南省政法管理干部学院学报》2002年第1期;郭尚武:《论宋代民事立法的划时代贡献》,载《山西大学学报(哲学社会科学版)》2005年第3期;魏文超:《宋朝时代变迁与民事法律关系主体变革》,载《安徽农业大学学报(社会科学版)》2008年第5期;戴建国:《唐宋变革时期的法律与社会》,上海古籍出版社2010年版;赵晓耕:《身份与契约:中国传统民事法律形态》,中国人民大学出版社2012年版;[美]黄宗智:《清代的法律、社会与文化:民法的表达与实践》,法律出版社2013年版;陈顾远:《中国法制史概要》,商务印书馆2011年版;叶孝信主编:《中国民法史》(修订版),复旦大学出版社2021年版;陈景良:《跬步探微:中国法史考论》,法律出版社2022年版;[日]滋贺秀三:《中国法文化的考察——以诉讼的形态为素材》,载王亚新译,王亚新、梁治平、赵晶编:《明清时期的民事审判与民间契约》,法律出版社2022年版。

以家户为单位的血缘小家庭,此时由于税制从人丁赋役到土地赋役的转变,"户"也从家庭户转为形式户。国家通过收宗敬族制度需要与宗族联合,达到对百姓的控制和对基层的治理,户也逐渐被宗族所控制成为"宗族户"。中国古代传统民法以家庭、家族、宗族为本位,这种古代民事法律的中国特色在西汉以后随着儒家"复古"化取得国家的认可和重视,这种制度的存在一定程度上阻碍了民事法律的近世化发展历程。① 本节将从宋代民法发展变化考察家产争讼的历史背景。

一、"家产争讼"风尚

宋代家产交易频繁,具有共财的特征和私财的性质,别籍异财正是家产私财的诱发因素之一。别籍异财是在中国古代社会家长制度下,子孙要与尊长同居共财,没有独立的财产支配权。滋贺秀三曾说过家是以亲族关系结合成的集合体,这种集合体源自同族、同类的男性血脉。② 从儒家伦理的提倡和法律的规定,古代家庭成员之间应该是同居共财的家庭模式。《礼记·曲礼上第一》中记载:"父母存,不许友以死,不有私财。"古代传统财产继承与今天民法标的为遗产继承性质不同。家产通过两种方式继承:一是父祖生前分割,即为家产分析;二是在父祖亡殁的场合下遗产的继承。别籍异财实际就是家产的分析。国家提倡同居共财模式,历代法律都重视处理别籍异财的行为。《唐律疏议·户婚》中规定:凡是祖父母、父母尚在,子孙分居另住、自蓄财产的,子孙

---

① 参见张文江:《秦汉家、户法律研究——以家户法律构造为视角》,人民日报出版社2016年版,第237~242页。

② 参见[日]滋贺秀三:《中国家族法原理》,张建国、李力译,商务印书馆2013年版,第61~65页。

处徒刑三年。注文称"别籍、异财不相须"的含义是或籍别财同，或户同财异者，各徒三年。同时还规定父母丧中别籍、异财行为处罚与此条相同。① 唐律在《名例律》中将别籍异财明确规定为"十恶"中的"不孝"行为方式之一，"及祖父母父母在，别籍、异财"。② 《宋刑统》与唐律的规定相同。古代官府从制度和法规方面维系同居共财的大家庭，但是根据赋税制度的发展变化，民间通过大家庭析产分户来减轻田租、力役的负担。

（一）北宋时期"家产争讼"风尚

国家政策法律的颁布与民间习惯存在差异，从别籍异财的地理分布考察，在今天的四川、湖北一带的川峡地区，就存在别籍异财的习惯。宋太祖开宝元年（968年）发布诏令："荆、蜀民祖父母、父母在者，子孙不得别籍异居。"开宝二年（969年）八月法律规定："诏川峡诸州察民有父母在而别籍异财者，论死。"③ 随后在宋太宗太平兴国八年（983年）十一月国家出台法律解除"川峡民祖父母父母在别籍异财弃市律"。④ 北宋广南一带就存在析产生分的民间习惯"伪刘时凡民祖父母、父母在，子孙始娶便析产异爨"，西川、山南诸道也存在别籍异财现象。北宋初年，宋太祖发布诏令：凡是百姓祖父母尚在者，子孙分居另住，自畜财产的，诏

---

① 参见（唐）长孙无忌等：《唐律疏议注译》，袁文兴、袁超注译，甘肃人民出版社2016年版，第353页。

② （唐）长孙无忌等：《唐律疏议注译》，袁文兴、袁超注译，甘肃人民出版社2016年版，第20页。

③ （元）脱脱等撰：《二十四史全译·宋史》卷2《本纪第二　太祖　赵匡胤（二）》，许嘉璐、安平秋、倪其心编译，汉语大词典出版社2004年版，第23、26页。

④ （元）脱脱等撰：《二十四史全译·宋史》卷4《本纪第四　太宗　赵光义（一）》，许嘉璐、安平秋、倪其心编译，汉语大词典出版社2004年版，第58页。

令发布之日请所在辖区的官府长吏明确告知他们,不允许再沿袭过去的习惯做法,"如违者并准律处分"。① 宋仁宗天圣七年(1029年)通判贵州王告向朝廷上奏表示:在刘姓政权统治时期,如果祖父母、父母尚在,一旦他们的子孙结婚,就会被要求分家析产。结果是一些家庭变得富有,拥有千金家产,但同时也有很多贫困家庭无法维持生计,"而贫者或不能自给"。等到朝廷平定岭南,此处百姓才知道法律规定不能别籍异财,但是还是有很多关于别籍异财案件无法息诉,请朝廷用法条规制此类行为。仁宗对此颁布诏令:诏告广南民众,自今日起凡是祖父母、父母在世,子孙分居另住、自畜财产的,按照现行法律法规处罚;如果已经分开居住的则不予追究,"已分居者勿论"。② 宋徽宗大观三年(1109年)福建路风俗残忍薄恶,析产的地方陋习依旧存在,当家庭成员计算家庭财产时,父母生存养老,男女子孙共同商议,并以私相分割为优先考虑,"私相分割为主"。再与父母平均分配,"与父母均之"。为防止家庭成员增多导致家产分析,出现杀婴溺婴现象,建州地区这种现象最为严重,"既分之后,继生嗣续,不及襁褓,一切杀溺",俚语之"薅子虑有更分家产",朝廷发文批示说这种现象"有害风教,当行禁止"。③

国家虽然允许部分地区如川峡地区别籍异财习惯存在,但是对于作为家庭成员的赘婿依旧为官方和民间所轻视,不能作为法定继承人分得家产。宋太宗雍熙四年(987年),郭载进言:"川峡

---

① 司义祖整理:《宋大诏令集》,中华书局1962年版,第730页。
② (宋)李焘:《续资治通鉴长编》卷一百八《仁宗天圣七年五月己巳条》,上海师范大学古籍整理研究所、华东师范大学古籍整理研究所点校,中华书局2004年版,第2512~2513页。
③ 刘琳等点校:《宋会要辑稿》第14册《刑法二之四九》,上海古籍出版社2014年版,第8310页。

富人俗多赘婿,死则与其子均分其财,故贫者多。"皇帝下诏令禁止这一习俗。南宋时期《名公书判清明集》中记载根据法律规定,赘婿能够给妻子家的财物营运,增添财产,到户绝情形时候,可以分给赘婿家产的三分。① 从立法到司法,分家析产之风盛行,就连士大夫官僚阶层也成为家产争讼的主体之一。司法实践中,官府注重规范化和人文化的审判理念,弱化民事主体的身份等级性质,家产争讼依据首要为理法。宋真宗时期,宰相薛居正养子左领军卫大将军薛惟吉"御家无法,及其死,家人争财致讼,妻子辨对于公庭云",②薛惟吉的妻子柴氏无子早寡,与薛惟吉的两个儿子薛安上、薛安民不和。柴氏"尽畜其祖父金帛,计直三万缗",还有书籍,欲改适张齐贤。由于家产分配不均,薛惟吉的儿子薛安上就到开封府起诉。此案又牵涉两大宰相张齐贤和向敏中因柴氏奁产而发生求娶风波,宋真宗亲自审理此案,在案件事实上注重事理的讲明,案情的查明,同时参酌情理。最后案件结果以张齐贤因罪降为太常卿、分司西京,张齐贤之子张宗诲贬为海州别驾。③ 向敏中被罢免为户部侍郎,出任永兴军知军。④ 柴氏用荫赎铜八斤。薛安上因为违法出售祖宅,被处笞刑,并要求以所得

---

① 参见中国社会科学院历史研究所宋辽金元史研究室点校:《名公书判清明集》卷七《户婚门·立继·"立继有据不为户绝"》,中华书局1987年版,第216页。

② (元)脱脱等撰:《二十四史全译·宋史》卷264《列传第二十三 薛惟吉》,许嘉璐、安平秋、倪其心编译,汉语大词典出版社2004年版,第6046页。

③ 参见(元)脱脱等撰:《二十四史全译·宋史》卷265《列传第二十四 张齐贤》,许嘉璐、安平秋、倪其心编译,汉语大词典出版社2004年版,第6084~6085页。

④ 参见(元)脱脱等撰:《二十四史全译·宋史》卷282《列传第四十一 向敏中》,许嘉璐、安平秋、倪其心编译,汉语大词典出版社2004年版,第6428页。

瘗藏金贝赎还祖宅。①

虽然国家政策禁止析产分居,但是民间为了逃避赋役,普通民众多为家产案件的当事人,民事法律关系主体范围进一步扩大。宋神宗时期实行熙宁元丰变法,普通百姓为服役苦不堪言。宋哲宗在元丰八年(1085年)即位,该年十一月,王岩叟向朝廷进言:保甲实行多年,朝廷应该了解民心所共同患苦的。百姓为了逃避服役,赶走养子、赶出入赘的女婿,将他们的母亲改嫁、兄弟通过分家以求得豁免当保丁服役。② 宋哲宗元祐八年(1093年)为了应对民间别籍异财时弊,遂制定诱母改嫁分异法,就是惩罚民间百姓不顾礼法将高堂老母改嫁以异籍而设:如果有子孙故意引诱母亲或者祖母改嫁来实现分家析产和减少赋税减免等,按照子孙别籍异财的法律处罚规则,在此基础上再提高二等加重处罚等级。并且作为首要分子会被发配到本州,同时鼓励其他人举报此事并给予奖励,"许人告,给赏"。③ 北宋时期法律对于祖父母、父母令子孙分居另住以及妄自将子孙过继他人做后的,祖父母、父母当处徒刑二年,而子孙不予追究。④ 在北宋别籍异财案例中,

---

① 参见(宋)李焘:《续资治通鉴长编》卷五十三《真宗咸平五年十月癸未条》,上海师范大学古籍整理研究所、华东师范大学古籍整理研究所点校,中华书局2004年版,第1157页。

② 参见(元)脱脱等撰:《二十四史全译·宋史》卷192《志第一百四十五　兵(六)　乡兵(三)》,许嘉璐、安平秋、倪其心编译,汉语大词典出版社2004年版,第3949~3950页。

③ (宋)李焘:《续资治通鉴长编》卷四百八十一《哲宗元祐八年二月己酉条》,上海师范大学古籍整理研究所、华东师范大学古籍整理研究所点校,中华书局2004年版,第11436页。

④ 参见(宋)窦仪等详定:《宋刑统校证》,岳纯之校证,北京大学出版社2015年版,第165页。

宋哲宗元祐三年（1088年）有一起重大宗之亲别籍异财案即章惇案。① 谏议大夫梁焘、左司谏刘安世上奏弹劾章惇，章惇虽然强行用低价强占民众的财产是犯罪行为，但是犯罪量刑与处罚并不相称，中央官府对案件事实进行了深入调查了解后，只判了罚款10公斤铜，"罚不当罪"。案件情况为：根据臣下官员的调查，章惇利用他儿子承事郎援的身份购买了朱迎等人拥有的田地和产业。而就在"下状之日，惇父尚在"，根据法律明确指出：祖父母、父母尚在，子孙没有自行其是的权利，"子孙无自专之道"。如果子孙分居另住，自畜财产，那么他们对待祖父母、父母的感情则是不孝，名和义皆沦丧，"情、节于兹并弃"，根据礼典规则，实在是罪恶难以饶恕。② 谏言官认为应当按照十恶罪中的不孝进行处罚。从事理上看此判决颠错且有失刑法之虞。案件的客观事实是章惇在元祐三年（1088年）二月十四日，借用儿子承事郎援的名义购买朱迎抵当的田地和产业，到五月十六日因丁忧去职。价值事实则是在案件起诉之日，章惇父尚且在世，"推考事实，别籍甚明"，同时该节事实也是裁判依据的规范事实，按照律条定刑，应当违反十恶的法律规定，所以量刑情节上"议请减赎一切不用"也不能适用赦免条款。从裁判理由上进行义理解释，章惇作为政府高级官员，被民众给予厚望，但是章惇本人顾个人利益而不顾惜亲情道义，是"绝灭义理"，国家只给他判处罚金，这无疑"是乱典宪"。于是谏言官质疑承办司法官是适用法律不当，建议哲宗重新审

---

① 参见（宋）李焘：《续资治通鉴长编》卷四三二《哲宗元祐四年八月己未条》，上海师范大学古籍整理研究所、华东师范大学古籍整理研究所点校，中华书局2004年版，第10426~10428页。

② 参见（宋）窦仪等详定：《宋刑统校证》，岳纯之校证，北京大学出版社2015年版，第12页。

查此案。当然此案的背景也要考察当时的政治环境,章惇身为新党王安石派系下的重要成员,又握有朝廷大权,自是谏言官们强力抨击的对象,最终章惇被降官处分,"诏章惇候服阙与宫观差遣"。

从上述司法实践中可见北宋时期官府审理家产争讼案件首先分析诸理,讲明事理,法律论证中区分事实、价值与规范,秉持规范化和人文化的审判理念。这也是宋代社会私法精神在法制实践中的体现。

(二)南宋时期"家产争讼"风尚

南宋宁宗时期,大臣葛邲提出端正风俗,体恤民力,明确法令。他上奏言:"今日之事莫先于修身、齐家、结人心、定规模。"① 南宋政府重视家事纠纷,要求通过整顿家庭、团结人心并制定方略加强地方治理。官府对于别籍异财地方习惯通过立法作出规范化的制定,以此回应民间父母生父意愿合法化,但必须要以官府的照据为证。宋光宗绍熙三年(1192年)则进一步细化法律规定:凡是祖父母、父母愿意分拨财产并有凭证的,应当准许,不得违背尊长意愿而发生争议,"以起争端"。② 南宋时期的李心传曾说:"缘人户析居异财,绢绵有零至一寸一钱者,亦收一尺一两。米有零至一勺一秒者,亦收一升之类",因为"自大宋有天下,垂两百年,民之析户者至多,而合零就整之数若此类者,不可胜计",③

---

① (元)脱脱等撰:《二十四史全译·宋史》卷385《列传第一百四十四 葛邲》,许嘉璐、安平秋、倪其心编译,汉语大词典出版社2004年版,第8470页。
② 中国社会科学院历史研究所宋辽金元史研究室点校:《名公书判清明集》卷十《人伦门·兄弟·"兄弟之讼"》,中华书局1987年版,第372页。
③ (宋)李心传撰:《建炎以来系年要录 四》卷八十八《绍兴五年四月辛未条》,胡坤点校,中华书局2013年版,第1707页。

袁采也曾在家训中提倡兄弟同居,此为世之美事。但是当有一人早亡,诸父与子侄之间爱有疏远,众心未必都能够齐心。因此袁采也提倡从实际出发:根据家庭实际情况考虑,兄弟之间应当尽早确定分家析产问题。尽管因此兄弟之间会分开另住,自畜财产,但这并不影响他们的孝义的亲情与道义,"亦不害为孝义"。①真德秀在潭州任太守以三事劝谕民众,围绕"理"字展开争产案件的说理。首先,是教民以孝悌为本。面对父母子女之恩为争财而淡薄的现象:今天社会上存在父母双亲尚在、子孙分居另住、自畜财产、双亲年老而子孙供养有阙,双亲疾病而子孙不尽力救治,双亲去世而子孙没有及时安葬,而"不思此身从何而有"。真德秀深表感叹地说道,父母之恩无穷回报。真德秀认为古人将兄弟之间的天伦人情之义比作手足,意思是关系密切,"言其本同一体也",兄弟不应该为争财之类的锥刀小利而长期兴讼,"不恤幼卑或陵尊同气之亲",太守应该用"义理训民""以理开晓"。其次,真德秀强调宗族之恩百世不绝,服属虽远,但是同祖宗血脉相通。邻里乡党应该相互扶持救助,这是情义所关亦为甚重。太守从情理的角度分析同宗族之恩义。最后,官民谊同一家,官不以非法扰民。百姓亦不当非理扰官。②

南宋司法实践中司法官对于子孙不孝养父母而擅自别居的,从严惩处,并命令子孙同居共爨,维护家庭和睦。这种类型案件涉及亲属相犯问题,与家庭成员争产又不同。亲属相犯案件在今天民事案件类型中属于家庭暴力或者虐待遗弃老人,而在古代儒

---

① 夏家善主编:《袁氏世范》卷之上《睦亲·兄弟贵相爱》,贺恒祯、杨柳注释,天津古籍出版社2016年版,第31页。

② 参见(宋)真德秀:《景印文渊阁四库全书·集部一一三·别集类》第1174册《西山文集卷四十·潭州谕俗文》,台北,商务印书馆1983年影印本,第620页。

法背景下,亲属相犯案件具有较强的伦理性色彩,是维护家长制权威的家庭模式结构。如在案例"妇以恶名加其舅以图免罪"中,①胡石壁对蒋八提起的儿子媳妇不孝诉求,极为愤怒。媳妇阿张答辩称公公蒋八对她有不正当翁媳行为,以此才和蒋九搬离家,另外居住。司法官面对家庭隐私,尤其涉及翁媳不正当关系之事,他直接援引儒家经典阐述孝道义理"然妇之于舅姑,犹子之事父母,孝子扬父母之美,不扬父母之恶",即使案件事实真存在"蒋八果有河上之要。阿张拒之则可,彰彰然以告之于人,则非为尊长讳之义矣",司法官认为从礼的规定看"子甚宜其妻,父母不悦,则出之"。此案以"然后理阿张决十五,押下,射充军妻""蒋九,杖六十"结案,可见胡石壁作为理学一派对乱伦诉讼案件的审理以理法为依据,判决离婚,但是在无法讲明事理情况下,过度关注情理中的人伦情感亦是判决不合理之处。

宋代的家产纠纷中的别籍异财,实际是民众为了避免服税役之举,国家的政策仍以同居共财的大家庭模式为准。宋孝宗隆兴年间,隆兴府进贤县知县程迥受理一起儿子私自变卖家中共产田地的案件。程迥以理法为据,对此案件进行剖析。南宋的士大夫理想的家庭模式仍旧是同居共爨。按照律条上的规定:分财产,指的是祖父母、父母三年之丧期满以前的财产。如果母亲尚在,子孙不能自畜私产,"子孙不得有私财"。程迥指出即使母亲将财产用尽,他的子孙也不能有违教令。按照尊长起诉卑幼擅用家产的情况,既然已经将财产归于他的母亲,那么他以前的耗费,都是卑幼私自任意使用家中财物,"乃卑幼辄用尊长物"。针对这种案

---

① 参见中国社会科学院历史研究所宋辽金元史研究室点校:《名公书判清明集》卷十《人伦门·乱伦·"妇以恶名加其舅以图免罪"》,中华书局1987年版,第387~388页。

件的诉讼时效为法令规定应当五年之后长辈状告才能受理,如此才符合尊长起诉卑幼法理。本案案情事理不符合常理之处在于他的侄子上告有关部门十八年使七十岁的母亲鱼氏进了监狱。廷辨按法追正,让儿子等到母亲死后,服丧三年期满时,再把田产收归己有,"理为己分,令天下郡县视此为法"。程迥认为不符合理法,他援引儒家典故,比附进行法律论证。《春秋谷梁传》注文中说:臣子没有诉讼君主的道理,这是为卫侯郑与元咺而发论。诸侯命令大夫都是这样,子孙对母亲竟然使她入狱而面对狱吏,这事让爱自己父母的人听说之后,"不觉泣涕之横集也"。本案为何要预先设想母亲死去,重开他日争讼之端。家事审判的目的在于教化子孙重孝道,赡养母亲。案件审判结果应该是在讼辞上报之初,县令将他杖打送还,让他回家听命于他的母亲就行了,为何要拖延让他遍诉及主管部门,最后到登闻院呢?"而达于登闻院乎?"①

然而南宋时期百姓求异籍而避役之现象并未纾解,国家需要考虑重新调整政策和修订法律。宋高宗绍兴七年(1137年)二月十九日,常州知州郑作肃对差役之法中单丁人数提出调整,"切谓许差单丁不必限以人数,望命有司详议"。法律修改的社会原因就是民间百姓为免除徭役,想尽各种办法躲避赋役,"比年以来,欲免徭役者,巧伪滋生"。有父母在世别籍异财或者生子不养,"或亲在析居,或子生而不举,惟恐其丁之多也"。② 宋孝宗时期

---

① (元)脱脱等撰:《二十四史全译·宋史》卷437《列传第一百九十六 儒林(七) 程迥》,许嘉璐、安平秋、倪其心编译,汉语大词典出版社2004年版,第9494页。

② 刘琳等点校:《宋会要辑稿》第13册《食货六五之八三》,上海古籍出版社2014年版,第7846页。

李椿身居吏部侍郎之位,提出修改法律允许家庭成员别籍异财,以良法平息社会中的家产争讼。李椿认为,当前法律对于祖父母、父母在世时或去世后丧服期未满,子孙别籍异财的处罚过重,不符合社会现实情况。因为百姓畏惧法律,平日都是遵纪守法,地方风俗较为淳厚。自从国家建都在南方后,就有提出立法修改者,请求国家允许别籍异财的现象存在。同居共财的家庭模式规划再好,百姓户绝立嗣意图也是在于得到产业而没有继绝之义,父母在世,子孙财产状况有贫富等差或者遗养父母而另外分家居住。又或者父母生前分析家产未按照均分原则,以此导致家产争讼"纷纷皆是""亲疏争立,或寅夜葬埋,强行举挂。或计嘱亲邻,掩有资财,论诉尤多"。再有"收养异姓,既违法令,遣弃任情。悉因财产",以至兄弟叔侄之间没有恩义之情,诸如此类家产争讼之类的纠纷不决。李椿认为,只有制定良法才能达到社会善治,"臣愚愿圣慈详酌,下有司检讨前后改法之因,应别籍异财。及无子孙身后立继,及养异姓子孙及身后恩泽。悉循旧法以绝争端,以正风俗天下幸甚"。[①]

综上,宋代面对家产争讼,从北宋初年的别籍异财禁令,承袭唐律,到北宋中后期乃至南宋,各位君主在执政期间为了应对地方习俗,加强社会治理,不断修正法律或出台相关国家政策以应对民间社会发展变化。尤其在南宋时期父母在世时子孙分析家产、别籍异财是取得父母的同意之后才能进行的,地方习俗既合乎情理又不违反法条律令。南宋的司法官员在审理家产争讼案件时,也会参照修订后的法律规定。宋光宗绍熙三年(1192年)三月九日,户部颁布条例:凡是祖父母、父母愿意分拨财产并有凭

[①] (明)黄淮、杨士奇编:《历代名臣奏议》(第2册)卷一百十七《风俗》,上海古籍出版社1989年版,第1546页。

证的,应当准许,不得违背尊长意愿而发生争议,"以起争端"。元代开始,在法令上对于宋禁止别籍的规定有所修改,虽然后来的法律允许父母在,不异居的禁令,但是在家庭成员同居之下,对于各种分家的模式实践中可以弹性进行。洪丽珠认为,元代政府先出台允许父母在可令子孙别籍异财的法律规定,是出于增加户数的需要。但又因为国家需要考虑家庭伦理和社会稳定的秩序,[①]所以延佑六年国家又出台禁令,除了蒙古人和色目人遵从本民族的习惯条例外,其他人都必须遵守以下规则:凡是居父母丧期,葬事还没有完毕,兄弟之间不能分开另住,自蓄财产,"虽已葬讫,服制未终而分异者,并行禁止。如蒙准呈,遍行照会相应。具呈照详"。[②] 由此两宋时期家产争讼与汉唐相比较的民法时代特色,可从民法的精神、原则进行探究。

二、"家产争讼"的私权化特色

两宋时期民事主体财产的私有产权化在"家产争讼"的案件类型中具有独特的时代特色。

(一)民事主体私有财产权利受到保护

宋代时期,在同居共财的大家庭中,根据赋税制度的规定,政府是以"户"为单位而不是以"个人"为单位作为征收税役的对象,因此子女需要将个人财产所得交给家长支配。但是妇女的奁产并非大家庭的共有财产,妇女的私有财产权利受到法律的保

[①] 参见洪丽珠:《谈元代分产案中的"分家"问题》,载中国元史研究会编:《元史论丛》(第十四辑),天津古籍出版社2014年版,第280页。
[②] 陈高华、张帆、刘晓、党宝海点校:《元典章 二》户部卷之五《典章十九·父母未葬不得分财析居》,天津古籍出版社、中华书局2011年版,第691页。

护。《宋刑统》承袭唐《户令》的规定：依法分田地住宅及财物的，兄弟应当均平分配。妻家所得的财物，不在应分的范围。[1] 到北宋中期的时候，法律对子孙"自置财产权"即私有财产权做了进一步扩大的规定。宋仁宗景祐四年（1037年）春正月乙未日发布诏令：在祖父母、父母服丧期满后，子孙无论与家长同居还是异居，只要不是祖父母的财产或者在为官期间自己营运置到的产业，如俸禄，都不在大家庭共产析分的范围内。[2] 唐令于开元七年（719年）和开元二十五年（737年）颁布：原则上令文规定兄弟均分祖辈的田宅和财务。但是法律又作了特殊规定：在父祖辈去世后，兄弟们各自分别居住，而且又不同爨的情况下，时间历时三年以上；或者有逃亡的兄弟历时六年以上。若彼时没有父祖辈的旧田宅、邸店、碾硙还有部曲、奴婢等家产，兄弟不能要求析分，法律也不会支持此类诉讼请求。该条户令的规定事实上是对子孙自置的私有财产权利保护的萌芽。[3] 宋代法律缩小了"共财"的范围，从民法的实质权利保护精神看，是对子孙个人能力和私有财产权利的承认、保护。通过此条法律规定也能够减少家产争讼的纠纷。南宋时期宰相赵鼎为自己的爱女三十六娘生前划拨租米，作为三十六娘的个人奁妆。《家训笔录》在第二十七项中记载：赵鼎于晚年育有一女名为三十六娘，"吾所钟爱"。赵鼎在生前立下遗嘱：在绍兴府租课内，拨出租米二百担，充作三十六娘的妆田。而

---

[1] 参见（宋）窦仪等详定：《宋刑统校证》，岳纯之校证，北京大学出版社2015年版，第169页。

[2] 参见（宋）李焘：《续资治通鉴长编》卷一百二十《仁宗景祐四年正月乙未条》，上海师范大学古籍整理研究所、华东师范大学古籍整理研究所点校，中华书局2004年版，第2820页。

[3] 参见[日]仁井田陞：《唐令拾遗》，栗劲、霍存福、王占通、郭延德编译，长春出版社1989年版，第155页。

且嘱咐家人要"经县投状,改立户名"。①

宋代不仅对于在室女的财产私有权进行立法保护,还对寡妻妾、赘婿的财产私有权作了法律规定。法律开始注重父母、子女、家庭成员之间的互相供养,并非一律按照传统"礼"意义上的血缘继承,而是根据回馈的原则,相应提高上述主体的私有财产权利。如赘婿在家庭中能够充当家庭经济生活的承担者,还能够代表家长履行该户的公法上的义务,充任差役如保甲,法律规定可以享有财产继承份额权,"见为保甲者,侯分居日",比照亲属的继承份额减半给予。② 南宋绍兴年间知州赵不倚向朝廷进言要求修改《丧葬令》中的遗嘱处分原则,③他认为虽然现行法律规定明确了户绝继承、立嗣收养、遗嘱所得财产各种情况下的处理方式,但是在实际操作过程中仍旧存在一些问题,"间或偏于一端",导致纠纷的发生。这也是为了保护法定继承人的继承权,避免赘婿全部继承家产而亲子、嗣子却被剥夺法定继承权。例如,某甲男的妻子只生育一位女儿,没有儿子,甲妻去世后,甲男再婚娶了一位后妻,他们共同抚养甲男的女儿长大成人,并为其招入赘婿,后来甲男病危,因为没有儿子,所以通过遗嘱将家产留给入赘婿,"遂将应有财产遗嘱与赘婿"。该案中甲亡故后,甲妻又立甲的侄子为立继子,至此甲的赘婿手执遗嘱与甲的嗣子因家产争讼。官府的审判意见分为两种"或有断令所养子承全财产者,或有断令赘婿

---

① 柳立言:《从赵鼎〈家训笔录〉看南宋浙东的一个士大夫家族》,载柳立言:《宋代的家庭和法律》,上海古籍出版社 2008 年版。

② 参见(宋)李焘:《续资治通鉴长编》卷三三二《神宗元丰六年正月乙巳条》,上海师范大学古籍整理研究所、华东师范大学古籍整理研究所点校,中华书局 2004 年版,第 8009 页。

③ 参见刘琳等点校:《宋会要辑稿》第 12 册《食货六一之六五》,上海古籍出版社 2014 年版,第 7472~7473 页。

依遗嘱管系财产者"。该案属于疑难案件,按照法律方法中的"依法·比附·疑谳",需要移推至高级官员集议讨论,"民有不得其平,而求于州县,州县不能平之,则于台、于省",①给事中黄祖舜等提议"法所不载,均分给"。这也体现了法律的修正使得赘婿成为法定继承人之一。② 司法官吴恕斋审理的"探阄立嗣"中查明蔡氏不愿为亡子立嗣,理由在于赘婿就能够作为养老送终的依靠,"只欲依二孙婿以养老身,不愿为相、梓立后"。③ 赘婿通过经营妻家的财产获得经营收益的,"诸赘婿以妻家财物营运,增置财产",在户绝的情况下,可以按照家产比例 3/10 获得财产份额,"至户绝日,给赘婿三分"。④

宋代的妾在一般情况下无遗产继承权,但是法律适用中会在一定程度上保护妾的财产继承权。司法官根据理法规则,书面证据如遗嘱,承认寡妾若能在夫亡后在家守志,可以生母身份继承亡夫遗产。宋朝杜杲任六安县知县时,百姓有宠爱妾的,留有遗嘱让妾与两个儿子均分家产。儿子认为妾没有分家产的道理。杜杲比附援引《左传》:"'子从父令',律曰'违父教令',是父之言为令也,父令子违,不可以训。"从事理上看父亲的话就是命令。不过妾需要"守志则可,或去或中,当归二子"。⑤

---

① (宋)陈耆卿:《景印文渊阁四库全书·集部一一七·别集类》第 1178 册《筼窗集卷四·奏请罪健讼疏》,台北,商务印书馆 1983 年影印本,第 35 页。

② 参见刘琳等点校:《宋会要辑稿》第 12 册《食货六一之六五》,上海古籍出版社 2014 年版,第 7472~7473 页。

③ 中国社会科学院历史研究所宋辽金元史研究室点校:《名公书判清明集》卷七《户婚门·立继·"探阄立嗣"》,中华书局 1987 年版,第 205 页。

④ 中国社会科学院历史研究所宋辽金元史研究室点校:《名公书判清明集》卷七《户婚门·立继·"立继有据不为户绝"》,中华书局 1987 年版,第 215 页。

⑤ (元)脱脱等撰:《二十四史全译·宋史》卷 412《列传第一百七十一 杜杲》,许嘉璐、安平秋、倪其心编译,汉语大词典出版社 2004 年版,第 8978 页。

(二)别籍异财私有财产权利得到加强

守丧制度是中国古代法律儒家化的体现,也可以说是道德法律化的表现形式。随着宋代商品经济高度发展,法律儒家化在守丧制度的别籍异财中有弱化的表现,这为古代共产制家庭中个人私有财产权利的发展提供了空间。唐律规定:凡居父母丧未满二十七月,兄弟分户或分财产,各处徒刑一年。①《宋刑统》承袭唐律,在疏议中称:"居父母丧期间",已经在《名例》的"免所居官"一章中解释过了,指在二十七月内妊娠生子的,以及兄弟分居另住、自畜财产,"兄弟别籍、异财"各处徒刑一年。分居另住与自畜财产不必齐备。在丧服内生子,如未发案,能够自首的,也免其处罚。② 然而处于户等、职役的社会压力下,面对民间分家的习俗,官府也要调整国家政策和修改相关的法律法规。宋真宗天禧三年(1019年)七月根据福州路民众的子孙因别籍异财而导致的争产诉讼,"诏福建州军伪命已前部民子孙别籍异财,今祖父母已亡,诣官诉均分不平者",以实际"见佃"为主,"不限有无契要,并以见佃为主,官司勿为受理。寻诏江南诸州军亦如之"。③ 针对民间的别籍异财争讼,身为御史中丞的马亮在天禧三年(1019年)

---

① 参见(唐)长孙无忌等:《唐律疏议注译》,袁文兴、袁超注译,甘肃人民出版社2016年版,第353页。
② 参见(宋)窦仪等详定:《宋刑统校证》,岳纯之校证,北京大学出版社2015年版,第165~166页。
③ (宋)李焘:《续资治通鉴长编》卷九十四《真宗天禧三年七月丁卯条》,上海师范大学古籍整理研究所、华东师范大学古籍整理研究所点校,中华书局2004年版,第2160页。

十月提议:民间百姓在祖父母未安葬之前,不得分家析产,①"士民父祖未葬而析居,请自今未葬者,毋得辄析"。②

宋仁宗时期,对于部分地区存在家长在世,民众析居者的现象,国家通过增收税赋对小家庭析产分居进行限制。贝州奏言称:对于分家析产的民户,按照法律条例规定通常会增加税收,被称为罚款征收税,只有家长要求分家析产的情况下不收税。然而在本州有清河、清阳、历亭三县情况有所不同,民户需要缴纳丝线 5 分、食盐 5 升、钱币 50,武城县则需额外支付钱币 50,漳南县还需要再交蜀黍 8 升作为额外的费用,但其他州地区没有这样的规定,请求取消这一不合理的地方政策,"请除之。诏可"。③ 朝廷在平定岭南后,该地区民众并不知道北宋法律规定祖父母、父母在不得别籍异财。仁宗天圣七年(1029 年)五月发布诏令,对于新法颁布之前就存在的别籍异财现象不论律处罚,即法不溯及既往,"诏广南民自今祖父母、父母在而别籍异财者论如律,已分居者勿论"。④ 南宋绍熙年间,国家出台法令尊重民间祖父母、父母在世的意愿,即自愿摽拨家产,且经过官府认证发给照据,"愿为

---

① 参见(宋)李焘:《续资治通鉴长编》卷九十四《真宗天禧三年十月辛亥条》,上海师范大学古籍整理研究所、华东师范大学古籍整理研究所点校,中华书局 2004 年版,第 2169 页。

② (元)脱脱等撰:《二十四史全译·宋史》卷 298《列传第五十七 马亮》,许嘉璐、安平秋、倪其心编译,汉语大词典出版社 2004 年版,第 6759 页。

③ (宋)李焘:《续资治通鉴长编》卷一百七《仁宗天圣七年四月己酉条》,上海师范大学古籍整理研究所、华东师范大学古籍整理研究所点校,中华书局 2004 年版,第 2507 页。

④ (宋)李焘:《续资治通鉴长编》卷一百八《仁宗天圣七年五月己巳条》,上海师范大学古籍整理研究所、华东师范大学古籍整理研究所点校,中华书局 2004 年版,第 2512~2513 页。

摽拨而有照据者",法律承认别籍异财的合法性,"合与行使"。①从法律颁布的历程看,别籍异财是对儒家法律语境下的同居共财模式的突破,这也是法律儒家化在家事领域家产争讼案件类型中弱化的体现,从唐宋律的兄弟分户析产,处徒刑一年到明律中的"杖八十"、清律中的"或奉遗命,不在此律"。宋元明清在法律上对别籍异财的处罚逐渐减轻,放松管制。②

(三)私有财产规范性和人文性权利给予保障

马克思认为,财产最初表现出一种关系,即在这种关系中,人类将其生产的自然条件视为自己的,和自己自身存在一起产生的先决条件,他认为财产表现为人在社会经济生活中对物的享有的一种占有关系,这种占有关系具有排他性。从民事法律关系调整的范围解释土地私有制,需要从规范个人与社会的角度入手,是在一定的时期和一个国家或地区所管辖的土地范围内,对土地的占有、利用及相关的资源和利益分配,涉及土地所有权人的财产权利和责任界定的一套规则或者制度安排。③当然古代民法与现代民法中的私有财产权语境是不同的,这并不影响分析宋朝土地私有化现象。宋朝土地制度不同于唐代及以前的朝代是国家授田制,土地私有化程度较高,特点为"田制不立"。④ 宋代的土地

---

① 中国社会科学院历史研究所宋辽金元史研究室点校:《名公书判清明集》卷十《人伦门·兄弟·"兄弟之讼"》,中华书局1987年版,第371页。
② 参见丁凌华:《五服制度与传统法律》,商务印书馆2013年版,第281页。
③ 参见秦中春:《新土地经济学:以现代国家和土地公有制为背景》,中国发展出版社2022年版,第222~223页。
④ (元)脱脱等撰:《二十四史全译·宋史》卷173《志第一百二十六 食货(上一) 农田之制》,许嘉璐、安平秋、倪其心编译,汉语大词典出版社2004年版,第3444页。

所有制私有化表现为地主和自耕农对土地享有的权利,"自汉至唐,犹有授田之制,则其君犹有以属民也;犹有受役之法,则其民犹有以事君也"。自古至今,田地的授田分配制度已经消亡。民众通过私下交易来获取田地,而官府则负责管理契约交易并收取交易税费。同时法律规定民众不得违法侵占田地,被认定为户绝之家的财产没收归官府;将田地出售给民众的行为,称为官府自行出卖田地,其交易价格比民众私下交易价格还高,"或反贵之"。① 这种高度私有化的土地所有制促使国家在民事法律规范中制定了完备发达的物权立法,以此规范土地交易行为。北宋时期袁采指出国家在物权立法中对土地占有、使用、收益出现的新情况制定或者修订相关的法律法规,"官中条令,惟交易一事最为详备,盖欲以杜争端也"。②

宋代民事法规通过对土地交易的规范化规定保护交易的自由和公平。民法精神体现的是私人社会的公序性,这种公序性需要国家通过民事法律规制立法,建立一种制度上的规范性,才能够保障个人的私有财产权利。③ 首先是规范私人不动产所有权的取得方式,如垦田、买卖、继承、受赐等。宋太祖时期发布诏令:"所在长吏谕民,有能广植桑枣,垦劈荒田者,止输旧租。"④宋太宗时期为鼓励百姓积极开垦田地,发布诏令:"所垦田即为永业,

---

① (宋)叶适:《叶适集·水心别集》卷之二《进卷·民事上》,刘公纯、王孝鱼、李哲夫点校,中华书局1961年版,第652页。
② 夏家善主编:《袁氏世范》卷之下《治家·田产宜早印契割产》,贺恒祯、杨柳注释,天津古籍出版社2016年版,第167~168页。
③ 参见王利民:《论民法精神的行为性与生态性》,载《法治现代化研究》2019年第2期。
④ (元)脱脱等撰:《二十四史全译·宋史》卷173《志第一百二十六 食货(上一) 农田之制》,许嘉璐、安平秋、倪其心编译,汉语大词典出版社2004年版,第3439页。

官不取其租"。① 南宋时期韩世忠向朝廷进言:沿长江荒田虽多,大半是有主的,难以仿效陕西的先例,请求招募百姓租佃,都督府奏如世忠议,但是另外减免三年租税,并且规定"满五年,田主无自陈者,给佃者为永业"。②

其次规范土地交易程序。一是先问亲邻。古代中国是以农业为主的国家,建立在家族伦理基础之上的,因此宋代的土地私有制度与资本主义制度下的土地私有制度又不同,在家族、宗族共同体为前提下,亲邻权才能够行使有限购买权、收回田土的赎回权、田土财产权利的确认权。③《宋刑统》规定:凡是典当出卖倚当产业,先问房亲是否受让,房亲不要,再问四邻是否受让,四邻不要,产业出让人才能与他人交易。

法律还明确规定了如何正确行使亲邻权:亲邻受让人出价高低不等的,可就高价进行交易,"亦任就得价高处交易"。④ 宋太宗雍熙三年(986年)二月,国家根据左拾遗张素的奏请,针对民众贸卖物业者,不得割留舍屋及空地,称为自置,卖与他人。国家通过参详认为此类交易产权不明晰,争讼较大,于是发布诏令:"即仰全典卖之例,据全业所至之邻,皆须一一遍问。候四邻不

---

① (元)脱脱等撰:《二十四史全译·宋史》卷173《志第一百二十六 食货(上一) 农田之制》,许嘉璐、安平秋、倪其心编译,汉语大词典出版社2004年版,第3440页。

② (元)脱脱等撰:《二十四史全译·宋史》卷176《志第一百二十九 食货(上四) 屯田》,许嘉璐、安平秋、倪其心编译,汉语大词典出版社2004年版,第3536页。

③ 参见李锡厚:《宋代私有田宅的亲邻权利》,载《中国社会科学院研究生院学报》1999年第1期。

④ (宋)窦仪等详定:《宋刑统校证》,岳纯之校证,北京大学出版社2015年版,第175~176页。

要,方得与外人交易。"①由此可见,亲邻权的优先条件是血缘和地缘两者皆具备才能行使,血缘就是亲属关系,地缘就是族属关系,同一族内的亲邻权根据血缘关系的亲疏而递减。南宋时期范西堂从法理角度分析了"亲邻权"的立法原意:"父祖田业,子孙分析,人受其一,势不能全,若有典卖,他姓得之,或水利之相关,或界至之互见,不无扞格。"②范西堂指出坟地涉及亲属与邻里两者,都应当征询先赎权。适用亲邻法的目的在于保护田产完整,适用坟地的规定,其目的在于尊敬祖宗。如今放弃坟地先赎权,是重视轻者而轻视重者,所以该案当事人背离法理。南宋时期亲邻范围相较前代有所缩小,《庆元重修田令》与嘉定十三年(1220年)刑部颁降条册中,法律作出详细规定。③ 法律含义为所谓的应问亲邻者,只是问本宗服纪亲中有无相邻者。从法理角度分析需要有亲有邻且在三年内提起亲邻优先购买权方可收赎。④

二是订立契约。契约体现的是交易行为诚信,民事法律关系与刑事审判不同,具有理的属性和证据的客观性,是一种理性的法律关系。"恐人无信,故立私契,两共和可,画指为记",⑤如《唐开元二十一年(733年)西州康思礼卖马契》,契约是维持交易双

---

① 刘琳等点校:《宋会要辑稿》第12册《食货六一之五六》,上海古籍出版社2014年版,第7463页。
② 中国社会科学院历史研究所宋辽金元史研究室点校:《名公书判清明集》卷四《户婚门·争业上·"漕司送下互争田产"》,中华书局1987年版,第120页。
③ 参见中国社会科学院历史研究所宋辽金元史研究室点校:《名公书判清明集》卷九《户婚门·取赎·"亲邻之法"》,中华书局1987年版,第308页。
④ 参见中国社会科学院历史研究所宋辽金元史研究室点校:《名公书判清明集》卷九《户婚门·取赎·"有亲有邻在三年内者方可执赎"》,中华书局1987年版,第309页。
⑤ 张传玺主编:《中国历代契约会编考释》(上),北京大学出版社1995年版,第207~208页。

方的一种信用形式,能够减少纠纷。《周礼·地官司徒·司市》中记载:"以质剂结信而止讼",不动产所有权交易的干照就是契约,"民讼各据道理,交易各凭干照"。① 宋太祖开宝二年(969年)发布诏令:"令民典卖田宅输钱印契,税契限两月",②司法实践中土地纠纷案件中契书是查明土地产权的重要根据,"凡人论诉田业,只凭契照为之定夺"。司法官在法律论证中参考情理因素,查明案件的真实性,契书就成为关键证据所在。案件被告杨迪功通过让自己仆人在案涉争议土地中伪造坟碑,欲作为祖坟的证据。司法官在判词中对该节事实从情理角度质疑"又无支书具载,土内有石,何缘而知之?"③民事契约的有效性需要具备三个条件:(1)合格的民事主体。古代的民事主体与现代不同,家长才有资格进行交易,必须家长和买主"当面署押契贴"。卑幼不能"蒙昧"尊长,擅自典卖、质举、倚当家产,或者通过伪造尊长姓名进行违法交易。法律对卑幼和牙保要进行处罚,同时交易款项和交易标的需要返还原主。④(2)尊重交易主体的自愿性,不得强制交易。土地交易的自由化也体现了农民对地主的人身依附性减弱,这是宋朝民事法律中向现代私产转变的一个体现。宋仁宗在天圣五年(1027年)发布诏令:从今天开始属于客户的民户迁徙(起移),不需要再征得主人的许可凭由,"须每田收田毕日,商量去

---

① 中国社会科学院历史研究所宋辽金元史研究室点校:《名公书判清明集》卷四《户婚门·争业上·"吴肃吴镕吴桧互争田产"》,中华书局1987年版,第111页。
② (宋)马端临:《文献通考》第一册《卷十九·征榷考六》,上海师范大学古籍研究所、华东师范大学古籍研究所点校,中华书局2011年版,第545页。
③ 中国社会科学院历史研究所宋辽金元史研究室点校:《名公书判清明集》卷九《户婚门·取赎·"伪作坟墓取赎"》,中华书局1987年版,第318页。
④ 参见(宋)窦仪等详定:《宋刑统校证》,岳纯之校证,北京大学出版社2015年版,第175页。

住,各取稳便"。官府发现如果主人非理拦占田地,官府支持客户诉讼,以理断争产案件,"如是主人非理拦占,许经县论详"。①
(3)不得违反法律规定、公序良俗。官府通过政令的形式发布榜文对私人之间的借贷行为进行劝谕:债权人要有仁义之心,不能订立过高利息,同时还要规定合理的还款期限,"放债人户,切须饶润取债之人,轻立利息,宽约日限,即不得计套贫民虚装价钱"。对于交易中涉及的标的如"质当田产"或者动产如"强牵牛畜""硬夺衣物"等,债务人也不能抵赖不承认,防止日后还需要债权人的接济,"全籍债主缓急接济"。②

三是纳税投印、过割离业。一方面,通过官府制定统一的契书,使契约形式趋于统一和规范,这有利于形成统一规范的市场交易秩序,为防止伪契和减少纠纷,促进商品经济的繁荣。北宋时期,宋徽宗在政和元年(1111年)发布法律,规定:凡是以田宅契投税的,需要勘验原来的产业收税和租赁情况,有无免役钱要"勘验元业税租、免役钱",随后再进行过割离业,"纽定应割税租分数,令均平取推,收状入案",同时要及时在当日"于簿内对注开收"。③ 南宋隆兴时期,针对富家大室典卖田宅,不能及时纳税,以致政府为其办理产权过户手续时,稽察无凭据。国家出台法令:"应民间交易,并令先次过割而后税契,如不先经过割,即不许人户投税。"④

---

① 刘琳等点校:《宋会要辑稿》第10册《食货一之二四》,上海古籍出版社2014年版,第5954页。
② (宋)李元弼:《作邑自箴·卷六·劝谕民庶榜》,载官箴书集成编纂委员会编:《官箴书集成》(第1册),黄山书社1997年版,第85页。
③ 刘琳等点校:《宋会要辑稿》第13册《食货六一之六二》,上海古籍出版社2014年版,第7469页。
④ 刘琳等点校:《宋会要辑稿》第12册《食货六一之六七》,上海古籍出版社2014年版,第7474页。

另一方面,宋代民事法规通过保护交易中的弱势群体的合法权益,体现了民法的人文关怀、理性审判思维、理念和方法。民法的人文关怀体现在国家治理重视民事活动,注重民事纠纷的处理。从意识形态上看,国家从皇帝到士大夫阶层皆注重民事活动。宋神宗曾经发布诏令:"政事之先,理财为急"。[1] 国家为发展金融商事,鼓励大臣积极建言献策。熙宁年间皇帝继续发布诏令,"内外臣僚有知财用利害者,详其事状闻奏",方式就是"其诸色人亦许具事理于制置三司条例司陈状","在外者随属州军投状,缴申条例司",[2]士大夫的义利观也随之改变,从重义轻利到义利并重。北宋李觏说:"利可言乎? 曰:人非利不生,曷为不可言?"如果要说,"欲者人之情,曷为不可言",[3]南宋时期浙东学派永嘉叶适的"功利之学"提出:"夫四民交致其用,而后治化兴,抑末厚本,非正论也"。[4] 永康陈亮的"事功之学"认为:"功到成处,便是有德;事到济处,便是有理。"[5]

在义利并重思想的熏陶下,民事法律规范也相应地作出调整变化。如《户绝条贯》《遗嘱财产条法》《户婚律》《户绝田敕》等。《宋刑统》相较《唐律疏议》增加了新的民事条款,如《户婚律》中增设"户绝资产"门、"死商钱物"门、"典卖指当论竞物业"门、"婚

---

[1] (元)脱脱等撰:《二十四史全译·宋史》卷186《志第一百三十九 食货(下八)均输 互市舶法》,许嘉璐、安平秋、倪其心编译,汉语大词典出版社2004年版,第3788页。

[2] 司义祖编:《宋大诏令集》,中华书局1962年版,第668页。

[3] 曾枣庄、刘琳主编:《全宋文》第42册卷九一三《李觏 二二》,上海辞书出版社、安徽教育出版社2006年版,第293页。

[4] (宋)叶适:《景印文渊阁四库全书·子部一五五·杂家类》第849册《习学记言卷一九·史记·平准书》,台北,商务印书馆1983年影印本,第494~495页。

[5] (宋)陈傅良:《景印文渊阁四库全书·集部八九·别集类》第1150册《止斋集卷三十六·答陈同父三》,台北,商务印书馆1983年影印本,第781~782页。

田入务"门。司法实践在南宋理学与浙东学术法律哲学视野中,援理是南宋理学的侧重点,他们强调儒家经义是国家律令的价值源头,为宋代家事审判的"义理决讼"提供了理论基础。而守法则是浙东学术的侧重点,他们强调独立性才是国家律令应有的地位,为法律适用方法提供了权衡的参考。吕祖谦为此对理与法的关系作出调和以上南宋理学和浙东学术的观点,他认为从法的地位看,律、令、格、式为立法的明文规定,"自本朝别律而出之曰《刑统》",属于法的效力渊源,但也不能忽视法律中的情理因素,属于法的认知渊源,"今之法,便是人情物理所在",①从这个层面上看吕祖谦认同了理学中的"理'本之于礼义'的观点"。从《名公书判清明集》中可见南宋司法官在这些学术氛围中形成的"情理法"的法观念,从理中循法的理性审判思维、理念和方法。在家事案件审理中,裁判依据为理法,裁判理由中注重事理,区分事实、价值、规范的法律论证,形成"依法·比附·疑谳"的法律推理方法。②

宋代家事审判的司法活动十分关注民众的合法权益,体恤弱势群体,彰显了独特的"司法人文关怀",强调义理的法律解释,讲明事理,权衡情理。一方面,法律不禁止卑幼告尊长。如北宋端拱元年(988年)"安崇绪诉母"案。安崇绪提起的诉讼请求为要求继母冯氏返还田产。事实及理由为继母冯氏在与父亲安知逸已经离婚的情况下,在父亲去世后强行霸占田产给予自己的亲生之子。案件争议焦点为:安崇绪控告母亲,是否按照法律规定的

---

① 王小康:《"法"中求"理":南宋士大夫的法律哲学与裁判方法》,中南财经政法大学 2021 年博士学位论文,第 54~58 页。
② 参见邓克铭:《宋代理概念之开展》,台北,文津出版社 1993 年版,第 217~254 页。

不孝罪判处死刑。该案一审大理寺依法定断安崇绪控告母亲,判处死刑。宋太宗认为此案不合情理,将此作为疑难案件交台省有关官吏会同讨论,经过参知政事李昉的重新审理而改判。司法官认为天下疑案,经复审而不能判决的,则发交内外两制与大臣及太谏官会同评议,依据案情的大小,没有常法可依,而有关部门建议予以讨论驳正的,也是常有的事。这就涉及宋代司法官适用法律的审判技巧,与汉代的"令主守文""大臣释滞""人主权断"的方法不同,宋代不仅追求法律的义理阐释,还注重事理的讲明,情理的权衡。右仆射李昉等提出审理意见:崇绪的生母阿蒲虽不是安知逸的正妻,但从服属上看是以五母地位待遇而论,是崇绪的亲生母亲,崇绪正是因为田业被继母冯氏强占,致生母衣食得不到供给,才起诉。若被判死罪,不仅绝灭后代,而且生母无人赡养。建议:田产全归崇绪,冯氏与阿蒲合居,由崇绪侍养终身,案件体现的孝道义理就是为子有父业可守,冯氏有人赡养。崇绪控告继母的罪过可依据赦令宽大处理。① 另一方面,官府禁止违法交易行为,秉持"官为理"的诉讼原则。② 对出举之契约的订立,官府采取"任依私契,官不为理",但是规定借贷的利息:"每月取利不得过六分,积日虽多,不得过一倍"。③ "官为理"的情形包括:交易中的违法积利、在契约外掣夺的行为等,"负债不告官司,

---

① 参见(元)脱脱等撰:《二十四史全译·宋史》卷210《志第一百五十四 刑法(三)》,许嘉璐、安平秋、倪其心编译,汉语大词典出版社2004年版,第4133页。

② 参见霍存福:《论中国古代契约与国家法的关系——以唐代法律与借贷契约的关系为中心》,载《当代法学》2005年第1期。

③ (宋)窦仪等详定:《宋刑统校证》,岳纯之校证,北京大学出版社2015年版,第350页。

而强牵财物,过本契者,坐赃论"。① 当双方在契约履行过程中违背了如借贷契约法律规定的强制性要求时,官府才会介入。这也是为民自由交易提供一个官府公权力不予干涉的底线,保障市场交易的灵活度,促进经济的发展。

综上,通过对比不同朝代的史料分析,宋代在民事活动方面从立法到司法,对民事主体的私有财产权利进行规范化的制定,以民本思想为基础的人文关怀,使宋代家事审判理念、思维和方法具有不同于前代的实质民法特征属性,②如实质、衡平思维,③"义理决讼"的法律解释方法、权衡的法律推理方法。这也使法律儒家化在家产争讼案件中的功能减弱,但受制于传统中国的家户制度的存在,民法中的个体权利受限于家族伦理,使"身份到契约"的论断并不适用于古代中国的法律发展特征。

第二节　宋代家产案件审判实践

宋代家产争讼的研究离不开对家庭财产归属情况的讨论。中田薰提出家长对于家庭中的共财并没有绝对的处分权。滋贺秀三并不赞同中田薰的观点,他认为家庭中的共财为父亲所拥有,父亲对于家庭共财的处分权在相当大的范围内是绝对自由

---

① (宋)窦仪等详定:《宋刑统校证》,岳纯之校证,北京大学出版社2015年版,第350页。

② 参见顾元:《衡平司法与中国传统法律秩序——兼与英国衡平法相比较》,中国政法大学出版社2006年版,第275~287页。

③ 参见江必新:《良善司法的制度逻辑与理性构建》,中国法制出版社2014年版,第18~20页。

的。① 仁井田陞提出家产共有者是包括子弟的。唐宋律中的所谓"同居共财""同居共爨"指的是父子祖孙之间的家产共有,只是在家产共有亲属的范围内无论是唐代法还是宋代法都明确把"妾"排除在外。② 柳立言从"财源"的角度分析,论证了共财制下也有私财的存在。滋贺秀三把家庭财产的属性归属于共财范围,因而忽视了家庭私财,而中田薰则是以私财为论证的证据,提出的观点就是家长对家产无绝对处分权,却忽视了家长仍然对余下的共财拥有绝对的处分权。柳立言指出在直系家庭中,"财源"分为三种:父亲、诸子、父亲与诸子财产混合体。在旁系家庭中(兄弟子侄),长兄和弟侄在共财中享有平等处分权,兄弟子侄虽同居,但各房以分家关书为凭证,行使的实际是异财。家庭共财中还包括父母的养老田,父母亡故后可作为家庭共产进行析分。宋代家庭财产在共财中允许合法的私财。一是妻子的妆奁,二是父祖生前析分,将共财分予诸子。③ 宋代家庭成员之间关于私自处分共财的案例很多,司法官秉持的规范性和人文性的审判理念,如何运用法理事理情理来审理家产案件的学术研究基本没有涉足,俞江认为,讨论中国的民事法律制度,要从"家"的概念作为起点,笔者力图从传统民事主体"家户"角度分析宋代家产纠纷中的民事因素的规范性和人文性,挖掘史料,结合法律儒家化背景,以此讨论宋代家产争讼中司法官的审判理念、思维和法律适用方法,填补此类研究的空白。

---

① 参见[日]滋贺秀三:《中国家族法原理》,张建国、李力译,商务印书馆2013年版,第60~65、167~169页。
② 参见[日]仁井田陞:《中国法制史》,牟发松译,上海古籍出版社2011年版,第169~170页。
③ 参见柳立言:《宋代同居制度下的所谓"共财"》,载柳立言:《宋代的家庭和法律》,上海古籍出版社2008年版。

一、宋代家产案件争讼类型

宋代的家产具有共财和私财的两种分类,司法实践中依据不同标准,家产案件类型有:(1)家产主体可分为直系亲属、旁系亲属和族亲属。(2)家产争讼标的可分为共财和私财。共财包括祖父母的财产、兄弟未析分财产、族属墓地、墓木财产、父母的养老田、祭祀田。私财包括女儿的奁产、兄弟析分私产。(3)民事权利类型可分为物权纠纷,如田宅所有权、用益物权(占有、使用、收益)、担保物权(典卖、倚当、抵当);债权纠纷,如有息和无息的私人借贷、租佃合同、买卖合同(绝卖、活卖)、租赁合同,等等。

宋代继产案件有如下特点:第一,家长的民事主体地位并不是绝对的,男性家长的家产处分权受到一定的限制。宋代注重家户的传承和延续,父系家长无正当理由不得剥夺子女应有的继承权,司法官以实质思维注重案件实情的审理,认为家长生前遗嘱析分家产剥夺法定继承人的文书无效。随着宗法庶民伦理化发展,宋代立法将户绝立继、命继合并于养子条,注重血缘小家庭的承续,司法官以理法为据,司法实践中继子盗卖家产属于违法交易,判决买卖契约无效。第二,寡妇不得擅自典卖、出卖家产。《礼记·坊记》中有:"家无二主",一家之内只有一个人才能当家长。即使丈夫死亡,"夫死从子",也只能由儿子继承为家长。司法官秉持规范性的审判理念,以法理事理判决寡妇擅自典卖家产契约无效,但是在寡祖母主持家业管理,儿子已故,孙子年幼情况下,会根据案件情理,天理人伦,承认寡祖母的回赎权。第三,保护卑幼的诉权。宋代是以户为主体对财产享有所有权,户的财产是兄弟姐妹的"众分之产",且作为产业的"连分人",名义上是父母处分,但若卑幼产业被盗卖,官府保障卑幼诉权"许其不以年限陈乞"。司法官查明案件的事理,注重"察情·依因·据理"的三要素结合的法律论证。第四,兼顾弱势群体的合法利益。在宋代家产争讼中,司法官强调产业买卖以证据为准,如干照、砧基簿、分关书,依法裁判,理断公案,否认违法契约并处罚违法买卖人,保护交易弱势一方的合法权益。

表 13 是对《名公书判清明集》中的家产案件按照争讼的标的进行案件归类和统计分析。以下将从司法实践案例中动态分析宋代家产案件。

表 13 《名公书判清明集》中的家产案件

序号	审判法官	具体案件	审判结果	审判依据	案涉时间	案涉地点	出处
1	范西堂	吴盟诉吴锡卖田	判决	情理、法理、事理、乡原体例	未知	未知	页100《名公书判清明集》卷四《户婚门·争业上》
2	未知	罗筠诉罗琛盗去契字卖田	和解	情理、事理、契字、分关夫书	未知	未知	页102《名公书判清明集》卷四《户婚门·争业上》
3	未知	缪渐三户诉租产业	判决	事理、分关文谱	未知	未知	页105《名公书判清明集》卷四《户婚门·争业上》
4	未知	吕文定诉吕宝占据田产	判决	国法、典权、亲邻优先权	未知	未知	页105《名公书判清明集》卷四《户婚门·争业上》
5	未知	王九诉王伯四占去田产	判决	准法	嘉定年间	未知	页106《名公书判清明集》卷四《户婚门·争业上》
6	未知	罗械乙将妻前夫田产没官	判决	法	未知	未知	页107《名公书判清明集》卷四《户婚门·争业上》
7	未知	熊邦兄弟与阿甘互争财产	调解	优厚原则、情理、法	未知	未知	页110《名公书判清明集》卷四《户婚门·争业上》

续表

序号	审判法官	具体案件	审判结果	审判依据	案涉时间	案涉地点	出处
8	未知	阿李蔡安仁互诉卖田	判决	国法、分官书	未知	未知	页114《名公书判清明集》卷四《户婚门·争业上》
9	未知	罗柄女使来安诉主母夺夺去所拨田产	判决	国法、天理、情理、批贴、契要	未知	未知	页115《名公书判清明集》卷四《户婚门·争业上》
10	未知	漕司送许德裕等争田事	判决	准法、情理	宝庆年间	淮南西路安庆府怀宁	页117《名公书判清明集》卷四《户婚门·争业上》
11	未知	漕司送邓起江淮英互争田产	判决驳回	亲邻法、情理、买卖契约	未知	未知	页119《名公书判清明集》卷四《户婚门·争业上》
12	胡石壁	随母嫁之子图谋亲子之业	判决	事理、情理、法理	未知	未知	页124《名公书判清明集》卷四《户婚门·争业上》
13	未知	子不能孝养父母而依妻婿家则财产当归之婿	判决	孝道、遗嘱	未知	未知	页126《名公书判清明集》卷四《户婚门·争业上》

续表

序号	审判法官	具体案件	审判结果	审判依据	案涉时间	案涉地点	出处
14	翁浩堂	侄与出继叔争业	判决	依法、睦族之谊、事理	淳祐年间	未知	页135《名公书判清明集》卷五《户婚门·争业下》
15	翁浩堂	受人隐寄财产自辄出卖	判决驳回	法意、情理	未知	两浙东路衢州江山县	页136《名公书判清明集》卷五《户婚门·争业下》
16	翁浩堂	僧归俗承分	判决	法、事理	未知	两浙东路衢州江山县	页138《名公书判清明集》卷五《户婚门·争业下》
17	翁浩堂	妻财置业不系分	调解协商	法、理	未知	未知	页140《名公书判清明集》卷五《户婚门·争业下》
18	翁浩堂	继母将养老田遗嘱与亲生女	判决	在法、情理	未知	未知	页141《名公书判清明集》卷五《户婚门·争业下》
19	叶岩峰	争田合作三等定夺	审查意见	近厚原则、法理、情理	未知	未知	页143《名公书判清明集》卷五《户婚门·争业下》

续表

序号	审判法官	具体案件	审判结果	审判依据	案涉时间	案涉地点	出处
20	建阳佐官	从兄盗卖已死弟田业	审理意见三种	任法、事理、情理	未知	未知	页145《名公书判清明集》卷五《户婚门·争业下》
21	建盒	侄假立叔契昬赖田业	判决	事理、情理、典契	未知	未知	页146《名公书判清明集》卷五《户婚门·争业下》
22	莆阳	典卖园屋既无契据难以取赎	判决驳回	事理、法	未知	未知	页148《名公书判清明集》卷五《户婚门·争业下》
23	入境	物业垂尽卖人故作交加	判决	法、从公理断、契约、分昬书	未知	未知	页152《名公书判清明集》卷五《户婚门·争业下》
24	吴恕斋	已卖而不离业	发文昌化县佐官查证事实	事理、法意、人情	未知	两浙西路临安府治下县	页164《名公书判清明集》卷六《户婚门·瞭屋》
25	吴恕斋	执同分瞭屋地	调解	法意、人情	未知	未知	页165《名公书判清明集》卷六《户婚门·瞭屋》
26	吴恕斋	兄弟争业	判决	契、墨迹	未知	未知	页173《名公书判清明集》卷六《户婚门·争田业》

续表

序号	审判法官	具体案件	审判结果	审判依据	案涉时间	案涉地点	出处
27	吴恕斋	争田业	判决	干照、公据	宋理宗端平年间	未知	页177《名公书判清明集》卷六《户婚门·争田业》
28	未知	争业以奸事盖其妻	判决	依法、契约、干照	未知	未知	页180《名公书判清明集》卷六《户婚门·争田业》
29	吴恕斋	诉佐盗卖田	查清分家文书的事实	分家文书、干照	未知	两浙西路临安府富阳县	页183《名公书判清明集》卷六《户婚门·争田业》
30	巴陵赵宰	诉侄田	判决	事理、辑睦之义	未知	未知	页184《名公书判清明集》卷六《户婚门·争田业》
31	吴恕斋	陆地归之官以息争竞	谁都不支持，官府没收产业	绝户条法、乡例法理	未知	未知	页187《名公书判清明集》卷六《户婚门·争田业》
32	吴恕斋	叔侄争再判	判决	契照、众证、事理、条法、人情	未知	未知	页188《名公书判清明集》卷六《户婚门·争屋业》

续表

序号	审判法官	具体案件	审判结果	审判依据	案涉时间	案涉地点	出处
33	叶岩峰	舅甥争	判决	事理、习俗、允当	未知	两浙东路瑞安府安固县	页191《名公书判清明集》卷六《户婚门·争屋业》
34	吴恕斋	争山	判决	事理、遗嘱、分书	未知	两浙西路临安府富阳县祥禽乡	页197《名公书判清明集》卷六《户婚门·争山》
35	蔡久轩	已出嫁母卖其子物业	判决	法、事理	未知	未知	页296《名公书判清明集》卷九《户婚门·违法交易》
36	蔡久轩	出继子卖本生位业	判决	法、理	未知	未知	页297《名公书判清明集》卷九《户婚门·违法交易》
37	蔡久轩	卑幼为所生父卖业	判决	情理、法	未知	未知	页298《名公书判清明集》卷九《户婚门·违法交易》
38	未知	正典既子母通知不得谓之违法	判决	事理、情理、法	未知	未知	页299《名公书判清明集》卷九《户婚门·违法交易》

续表

序号	审判法官	具体案件	审判结果	审判依据	案涉时间	案涉地点	出处
39	拟笔	共账园业不应典卖	判决	法意、人情	未知	未知	页300《名公书判清明集》卷九《户婚门·违法交易》
40	刘后村	母在与兄弟有分	判决	理法	未知	未知	页301《名公书判清明集》卷九《户婚门·违法交易》
41	翁浩堂	业未分而私立契盗卖	判决	法意、事理、人情	未知	未知	页303《名公书判清明集》卷九《户婚门·违法交易》
42	翁浩堂	鼓诱寡妇盗卖夫家业	判决	遗嘱、情理、法	未知	未知	页304《名公书判清明集》卷九《户婚门·违法交易》
43	翁浩堂	买主伪契包并	判决	情、理	未知	未知	页305《名公书判清明集》卷九《户婚门·违法交易》
44	未知	叔伪立契盗卖族侄田业	判决	道理	未知	未知	页308《名公书判清明集》卷九《户婚门·违法交易》
45	吴恕斋	孤女赎父田	判决	理、法、情	未知	未知	页315《名公书判清明集》卷九《户婚门·取赎》

续表

序号	审判法官	具体案件	审判结果	审判依据	案涉时间	案涉地点	出处
46	拟笔	伪作牧墓取赎	判决	情理、契照	未知	未知	页318《名公书判清明集》卷九《户婚门·取赎》
47	金厅	妄赎同姓亡殁田业	判决	法、事理	未知	建宁府建阳县	页319《名公书判清明集》卷九《户婚门·取赎》
48	胡石壁	禁步内如非己业只不得再安坟墓起造墓种听从其便	判决	法意、理	未知	未知	页322《名公书判清明集》卷九《户婚门·坟墓》
49	翁浩堂	争山及坟茔	判决	照契法	未知	未知	页324《名公书判清明集》卷九《户婚门·坟墓》
50	蔡久轩	合木与僧	判决	法意	未知	未知	页330《名公书判清明集》卷九《户婚门·茔木》
51	未知	庵僧盗卖坟木	判决	法理	未知	未知	页332《名公书判清明集》卷九《户婚门·茔木》
52	胡石壁	赁人屋而自起造	调解	事理、情理、公平理念	未知	未知	页334《名公书判清明集》卷九《户婚门·赁屋》

二、关于家庭共财案件争讼

宋代的家庭结构与唐代相比,表现为"三代五口"之家。从结构上是祖、父、子,但与唐代以祖父母为核心不同,宋代是以夫妇为户主,大家庭的形式以父亲的名义出现。[①] 大家庭内部关系有祖父孙直系亲属、兄弟、叔侄、姑嫂的旁系亲属。随着宋代土地私有化程度的加深,民事交易的频繁,大家庭内部在同居共财制度下,虽祖父和子孙共享户籍,财产也要求登记在父母名下,但是家庭共财和私产产权归属仍具有模糊性。从表13中的审判依据以"法""法理""事理""情理"为关键词查找上述字、词在表中的出现次数,其中位居首位的是"法",在表中出现次数为39次,其中包含"法理"一词出现的次数为6次,"法意"一词出现的次数为6次;其次是"事理",在表中出现次数为19次;最后是"情理",出现次数为17次。可见,宋代家事审判的首要依据是法和法理,事理在法律论证中作用是查明案件事实,区分案件的事实、价值和规范,情理在法律推理中作用是权衡。[②] 由此司法官在判断一个家庭处于何种程度同居共财,需要理性的司法理念、思维和综合权衡的法律推理方法。[③]

根据现代的法学理论学说,获得团体的主体身份必须具备相应的权利能力,这是一种在基于近代理性主义为先决条件上的法律虚构拟制的产物。在家族或者家长制以外的法律关系主体资

---

① 参见邢铁:《宋代家庭研究》,上海人民出版社2005年版,第28~30页。
② 参见蒋楠楠:《南宋司法裁判中的法理及其功能——以〈名公书判清明集〉为研究中心》,载《法制史研究》2022年第39期。
③ 参见柳立言:《宋代同居制度下的所谓"共财"》,载柳立言:《宋代的家庭和法律》,上海古籍出版社2008年版。

格中,市民通过获得立法中法律技术的支持,获得了罗马法关于人格理论的现代化应用,这种法律技术使他们具有与自然主体性的人,或者组织法律主体性地位不同的结果。尽管从这个角度来看,我国传统的家户组织也是一种法律虚构拟制的主体,这个虚拟主体是被国家公法立法承认许可的,户可作为民事主体从事民事活动。但是家长只是户的政治意义上的对外代表、财产的管理者和使用者。① 因此,在宋代名义上的同居共财制度下,家长的财产支配权和使用权皆会受到诸子财产权益的限制,反过来讲诸子盗用、侵占家财共产的行为也会受到处罚。司法官审理此类案件秉持规范性的审判理念如"循天理""参法意",以理法结合的整体性思维,采用义理阐释、讲明事理和证据定谳的法律方法,维护家户的财产完整性。

(一)家庭共财争讼中"循天理""参法意"的审判理念

"天下之物则必各有所以然之故,与其所当然之则,所谓理也",②宋儒认为"理"是自然法则,万事万物的运行规则都贯穿着根本性的规律、法则,运行于天地、人世万物之间。宋代理学的规范化发展,从"所以然"事物的形成、变化原因到"所当然"物之为物所具有的规定,也与人的活动有关联。理法并治的规则治理逐渐在司法实践中为官府所重视,"天理之节文,人事之仪则也"。③

---

① 参见张文江:《秦汉家、户法律研究——以家户法律构造为视角》,人民日报出版社2016年版,第45~46页。
② (宋)黄震:《景印文渊阁四库全书·子部一三·儒家类》第707册《黄氏日抄(一)卷二十八·读礼记十五·大学第四十二·大学 朱熹章句》,台北,商务印书馆1983年影印本,第800页。
③ (宋)朱熹撰:《四书章句集注今译上·论语集注·学而第一》,李申译,中华书局2020年版,第63页。

司法官审理家产案件如田婚之诉,以理论婚田。

首先,形成规则意识。建立诚信的市场规则,利于交易的稳定、保护合法交易。一方面,重视证据规则,"契要不明,过二十年",契约不明超过二十年,受让人或者出让人身故,"钱主或业主亡"不得受理。案件当事人李孟传身故已久,契约真伪不明,没有证据规则能够支撑该节事实,所以案件不能受理。① 另一方面,尊重民间惯例,"元是官会者,以官会赎"交易时现钱与官会各半支付,则"以中半赎"。从京畿之地到边远地区,无以不照此方法,形成惯例,"莫不守之,以为成说"。②

其次,注重契约自由精神。规定契约的订立方式和内容,以干照为据,注重审理时效。宋代田产交易频繁,说明土地所有权转移之自由化程度高。袁采在宋孝宗时期指出"贫富无定势,田宅无定主",③"凡交易必须项项合条,即无后患,不可凭恃人情契密不为之防"。④ 家产争讼中关于土地契约的纠纷较多,当事人之间关于土地是绝卖还是典当、倚当产生争执,司法官不仅要审查契约的形式和内容是否一致,防止名实不符,伪冒交易,"今既无

---

① 参见中国社会科学院历史研究所宋辽金元史研究室点校:《名公书判清明集》卷四《户婚门·争业上·"契约不明钱主或业主亡者不应受理"》,中华书局1987年版,第132页。

② 中国社会科学院历史研究所宋辽金元史研究室点校:《名公书判清明集》卷九《户婚门·取赎·"典卖田业合照当来交易或见钱或钱会中半收赎"》,中华书局1987年版,第311页。

③ 夏家善主编:《袁氏世范》卷之下《治家·富家置业当存仁心》,贺恒祯、杨柳注释,天津古籍出版社2016年版,第171页。

④ 夏家善主编:《袁氏世范》卷之下《治家·交易宜著法绝后患》,贺恒祯、杨柳注释,天津古籍出版社2016年版,第170页。

地,自是置买不明,难以将有契无地文字出卖"。① 当事人吴元昶虽然能拿出上手交易的契约文本,却没有相对应的土地,属于购买标的不明,官府不会对此类伪契进行认定其合法性。而且司法官要在裁判说理中逻辑清晰明了。土地纠纷案件涉及社会关系利益多元,司法官在案件审理中要明确证据的裁判规则,如契约的合法形式,官方认定"红契",及时过割离业,产权交易流程明晰化。还要注重契约内容的实质合法性,加强对事实中的说理,即讲明事理、"从公对定",秉公核对审查当事人双方的契约。

最后,强化法理的阐释。以整体思维将理法结合,形成"义理决讼"的法律解释方法。与西方的分析性思维不同,中国传统思维秉持"天人合一"思想,体现的是一种整体主义的思维方式,正如《易经·系辞》所谓的"一阴一阳谓之道",这种关联思维推运到家文化中,就是家国天下一体的礼法之治,是中国人特有的综合性思维方式,在优秀传统法律文化中落实为法律与道德的合治,荀子曰:"治之经,礼与刑",②在这种综合性思维引领下,宋代的法律运行以"天理、国法、人情"为形成机制。司法官以整体性思维将理与法结合,参考情理,以"义理决讼","事涉户婚,不照田令,不合人情",田产买卖涉及亲邻回赎权和坟地先赎权,案涉争议焦点为田产是按亲邻回赎权还是坟地先赎权,这关系到不同田产买受人利益。范西堂在"漕司送下互争田产"案中阐释田产交易的法理,"墓田之于亲邻两项,俱为当问",虽然亲邻法的法律规

---

① 中国社会科学院历史研究所宋辽金元史研究室点校:《名公书判清明集》卷四《户婚门·争业上·"使州索案为吴辛讼县抹干照不当"》,中华书局1987年版,第109页。
② 参见龙大轩:《新时代"德法合治"方略的哲理思考》,载《中国法学》2019年第1期。

定:凡是典卖田宅,置备账册列明四周毗邻,有同宗缌麻以上亲属以及在墓地相距百步以内的相邻者,按账册进行书面征询是否有收赎意向。该法条的法理是保护田产完整。然而从情理中人之情感考虑,适用坟地先赎权的规定,是在于尊祖敬宗。该案原审司法官的审理意见中放弃坟地先赎权,而主张田产亲邻先赎权,是重视轻者,而轻视重者,违背法理。该案从家事土地纠纷坟地先赎权反映家事领域中法律条文中儒家化进程的渗透过程。

宋代的经济、社会结构发生变化,法制和司法传统也发生转型,展现与前代不同的特征。家事争讼案件从审判理念、思维和法律方法中注重理性因素。[1] 中国古代法学是一种注释法学,它的特征从秦汉律令学中得到明确,律章句学创新了法律注释方法。[2] 宋代以后,随着理学的兴起,"义理决讼"的评论法学方法又为古代法学解释方法提供了新的研究视角。

(二)家庭共财争讼中"诸理"的法律适用

"事既到官,惟以道理处断",有学者认为中国古代的法理学命题的核心是"天理""国法""人情"的三位一体,[3]这个观点没有偏颇,但是忽视了立法与司法实践中的裁判依据和裁判理由关于情理法适用的差异。中国自古注重家族主义观念,受汉代的察举孝廉制度和儒家孝道观念的影响,累世同居共财家庭在东汉受到

---

[1] 参见陈景良:《讼学、讼师与士大夫——宋代司法传统的转型及其意义》,载陈景良:《跬步探微 中国法史考论》,法律出版社2022年版。
[2] 参见龙大轩:《汉代律章句学考论》,西南政法大学2006年博士学位论文,第155~157页。
[3] 参见范忠信、郑定、詹学农:《情理法与中国人》(修订版),北京大学出版社2011年版,第15~17、20~24页。

重视和青睐。① 随着税役制度的改革,社会经济的发展,宋代多以三代五口之家的小家庭模式为主。家产共财争讼多发生在直系亲属小家庭(祖父子)和旁系亲属家庭(兄弟、叔侄、姑嫂)之间,但也有发生在累世共居大家庭(族属亲属)之间的共财争产纠纷。这三种家庭模式中的共有财产包括:未能够分析的家产、父母的养老田、祭祀之田。本节将结合小家庭和同居共财大家庭模式,讨论司法官在审理家产共财争讼中关于"诸理"的审判思维和法律方法。

1. 析理在法理解释中的适用

宋代司法官在判词释法说理中不仅注重法律的正式渊源和非正式渊源,而且区分裁判的效力渊源和认知渊源,即在司法裁判过程中,鉴别裁判依据的法律效力来源和鉴别裁判依据的内容来源。其包括国家政策、地方习俗惯例、儒家经典等,需要获得制度性权威的认可,这种方式可以是直接的也可以是间接的,如国家的立法条款。法律渊源提供的是司法活动的裁判依据,而裁判理由则是根据裁判依据和案件的事实展开说理。认知渊源在具有包容性特征的家产共财争讼案件中,通过司法官强调法理解释与事理论证表现,以此加强判词说理。② 历代统治者为了国家治理的需要,提倡"厚人伦者莫大于孝慈,正家道者无先于敦睦"的教化风俗,大多数情况下都提倡、表彰和奖赏同居共财的大家庭,对别籍异财家庭给予刑事处罚。宋太祖乾德年间,对于地方部分地区如西川、山南诸州别籍异财现象,国家于六年(968 年)六月十一日发布诏令:"近者西川管内及山南诸州相次上言,百姓祖父

---

① 参见李淑媛:《争财竞产:唐宋的家产与法律》,北京大学出版社 2007 年版,第 12~13 页。
② 参见雷磊:《重构"法的渊源"范畴》,载《中国社会科学》2021 年第 6 期。

母、父母在者,子孙别籍异财,仍不同居",国家采取的措施是政令劝谕和刑事处罚,"诏到日,仰所在长吏明加告诫,不得更习旧风,如违者并准律处分"。①《宋刑统》沿袭唐律,法律规定:凡祖父母、父母尚在,子孙分居另住、自畜财产,子孙徒刑三年。② 别籍异财的法理是倡导儒家伦理道德,通过收宗敬族、同居共财达到便于国家治理的效果。但是父祖辈在世时,出于置办家产和治家的需要,会进行生前析分,司法官认为从天理的角度分析,要"依从公理断",从法理中解释别籍异财的"不孝"罪名,查明案情,讲明事理,参酌情理进行权衡理断。如北宋哲宗元祐年间,言官弹劾章惇"不孝"罪,理由是章惇在父亲身故前,为买进田产,命令其子别立户籍。右正言刘安世上奏说"章惇作其男名目,将朱迎等不愿出卖田产,逼逐人须令供下愿卖文状,并从贱价强买入己","异日迎等遍诣本州及转运、提刑司次第陈述,并不依公理断",同时要求朝廷能够查清事理"伏望详此事理,留意远民,特降指挥下户部,取朱迎等四状,选差台臣置狱推勘"。司法官在实际审理中要从情理角度审视案情"窃闻朝廷不欲轻信偏词,遽兴诏狱,然无告之民不远数千里赴诉省部,以情度之,不应全然虚妄",③谏官引用名例律疏,解释十恶罪中"不孝"法理为谓祖父母、父母在,子孙无自专之道,"而有异财、别籍,情无至孝之心,名义以之俱沦,情节于兹并弃"。依据理法"稽之典礼"、推原法意,章惇被降官,"章

---

① 刘琳等点校:《宋会要辑稿》第 14 册《刑法二之一至二》,上海古籍出版社 2014 年版,第 8281 页。
② 参见(宋)窦仪等详定:《宋刑统校证》,岳纯之校证,北京大学出版社 2015 年版,第 165 页。
③ (宋)李焘:《续资治通鉴长编》卷四二〇《哲宗元祐三年闰十二月戊辰条》,上海师范大学古籍整理研究所、华东师范大学古籍整理研究所点校,中华书局 2004 年版,第 10174~10178 页。

惇候服阙与宫观差遣"。①

章惇案反映的是直系血缘关系的小家庭共财模式,在宋代还有一种以直系血亲关系为主,略微扩展到旁系血亲的家庭结构模式,朝廷旌表时称为"义门"。它的典型特征就是同居共财。反过来讲就是反对别籍异财,家长具有管理和使用家庭共财的权力。郑文融在具有家法性质的《郑氏规范》家训中规定:"子孙倘有私置田业,私积货泉,事迹显然彰著,众得言之家长。家长率众告于祠堂,击鼓声罪,而榜于壁",②从家法到国法中"祖父母、父母在不准别籍异财"的规定可见在法律的理想蓝图规划中宋代家庭模式应该是同居共财的累世大家庭,但从上述共财争讼案例中可见宋代社会中普遍存在的是小家庭。家庭结构主要受经济基础和经济关系的制约,宋朝时期国家以财产多寡划分户等,依据户等征收派遣赋役,民间百姓为了躲避过重的赋役想方设法。宋英宗治平年间,江南地区百姓嫁母躲避赋役,"嫁其祖母及与母析居以避役者,又有鬻田减其户等者"。在宋神宗熙宁年间设法逃避重役,"土地不敢多耕而避户等,骨肉不敢义聚而惮人丁"。③ 宋时期理学家提出"理一分殊"之说,天理是一种动态化的存在,其创新创造力使得其能够与万物(事物)产生感应与灵通,无论处于何种情境之下都能够符合事物的需求,进而达到利用"义"作为用的方法。"理"是本体,"义"是用的具体方法,天理的创新创造性需

---

① (宋)李焘:《续资治通鉴长编》卷四三二《哲宗元祐四年八月己未条》,上海师范大学古籍整理研究所、华东师范大学古籍整理研究所点校,中华书局2004年版,第10426~10429页。

② 邢铁:《宋代家庭研究》,上海人民出版社2005年版,第41、73页。

③ (元)脱脱等撰:《二十四史全译·宋史》卷177《志第一百三十 食货(上五) 役法(上)》,许嘉璐、安平秋、倪其心编译,汉语大词典出版社2004年版,第3560页。

要通过各种"分"("义")来展现出来,同时每个不同的分际层次中都具备了天理的基础根据。① 从天理的角度分析,事物不可能永远聚集在一起,"理与势然也"。佛教释老之庐地能够长期吸引大量信徒聚集而持续百年没有消散,这也并非不可能的事情。为什么呢?原因在于他们没有追求生生之道,"彼无生生之道也"。如果众多人追求生生之道,"则情伪日多",衣服和食品就会供应不足,那么聚集者就不可能长久地聚集在一起。② 宋代大家庭族产主要以墓祭田为主,义庄的田产不是本族的祖传资产,③"义庄不得典买族人田土""义庄事惟听掌管人依规处置。其族人虽是尊长不得侵扰干预"。出现违法交易义庄财物的,范仲淹提议向官府提起诉讼,以理公断,让官府分析违法交易中的背理行为,"违者许掌管人申官理断"。④ 宋代司法实践中关于累世同居大家庭的族产之争,主要体现在墓祭田中。司法官审理此类案件秉持规范性审判理念,要分析法理、事理。如在案例"张运属兄弟互诉墓田"中,⑤该案的争议焦点为张解元、张运干为了族产墓田的利益所有权发生争执。司法官首先分析案件事理,世间确实存在这样的人,他们轻视财产而重视道义,可以捐赠千金以资助他们

---

① 参见彭耀光:《二程道学异同研究》,山东人民出版社2016年版,第45、83~89页。
② 参见曾枣庄、刘琳主编:《全宋文》第353册卷八一七三《方逢辰 四 青阳方氏义聚跋》,上海辞书出版社、安徽教育出版社2006年版,第224页。
③ 参见邢铁:《宋代的义庄》,载《历史教学》1987年第5期。
④ (清)余治:《中华文史丛书之八十四·得一录(一)》卷一《范氏义庄章程》,台北,华文书局股份有限公司1969年版(影印同治八年苏城得见斋藏板),第31~32页。
⑤ 参见中国社会科学院历史研究所宋辽金元史研究室点校:《名公书判清明集》附录二《勉斋先生黄文肃公文集·"张运属兄弟互诉墓田"》,中华书局1987年版,第585页。

的故旧亲友,不会吝啬。然而今天却在亲族骨肉之间,为争夺毫末利益发生家产纷争,"为乡间所嗤笑"。从案情的客观事实中分析案件价值,以此作为规范事实,才能依法推断。作为一名地方官府的县令,对于那些愚蠢又顽固的小民,就应该"推究情实,断之以法"。但是司法官认为仅从理法角度审理案件,不能够使当事人幡然悔改,需要士大夫以"义理"勤加劝勉,让当事人深思同气之义与门户之重。以天理人伦昭著,最终官府以调解结案,"取和对状申"。

2. 辨理在事理论证中的适用

同居共财期间的财产使用者名义上是父亲,但是父亲作为户的家长,对共财的处分权一是受到诸子继承权属和财产利益的限制,二是受到有关坟地田产交易限制。父亲在去世后若未分产,按照《宋刑统》卷十二"卑幼私用财"的法条规定:比照《户令》的规定:依法分田地住宅及财物的,兄弟应当均平分配。从保障诸子家产的继承期待权角度,家长生前析产不得违背"诸子均分"原则及"恤幼""敬祖"原则,这是父家长财产处分权限制表现之一。如《二年律令》中简367条:如果一个人因疾病死亡,他的置后者继承爵位的顺序如下:彻侯的后子是彻侯,如果彻侯没有嫡子,则顺序为孺子子—良人子,关内侯的后子是关内侯。卿侯的后子是公乘,五大夫的后子是公大夫,公乘的后子是官大夫,公大夫的后子是大夫,官大夫的后子是不更,大夫的后子是簪袅,不更的后子是上造,簪袅的后子是公士,卿以下子男为后的顺序是嫡子—下妻子—偏妻子。① 可见从秦汉法律开始家长就要保障法定

---

① 参见彭浩、陈伟、[日]工藤元男主编:《二年律令与奏谳书:张家山二四七号汉墓出土法律文献释读》,上海古籍出版社2007年版,第235页。

继承人的继承权和财产权益。父家长作为对外交易的代表,其行使的财产处分权也会受到民间交易习俗的限制,这是父家长财产处分权限制表现之二。如司法官审理父子典卖田宅时,"以理论之",区分所有权、占有权;依据证据"凡人论诉田业,只凭契照为之定夺",参酌情理中的人情,才能阐明判词所认定的案件事实及其根据和理由,对案件的客观事实、价值事实进行区分,才能将其中的事理上升为案件的裁判规范事实。① 在案例"争山及坟禁"中,②当事人郑宗立与徐克明就案涉乌塘山地的所有权发生争议。司法官翁浩堂根据双方签订的契约和钤印的时间,辨别该节事理。郑宗立与郑子轩嘉定六年(1213年)印契,徐克明与郑思文嘉定十三年(1220年)印契。以天理人伦辨之,父亲作为家长有处置财产的权利,"子轩,父也,契为正","思文,子也,契为不正",以此事理论之,郑宗立享有乌塘山地的所有权,而徐克明则没有。但是根据徐克明的诉讼请求,争议的分歧不仅是所有权,还有占有权。因为徐克明、郑八共同的祖母孙二娘安葬在案涉山地中,而后郑宗立又将其妻葬在此墓地旁边。范法官对该节事实评价为:徐克明虽然得到山地产业时间在后,但是安葬祖母的时间在前,虽然不享有产业的所有权,但是拥有墓地的占有权。根据事物的常情常理,郑宗立虽然获得山地的所有权,却不能违法侵占坟地。司法官最终判决:案涉山地由郑宗立依据契约掌管,徐克明除坟墓禁地外,不得侵占。

由于父家长的财产处分权具有一定的权威性,往往噬利之人

---

① 参见潘德勇:《裁判要素的法律生成及相互转化》,中国政法大学出版社2021年版,第286~287页。

② 参见中国社会科学院历史研究所宋辽金元史研究室点校:《名公书判清明集》卷九《户婚门·坟墓·"争山及坟禁"》,中华书局1987年版,第324页。

想通过伪契占据他人财产。在田地出让人死亡情况下,案件事实真伪不明,司法官需要以当事人请求权为基础,辨别民事法律关系,根据事物常理进行推断。如在另一起案例"伪将已死人生前契包占"中,①该案争议焦点为李日益与吴梦龄签订的田地契约、黄明之与吴友暹签订的田地契约为同一块田地,究竟哪份契约效力具有法律效果,关涉两位当事人的田地所有权。虽然两个案件的司法官不同,但是对于父子同时签订契约,从事理的角度两位司法官均认为父签订的契约为正,而子签订的契约不正,"吴友暹,父也,吴梦龄,子也,以理论之,父卖子绝",黄明之的交易契约是合法的,而李益之与儿子签订的交易契约不是合法的。然而,该案件从情理之实情辩理,契约内容存在真伪不明,可疑之处。案件客观事实:吴友暹的两份交易契约内容一是价格过低,"契内一十八坵田,出租谷一十五石,缘何秖典钱三十贯"。二是吴友暹的签字笔迹不同。翁浩堂评价该节事实为:莫非是黄明之在吴友暹死后伪造变换契约造成。司法官是在当事人的诉讼请求基础上预判案件事实,进行法律推理。李平教授在《传统司法断案的义理内涵及其反思》文章中指出,在传统的司法裁判过程中,主审官的内在审判思维路径是首先从背景观念出发,经过对案件事实的研究,然后作出预置性的判断,接着他们会根据一种耦合机制,以法适"理"形成判决。此观点失之偏颇,忽视了民法中的请求权基础,当事人的请求权基础对于辨别民事法律关系和法律行为具有重要的意义,也是司法官在案件事实中辨别事理的关键。根据案件的供词和证言,参考常理,从经验法则中逆推案件实情,即吴

---

① 参见中国社会科学院历史研究所宋辽金元史研究室点校:《名公书判清明集》卷九《户婚门·违法交易·"伪将已死人生前契包占"》,中华书局1987年版,第306页。

友暹生前将十八坵田地分为三坵,其中的一坵断卖给吴氏,现在由其丈夫金百二秀掌管。剩余的两坵田地在吴友暹身故后,两个儿子均分家产获得。吴梦龄将分得的十一坵田地出典给李日益,吴子达将分得的另外一坵田地卖给沈亿六秀,沈亿六秀又卖给现在的所有权人徐宗五秀。综上,案件事实可推断黄明之想通过订立已死之人的契约,吞并十八坵田地。

累世同居大家庭中族人关于墓木的争讼,在司法实践中这种家庭模式的共财来源很容易区分,但是还有一种家庭模式是旁系家庭模式,司法实践中司法官往往要从辨别事理入手,分析家庭的财产来源,即产权属性究竟是小家庭的私财还是旁系家庭的共财。法律规定允许普通百姓可以在父母服阕后进行别籍异财,"准法:父母服阕,合用析户"。[①] 旁系家庭共财后家长变成兄长,法律规定:凡是家长尚在,子孙弟侄诸卑幼不得私自质典出举家中的奴婢、六畜牲口、田地、住宅和其他财物,包括出卖田地和住宅。窦仪等在法条外的"臣等参详"中解释道:在交易双方进行典买物业或者指名质举时,法律要求必须是家长尊长和钱主本人或者钱主的亲信人在现场,且当面进行签署画押契约贴书。或者在妇女难于面对交易者时候,须要隔着帘幕但是能够亲历现场交谈商量,这样交易才具有合法性。如果是卑幼骨肉如幼子、兄弟等瞒着尊长如父亲、兄长,专门擅自典卖质举倚当,或者伪造签署尊长的姓名,法律对于卑幼、牙保和引致人进行严惩,钱财和产业要各自归还原主。如果卑幼已经将钱消费殆尽,没有钱财能够偿还,从伦理角度分析,也不属于家长尊长的处理范围,"不在更于

[①] 中国社会科学院历史研究所宋辽金元史研究室点校:《名公书判清明集》卷三《赋役门·差役·"父母服阕合用析户"》,中华书局1987年版,第75页。

家长尊长处征理之限"。① 如果是兄弟同居,兄长作为财产的托管人,诸兄弟作为财产的共分者能够信任兄长经营管理财产,这种财产风险太大。宋哲宗元祐五年(1090年),以理法为据,参详事之情理,对旁系家庭同居共财模式中对外抵当财产进行了更为详细的规定,其中要求承办官吏尽责、现场交易、当面与家长面谈、征求财产有分人的意见:对于抵押的财产应当限定10天的期限,由官员亲自检查和评估其价值,其中包括对产业契约的核验与评估价格,不能超过契约金额。同时需要与家中尊长、同居之人亲自见面,如果属于财产的承分人,则要求他们提供书面意见,"见应有分人各令供状"。如果应有分者不愿意抵当自己的财产,就不能将该份财产抵当。如果同居之人同意共同抵押的,仍须说明不是出于家中尊长的强逼和压制,"仍供非尊长抑勒",如果同居之人不同意的,则说明不能侵占其已分的财产。如果是家财共同置办之人不愿意的,包括年龄20岁以下的人,允许按照准分法律的规定分割自己应继承的财产,"听准分法除出己分财产",同时考虑事物不同情理,"如有情弊而检官知情者,准此供抵当",如果负责检查评估的官吏不让具有财产承分人知道检查评估的情况,并且官府也没有等待他们完成检查评估的程序就发放了贷款,那么一旦发现存在少支付的款项,则"于犯人处追理"。②

从法律规定到国家的诏令,可见旁系家庭共财纠纷事件层出不穷,这类案件也不是通常所谓同居卑幼擅自私借未析分家财,

---

① (宋)窦仪等详定:《宋刑统校证》,岳纯之校证,北京大学出版社2015年版,第175页。
② (宋)李焘:《续资治通鉴长编》卷四五三《哲宗元祐五年十二月戊甲条》,上海师范大学古籍整理研究所、华东师范大学古籍整理研究所点校,中华书局2004年版,第10865~10866页。

质举或盗卖家庭共财,也有因为通过缴纳合户的赋税而引发争执。司法官要辨析事理,根据分家文书确定财产份额和赋税数额,明确田产争讼案件的诉讼规则,如在案例"缪渐三户诉祖产业"中,①父亡后兄弟们虽然已经各立门户,但是家长尊长户籍却没有销户,财产也没有析分,为缴纳祖父户籍下的赋税而相互推诿。司法官审理此案意见为辨析事理,均分家产,平摊税额。该案争议焦点为:祖户的户名没有注销,其后代子孙已经各立户名,如何认定该祖户名下的田赋税额数,具体由各户如何承担?应先辨析事理,查明缪渐户下的大家庭是否分家的案件事实。官府查明:缪昭生前育有三子,长子叫缪渐、次子叫缪焕,幼子叫缪洪。缪昭身故后,以长子缪渐的名义立户,因此"缪渐即缪昭之都户"。如今缪渐三兄弟均已亡故,他们的子孙将财产分割为七户,各有户名,但祖父缪渐的户名一直没有注销,至此官府向缪渐户要求交纳赋税,其子孙相互推脱,税赋也逐年增加,所欠数额到如今已经很多。上述案件事实有保长出具的公文呈报、缪渐户下子孙到官府的陈述证实,各子孙均认同将缪渐户下的田赋税额均分为三份,计入各户输纳,且已经算出具体数额。案件到此时又出现争议,承担其中一份田赋税额的缪友皋提出祖户名下的田赋税额虽然均分为三份,但是祖户名下的田产是各自占据,不曾分家析产。既然田赋税额均分承担,也应当均分田产。官府认为,该节事实由缪友皋提供缪渐名下的田产以及字号地段的相关证据。如果事实从价值上判断属实,按照法律规范平均分配。目前先由乡司将缪渐名下田赋税额均分三份,押解各户签字确认田赋税额,除

---

① 参见中国社会科学院历史研究所宋辽金元史研究室点校:《名公书判清明集》卷四《户婚门·争业上·"缪渐三户诉祖产业"》,中华书局1987年版,第105页。

去最初的租户不用签字外。知县应当亲自在场管束。同时官府让检举揭发的人家提供田产争议的分家文书簿册,否则不能委托仆人代为诉讼。

3. 权理在情理推理中的适用

户作为完税的法律组织,家长享有户内相应的财产权。诸子虽然享有各自的财产份额,对家长的财产处分权具有一定的限制。但是诸子需要履行相应的子的义务,如孝敬尊长,爱护家财。妻子和妾氏的继承权以家庭贡献程度的大小而定,如有无子嗣、是否得到父家长的宠爱。司法官具有的实质思维和衡平思维,使得"情理"在传统的司法适用过程中发挥着重要的作用,以"情理"为法律推理中的权衡因素,不仅使得"事理"切合而且要近乎"情理",进行事实、价值、利益的综合权衡,同时具有人文性的审判理念,维护弱势群体如妾在家事纠纷中的合法权益。[1] 如在案例"罗柄女使来安诉主母夺去所拨田产"中,[2]原告来安的诉讼请求为:请求主母赵氏返还侵占的田产。当事人伦理秩序为卑与尊,妾与妻之间有关田产所有权纠纷。该案争议焦点在于罗柄生前拨付给来安的田产是家庭共财还是私财,家长罗柄生前以遗嘱方式处分财产行为是否具有法律效力。官府查明家庭关系和家庭财产状况:罗柄在世时,妻子赵氏未能生育,曾经算计庶子,被罗柄休弃。罗柄与女使来安育有一子,罗柄拨付龙岩田产三千把作为来安的生活来源,该子一岁身故。后来安被遣返送回娘家,

---

[1] 参见付洁:《实质法律推理的法治思维空间维度》,载陈金钊、谢晖主编:《法律方法》第 31 卷,研究出版社 2020 年版。

[2] 参见中国社会科学院历史研究所宋辽金元史研究室点校:《名公书判清明集》卷四《户婚门·争业上·"罗柄女使来安诉主母夺去所拨田产"》,中华书局 1987 年版,第 115 页。

嘉定九年罗柄将承佃的杨从户名杨照田赋税额四百五十三文田地划拨给来安，以来安父亲邹明的名义开立阿邹户名。嘉定十年（1217年），杨从将此田契绝卖给阿邹。嘉定十一年（1218年）阿邹承典杨从邓家坪等地田产六块，总计典价五十一贯，并交税款九十六文。至此阿邹名下的两项产业税额共计五百五十零一文。从该节事理分析，罗柄生前单独处置部分家产拨付给来安，具有合理性。司法官的价值判断为"罗柄以五十余千之税，晚年无聊，发遣一婢"，虽然罗柄与来安之子早夭，但是罗柄"以典田之税四百文与之，夫岂为过？"从天理人伦角度看，赵氏从理法上都不是罗柄的合法妻子。根据法律规定："妻有七出，无子为先"，罗柄之妻因为无子和算计庶子，被罗柄休弃。该节事实有官府的案件文卷证明。既然赵氏不是罗柄之妻，也不是家庭财产的承分人。自然不能提起对来安要求返还财产的诉求。

从情理之人之常情看，罗柄晚年病重之际，赵氏又重返罗柄家，占据其产业，驱逐庶子，自己主掌家事。罗柄去世后，教唆仆人黄蕴到官府要求归并邹明名下田产。官府认为赵氏的行为不符合法律的正当性。赵氏不仅要谋夺罗柄赠与来安的田产，而且对阿邹自己的产业也要兼并。从此处可知来安的田产无论是被赠与还是自营的，都是私财，不属于罗柄的财产。官府判决结果，一是邹明没有及时过户交割，擅自使用都保印章，致使田产权属不明引发争讼，责杖六十。二是依旧以邹明为户，将户下田产作为来安的奁产随嫁。

上述案例是妻子作为家庭成员的义务，需要为家庭绵延后嗣，否则可能因无子被休弃。儿子作为家庭成员的义务，就是孝养父母。宋朝养老法律、政策相比较其他朝代来说较为成熟。《宋刑统》规定：凡是子孙违犯教令以及对祖先供奉有缺的，处徒刑二年。"诸子孙违犯教令及供养有阙者,徒二年",供养有阙的违法行为是"勘供而阙者"。疏议对此法条进行了详细的解释:从精神上注重对于祖父母、父母的合理合法的教令要"须奉以周旋,子孙不得违犯"。根据《礼记》云:"七十,二膳,八十,常珍",从物质上对于祖父母、父母家道可以供养,而故意有缺的,各处徒刑二年。窦仪在"臣等参详"中指出民间风俗中,子孙因父母患有瘟疫之类的疾病,便抛弃父母,将其以绝人对待,甚至到父母死亡之时,"亦不躬亲葬殓",他认为这是天理人伦之弊,指出如果各地出现此类邪风歪俗要予以严厉打击,委派州县的官府长吏"常加访察,重行决断"。① 国家出台的养老政策规划中北宋初年的福田院、南宋初年的养济院都具有养老、抚幼和医疗的功能,还有宋朝建立的广惠仓,其职能就是赡养社会老幼。司法实践中要求家事司法官秉持的规范性和人文性的审判理念,通过权理酌情,如父家长因子不孝,剥夺其法定继承人继承权利的情理因素,支持父家长权利行使的效力。在案例"子不能孝养父母而依妻婿家则财产当归之婿"中。② 原告王有成提起诉讼请求:要求承佃王万孙的职分田。当事人伦理秩序为平辈,是儿子与女婿有关田产的承佃权纠纷。该案争议焦点在于王万孙生前将职分田的承佃权转移给女婿李茂先的遗嘱是否有效。从事理分析案件的事实和价值,官府查明:王万孙夫妇年老多病无所依靠,儿子王有成不能赡养父母,致使王万孙夫妇投靠安身在女婿家,养老送终全依靠女婿。

---

① (宋)窦仪等详定:《宋刑统校证》,岳纯之校证,北京大学出版社2015年版,第314~316页。

② 参见中国社会科学院历史研究所宋辽金元史研究室点校:《名公书判清明集》卷四《户婚门·争业上·"子不能孝养父母而依妻婿家则财产当归之婿"》,中华书局1987年版,第126页。

王万孙生前立有遗嘱,将自己的职分田承佃权转移给女婿李茂先。

王有成父子在父亲亡故后官府提起诉讼请求让自己承继职分田的承佃权。从情理的情感角度分析,官府认为:"父母之于子,天下至情之所在也",司法官用义理阐释忠恕之道,"恕而行之,德之则也",[1]忠恕之道从积极层面讲是"己欲立而立人,己欲达而达人"。从消极层面讲是"己所不欲,勿施于人",宋代朱熹对此解释说:"尽己之心为忠"的意思是尽力将他人的事当作自己的事为他人谋,中人之心,这样可称为忠;"推己及人为恕"的意思是待自己的态度对待他人,故称为恕。[2] 宋儒二程曾说:"以己及物,仁也;推己及物,恕也"。[3] 忠恕之道都是以实施仁为目的推己及人的方法。忠是对自己的要求,表现为严于律己,真心诚意积极为人;恕则是对他人的要求,表现为对他人的尊重宽容。通过忠恕之道,才能把儒家通达的仁爱思想扩展到全社会。因此,王有成应当从己身反思:父母对于子女的感情,是天底下最真切情感的体现,如今我不能使父母抚爱我,而是厌恶我,如果我的食物就不食用,女婿的食物就食用,我的居所就不居住,女婿的居所就居住,生前既不愿让我赡养,死时也不愿让我守候在身边,那么这些真的是出自父母本意吗?从事理的常情常理看,必定是没有尽到为子之道,"是以大伤厥考心尔"。结合证据加强案件实情的客观性,况且这项职分田,属于官府财产,其父亲的遗嘱,其母亲的状

---

[1] (战国)左丘明撰:《左传上·隐公十一年》,(西晋)杜预集解,上海古籍出版社2015年版,第39页。

[2] 参见(宋)朱熹:《四书章句集注今译下·中庸章句》,李申译,中华书局2020年版,第945页。

[3] (宋)程颢、程颐:《二程集·河南程氏遗书》卷十一《明道先生语一》,王孝鱼点校,中华书局1981年版,第124页。

词,加之官府的凭证和"累政太守之判凭"从上述书证可证明李茂先的承佃权具有合法性。王有成"背父母之命""怙终不悛",他的"嚣讼"诉讼请求不符合理法。官府的裁判结果为王有成父子诉争官府历时十多年,应当依法惩处。王有成"决竹篦二十"。

可见养儿防老并不可靠,因此父母会在生前析分,留一份给自己,称为养老田。养老田的财产权属为家庭共财,"合照淳佑七年敕令所看详到平江府陈师仁分法",参照陈师仁分配法,先从家庭共财中分出养老田即拨付田产给李氏维持生计,其余田产物业平均分为三份,各自开立户头,如此既合乎人情也符合法律规定,可以杜绝纷争,"可以永远无所争竞"。① 司法实践中关于养老田争讼在于父亡母在,此时户籍是存在的,妇女成为户家长。为析产避赋役,子孙不得诱惑寡母出嫁,不得盗卖寡母的养老田。同时寡母也不能随意处置财产如养老田。宋代司法官以实质思维中的合理性为导向,虽然养老田作为家庭共财不能随意处置,但是权衡情理因素,考虑社会养老风俗习惯,从人文关怀角度,给予寡母处置养老田的一定的权益,但是又不能不利于家庭和睦,对寡母处置养老田的权利给予限制。这也是宋代司法"规则之治""理性之治"的体现。

如在案例"买主伪契包并"中,②外人伪造字迹,假冒子盗卖养老田。寡妇阿宋的诉讼请求为:黄宗智伪造契约,侵占田产,请求契约无效。该案争议焦点在:黄宗智签订的契约法律效力如何。翁浩堂认为官司要"尽情根理",首先从事理入手,查明案件

---

① 中国社会科学院历史研究所宋辽金元史研究室点校:《名公书判清明集》卷九《户婚门·违法交易·"业未分而私立契盗卖"》,中华书局1987年版,第303页。

② 参见中国社会科学院历史研究所宋辽金元史研究室点校:《名公书判清明集》卷九《户婚门·违法交易·"买主伪契包并"》,中华书局1987年版,第305页。

客观事实。官府查明：寡妇阿宋有三个儿子，长子宗显，次子宗球，幼子宗辉。家中产业析分为三份，从产业中专门保留门前池塘、东丘谷田以及另一口池塘，充当阿宋的养老产业。嘉定十六年(1223年)，阿宋和次子黄宗球与黄宗智签订田产出典契约，约定从东丘谷田中抽出 1/3 的谷田，出典给黄宗智。有出典干照、阿宋、黄宗球、牙人、黄宗智的签字画押。司法官审查契约和字迹后认为此份交易合法，家庭共财由母亲和承分人的签字画押予以认可。可见父母在世，养老田经众子和母亲的同意，可以出卖、典当等。黄宗智提供的第二份嘉熙元年的契约，上面只有黄宗辉、黄宗显的签字，没有牙人和阿宋的签字画押。况且黄宗显的字迹与供状上的字迹不同，黄宗辉在嘉熙元年之前已经身故，此份契约签名明显伪造。从案件情理分析，黄宗智用心不良，欺负阿宋一家孤儿寡母，伪造假契，想变典为卖，"因得黄宗球一分之业，遂假立弊契，欲包占三分"。官府判决黄宗智伪造契约占据田产，责杖刑一百，真契返还原主，假契勾销作废附入案卷。同时，保护寡母的诉讼权利，发给阿宋公据为凭证。

由上述可知，宋代家产共财争讼中诉讼标的有家庭中的未析分财产、父母的养老田、家族中的墓祭田，私自析分共财者有尊长也有卑幼。随着社会经济发展，赋税制度的改革，家庭模式也由大家庭模式转变为小家庭，家庭成员为了各自利益争夺家庭共财。司法官秉持规范性和人文性的审判理念，以理公断。在判词的裁判依据中强调法理解释和事理的法律论证，在裁判理由中参酌情理进行权衡推理。在同居共财中对父家长的财产处分权进行事理辨析，查明契约的真伪性；在旁系家庭共财中以当事人的请求权为基础，调查家庭财产的权属事实，作出以法适"理"的判决；在墓祭田争讼中通过辨析事理，从事实、价值和规范中区分田产的所有权和墓地的占有权;在养老田争讼中司法官以实质思维和衡平思维,权衡情理因素,给予孤寡母一定财产处分权,又从维护家庭共财角度对此权利予以限制,体现宋代司法的"规则之治"和"理性之治"。

三、关于家庭私财案件争讼

上文对宋代家庭共财的争讼作了相关陈述,既然在大家庭中存在共财,那么根据相对概念,家庭私财也是存在的。基于中国独有的传统伦理价值观念,用现代西方法律体系中的私有制来研究中国古代的私有财产权是具有局限性的。家庭私有财产权是以家、户为单位,以个人名义而进行的一种家庭私有财产交易行为,表现形式为:在直系血缘小家庭中子相对于父就是私财,旁系血缘家庭中兄弟已析分之财相对于未析分家庭共财就是私财,在累世同居大家庭中妇女的妆奁相对于族产就是私财。陈景良认为,宋代私有权从三个层面讨论:一是家庭之私,个人交易包含着家庭伦理即家庭成员的利益,田宅的所有权的主体是"家"或"户"。二是外商财产的个人之私,死商客户的财产若有家人亲属随行,所有权归家人亲属。三是伦理个体之私,宋代"家庭成员个体之私"表现为:妇女的奁产、诸子析分的家产、父母的养老田、继子或赘婿的财产继承权、个人自己经营或者仕宦所得财富。[①] 但是文章没有从宋代家事审判类型中分析家庭私财争讼的司法实践。黄宗智虽然没有在理论上从司法实践的角度中讨论清代的法律体系,但是也可以看出司法实践中保护了许多的民事权利,如所有权、收债权和继承权。由此可见,中国古代在私有财产方

[①] 参见陈景良:《何种之私:宋代法律及司法对私有财产权的保护》,载陈景良:《跬步探微:中国法史考论》,法律出版社2022年版。

面是具有个人权利的事实存在。① 从唐宋变革论的角度揭示,宋代家事审判中民众的人身权与财产权不断得到稳定和巩固。尤其可以从宋代以来的民事法律中考察:别籍异财律、亲邻先买法和叔侄争产纠纷,这些纠纷既涉及私人权利又有家族伦理,司法实践中法官秉持的是规范性审判理念和实质思维,并不是传统观点认为按照儒家理想规划蓝图,不像处理普通人之间财产争讼,严格依据法律和契约作出判决,而是彰显长幼尊卑之别,"与其屈兄,宁屈其弟"的情理化的审判。② 在叔侄争产案中,司法官保护卑幼侄子的正当诉权和财产权益,这就与刑法领域不同,宋以来的家事法并未呈现法律儒家化的趋势。综上,本书将从已析分家产的兄弟争财、亲邻权私有产权、叔侄争产三个案件类型中讨论宋代司法官理性审判理念、思维和法律适用方法,以此探寻在宋代家族范围内的个体伦理之私。

(一) 家庭私财争讼中"参法意""达人情"的审判理念

"夫法令之必本人情,犹政事之必因风俗也。为政而不因风俗,不足言善政;为法而不本人情,不可谓良法。"③南宋名公、理学家真德秀认为法律的制定要体现民众的道德情感,以实质思维注重社会实践和法律条文的差异,司法官员既要依据法理也要达于人情,充分考量案件的情理因素,以衡平思维权衡情理参考法律的规定作出裁判。有学者认为,南宋理学家引经讨论狱事的活动

---

① 参见[美]黄宗智:《清代以来民事法律的表达与实践:历史、理论与现实(卷二)》,法律出版社2013年版,第165~166页。
② 参见赖骏楠、景风华:《法律儒家化未曾发生?——以家庭法制为中心》,载《学术月刊》2023年第2期。
③ 曾枣庄、刘琳主编:《全宋文》第312册卷七一四五《真德秀 一一》,上海辞书出版社、安徽教育出版社2006年版,第193页。

更加具有普遍性,其中以李椿的"狱讼五卦"中有关"情理"的讨论分析最为著名。作者虽然提出以《易经》五卦为切入点,把"得情""明情"当作狱讼裁判的"义理"所在,既是强调案件事实的查证,申明法律适用应该契合于案情事实,也是强调要把握特定情境下超越于制定法的伦理规范,以"情理"衡量狱讼的公正性。①这是作者研究宋代裁判方法的"理"学术亮点,但是诸理在具体法律是如何适用,尤其刑事案件与民事案件的不同,民事案件中又因案由的不同,诸理法律适用应当有所区别分析。笔者受此启发,南宋家产争讼中的审判理念可通过《易经》中的狱贵明情概括为"达人情",诸理在家事审判适用中从事实、规范和价值区分的基础上,表现出的家事审判原则为"惟其是""惟其理""惟其公"。

具体分析如下:南宋理学家李椿认为"狱之事体不出乎五卦之时",这五卦分别指《噬嗑》《贲》《丰》《旅》《中孚》。该五卦卦象为:噬嗑 ䷔、贲 ䷕、丰 ䷶、旅 ䷷、中孚 ䷼。前四卦均有离卦 ☲,离者,明也,亦指光明之道。《大象》对《旅》卦象解释为:山上有火,旅。意思是:"君子以明慎用刑而不留狱。"② 李椿认为《离》上《艮》下。在上者高而明,在下者止其所。《艮》卦卦象可为义,含义为时止则止,时行则行,亦有光明之道的蕴意在内。因此,从《旅》卦上下卦象来分析,都有明的意思,所以可以得出听讼断狱"要得其情,刑当其罪之时也"。③ 中孚卦,大离象,上下为实而中间为虚,即初爻、二爻、五爻和上爻皆为阳爻,而三爻和四爻皆为

---

① 参见王小康:《"法"中求"理":南宋士大夫的法律哲学与裁判方法》,中南财经政法大学 2021 年博士学位论文,第 241~245 页。
② 杨天才、张善文译注:《周易下经·旅》,中华书局 2011 年版,第 487 页。
③ 曾枣庄、刘琳主编:《全宋文》第 207 册卷四五九八《李椿 二》,上海辞书出版社、安徽教育出版社 2006 年版,第 263 页。

阴爻,有离象☲,亦王明,并受其福。谓王者,中信笃诚,光照四表,格于上下,而信著远方。含有明情之义。① 故南宋理学家在研讨狱讼审判制度的原理中,既要查明案件实情又要参照案件情理,形成了规范性和人文性的审判理念。在家产私财争讼案件中表现为"参法意"和"达人情"的审判理念。吴恕斋认为"参法意"的审判理念是"于法意人情,尚有当参酌者"。② 南宋名公认为规范性的审判理念是以"理"为据,以证据为基础,"民诉各据道理,交易各凭干照"。

家产私财争讼的"参法意"审判理念体现为:一是依法"理"讼。家事争产案件审理原则就是有法律依据法律,无法律依据习惯,无习惯依据法理。在田产契约内容不明的情况下,依据法律规定就不能作为证据使用,"契要不明,已更五十年以上,何可照使"?③ 根据田产纠纷的复杂度,其背后的法理是如果提起关于田产纠纷诉讼,契约不明或者历时二十年,受让人、出让人死亡的,官府不受理此类案件。乡原体例中规定,订立契约要写明田产的字号、面积,凭借此契据才能到官府钤印。如果没有相关的具体内容,就属于契约不明,不仅官府不会承认,而且会认定为伪契,构成欺诈,要判处杖刑。④ 二是辨实真伪。一方面司法官根据案情决定是否理讼。原则上规定官司受理田宅诉讼的时间。《宋刑

---

① 参见王文采撰:《周易经象义证(下)》,九州出版社2012年版,第637页。
② 中国社会科学院历史研究所宋辽金元史研究室点校:《名公书判清明集》卷六《户婚门·赎屋·"执同分赎屋地"》,中华书局1987年版,第165页。
③ 中国社会科学院历史研究所宋辽金元史研究室点校:《名公书判清明集》卷四《户婚门·争业上·"章明与袁安互诉田产"》,中华书局1987年版,第111页。
④ 参见中国社会科学院历史研究所宋辽金元史研究室点校:《名公书判清明集》卷四《户婚门·争业上·"高七一状诉陈庆占田"》,中华书局1987年版,第103页。

统》卷十三《婚田入务》门中规定：凡是有关田地、住宅、婚姻、债务借贷等类的诉讼案件，官府的受理时间为每年的10月1日以后，到农历正月的30日停止受理案件。每年的3月30日以前官府必须审理完所有案件，如果没有在审限内结案的，"具停滞刑狱事由闻奏"。如果是涉及财产互相侵夺等诸如此类的纠纷，但是"不干田农人户者"，官府可以随时受理审判，不受上述受理期限的限制。例外情况就是"应婚田之讼，有下户为豪强侵夺者，不得以务限为拘。如违，许人户越诉"。① 另一方面司法官理断曲直，查明案件事实。胡石壁曾说："户婚之法，不断则词不绝"。② 司法官认为裁定田地诉讼案件要以契约干照为依据，还要结合证人证言，"但察推谓予夺田地之讼""参合众人之公论耳"。③ 三是现场勘验。宋慈提出"狱事莫大于大辟，大辟莫重于初情，初情莫重于检验"，④田产争讼案件历时多年，案情复杂，司法官需要现场勘验，实地调查取证，才能查明案件事实真相。女道士王道存凭借道观文书，欲吞并与熊氏数十家人的争讼地界，包括数十家人所居住的房屋，安葬先辈的坟地。被告熊氏等数十家人也有数年的文书作为证据，且都记载了经界。案件事实真伪不明，一审司法官何主簿"亲至地头看定，得见合给还人户分明"，二审司法官也"亦尝亲至其地"，发现案件实情"余登、谭老太之坟，乃在江、邓、饶、聂坟之外，去塜最远，今乃舍其近而攻其远，此其出于王道存

---

① 刘琳等点校：《宋会要辑稿》第14册《刑法三之四八》，上海古籍出版社2014年版，第8418页。

② 中国社会科学院历史研究所宋辽金元史研究室点校：《名公书判清明集》卷四《户婚门·争业上·妄诉田产》，中华书局1987年版，第123页。

③ 中国社会科学院历史研究所宋辽金元史研究室点校：《名公书判清明集》卷六《户婚门·争屋业·叔侄争》，中华书局1987年版，第189页。

④ （宋）宋慈：《洗冤集录》，杨奉琨校译，群众出版社2006年版，"序"第1页。

之私忿,无可疑者"。①

宋代理学家朱熹认为"情者,性之动也",②戴震曾说,"达己之情者,广之能达人之情"。"达人情"的审判理念体现为:首先司法官参酌情理,权衡当事人诉求和利益。胡石壁在审理周子遵诉罗友诚民间借贷一案中,③他认为案件要考虑当事人的经济情况和社会稳定秩序,"文移往来,动是旬月,淹留城市,出入官府,纵是尽如所欲,亦恐得不偿失"。结合被告贷款人的经济状况"况罗友诚一贫如此,断是无所从出","官司虽有理索,岂能一一如约"。从被告的实际情况处理案情"今只得酌情处断"。其次保护孤幼的合法权益。吴恕斋在审理寡妇阿曹诉赘婿梁万三盗卖家财一案中,④宗族亲戚中有人不幸夭折,死者的妻子柔弱孩子幼小,而且还没有继绝后嗣之人,这种情况最为可怜。但是宗族亲戚对丧葬之事一概不提,只知道盗卖孤儿寡母的财物或是收藏隐匿契约文书、盗卖其田地等无义行为,此种风气最为薄恶。从天理人情角度出发,所有被梁万三已经占据使用或者出典与买卖的田产,仍要求其要依法返还,希望如此处置既能够顺应天理又合乎人情。同时警告梁万三还敢恃强欺凌占据产业,立即将其解送到监狱,交由监狱官吏审问,依法实施追究,"照条施行"。最后审慎处

---

① 中国社会科学院历史研究所宋辽金元史研究室点校:《名公书判清明集》附录二《勉斋先生黄文肃公文集·"崇真观女道士论掘坟"》,中华书局1987年版,第583页。

② (宋)朱熹撰:《四书章句集注今译下·孟子集注·告子章句上》,李申译,中华书局2020年版,第790页。

③ 参见中国社会科学院历史研究所宋辽金元史研究室点校:《名公书判清明集》卷九《户婚门·库本钱·"领库本钱人既贫斟酌监还"》,中华书局1987年版,第335页。

④ 参见中国社会科学院历史研究所宋辽金元史研究室点校:《名公书判清明集》卷七《户婚门·孤寡·"宗族欺孤占产"》,中华书局1987年版,第236页。

理涉宗族群体性家产纠纷。胡太初说:通常情况下,诉讼之事必然存在一胜一负,胜利方会感到喜悦而失败的一方则必定不会快乐,"胜者悦而负者必不乐矣"。普通愚民由于缺乏智慧和理解力的相关知识,容易暂时被人鼓励和诱导,认为自己是有理,"故来求诉"。这种情况下不能直接依据理法判决,"若令自据法理断遣而不加晓谕,岂能服负者之心哉"?需要让当事人双方当庭供对,审慎处理,明确要求双方在官府中公开陈述事实,"明加开说",使得对方自知道自己的错误(理亏),随即寻求和解。虽然无法调解,但也能够"彼受曲亦无辞矣"。① 胡石壁指出诉讼的兴起,原本就不是好事,生业荒废,家财受损,胥吏索要钱财,差役斥责羞辱,路途奔波,牢狱拘禁。与宗族争讼,"则伤宗族之恩";与同乡争讼,"则损乡党之谊"。侥幸获胜,伤害已多;不幸败诉,虽悔莫及。从事理角度审慎案件,当事人确实是遭受冤屈,或者贫困而被富人算计兼并,或者贫弱而被豪强迫害,或者蠢愚而被智人算计,遭遇横暴无理,欺人太甚,"不容不一鸣其不平,如此而后与之为讼,则曲不在我矣"。②

(二)家庭私财争讼中"诸理"的法律适用

宋代的财产权利分为共财和私财。从政策、家庭结构和土地权属变化可分析宋代私财存在的事实。从国家政策发布看,宋仁宗景祐四年(1037年)正月乙未的诏书,首次以法律形式承认了成人男女"白手起家"所赚得的财产属于个人所有,柳立言提出宋

---

① (宋)胡太初:《景印文渊阁四库全书·史部三六〇·职官类》第602册《昼帘绪论·听讼篇第六》,台北,商务印书馆1983年影印本,第714页。
② 中国社会科学院历史研究所宋辽金元史研究室点校:《名公书判清明集》卷四《户婚门·争业上·"妄诉田业"》,中华书局1987年版,第123页。

代法律呈现出"中产之家"的特色,局部打破了儒家传统。①戴建国指出两宋时期独具特色的"一田两主制",反映了宋代良民佃户的身份演变,显示了土地产权关系的多元化发展。宋代官府为实行赋税、户籍人口的管理和职役的征差,实行的是一田一主制,而司法实践中官府对民田交易中存在的"一田两主"制的认可,是影响其后明朝和清朝两代数百年的"一田两主"制的源头。②程民生认为,宋代无论是国家政策还是法律均对私有财产保护按照公有财产保护同等对待。这说明官府重视私有财产的权属事实的实质状态。③在家产私财争讼中,从民事主体看多发生在旁系家庭结构中,比如兄弟和叔侄之间的家产私财纠纷。从民事法律关系看家庭成员有关亲邻优先购买权纠纷,此类案件中司法官更维护个体的私有财产权利,不仅分析案件中的法理、论证事理,而且注重个案情理在法律推理中的权衡作用。本文将结合旁系家庭模式,讨论司法官在审理家产私财争讼中关于"诸理"的审判思维和法律方法。

1. 析理在法理解释中的适用

亲邻优先购买权是法律对保护族产的一种优惠权利,是亲属和邻里族人享有的田宅优先权和执赎权。然而司法实践中家庭成员之间为了各自利益,在别籍异财的风气影响下,为争夺族内产权而发生纠纷不断。宋仁宗天圣七年(1029年)五月,太常博士王告向朝廷奏报说:臣在桂州地区任通判时,每年在务开时节,

---

① 参见柳立言:《宋代同居制度下的所谓"共财"》,载柳立言:《宋代的家庭和法律》,上海古籍出版社2008年版。

② 参见戴建国:《宋代的民田典卖与"一田两主制"》,载《历史研究》2011年第6期;戴建国:《从佃户到田面主:宋代土地产权形态的演变》,载《中国社会科学》2017年第3期。

③ 参见程民生:《论宋代私有财产权》,载《中国史研究》2015年第3期。

当地民众就为家产争讼,官府审理时发现多是陈年旧事。当地在伪刘政权时候流行祖父母、父母在,子孙如果娶妻,就可以分家,别籍异财的习俗。但这种不良分家习俗导致子孙将祖业荒废,如"敏于营度,资业益蕃","惰不自修,田亩芜废",以至于尊亲"沦逝",等到朝廷收复该地,该地民众才知道朝廷的《编敕》法律规定,要在祖父母、父母亡殁后才能开始分产。当地民众开始设计狡猾奸计以图谋产。还有当地同乡党里巷代写讼辞的人教唆起诉,让民众提起重新分配家产的诉讼,"洎勾捕证佐,刑狱滋彰,或再均分,遂成忿竞"。每位新官到此任职,这些刁民就会轮番起诉。真正为财产争讼的勤恳之民,有冤情无处诉讼,而这些游手好闲之辈,多凭侥幸通过诉讼争产。①

北宋在宋太祖建隆年间颁布法律规定:民众典卖、倚当物业,先要问房亲,如果房亲不要,再问四邻,四邻不要,业主才能与他人交易。② 司法实践中关于亲邻权的定义法律规定模糊,家庭成员为此发生争讼。司法官通过分析亲邻法的法理,用法律解释阐释房亲和四邻的义理,查明契约性质,讲明事理、权衡法理与情理因素,在法律推理中比附援引儒家经典,加强判词释法说理功能,让民众知晓亲邻法的含义。如在案例"漕司送邓起江淮英互争田产"中,③邓震甫提起诉讼请求:要求按照亲邻优先法回赎九姑坛田产。该案争议焦点为九姑坛田产出典人是谁? 现在占有使用

---

① 参见刘琳等点校:《宋会要辑稿》第 14 册《刑法三之四三》,上海古籍出版社 2014 年版,第 8415 页。

② 参见(宋)窦仪等详定:《宋刑统校证》,岳纯之校证,北京大学出版社 2015 年版,第 175~176 页。

③ 参见中国社会科学院历史研究所宋辽金元史研究室点校:《名公书判清明集》卷四《户婚门·争业上·"漕司送邓起江淮英互争田产"》,中华书局 1987 年版,第 119~120 页。

人是谁？按照亲邻优先法享有回赎权的人又是谁？官府查明：邓文礼与邓先是亲兄弟，邓震甫与邓文礼是堂兄弟，邓文礼已经身故。宋宁宗开禧二年（1206年）以后，江子诚承典邓文礼田产三处，一处叫九姑坛，另外两处叫大畈尾和水井，这两处田产已经由邓震甫按照亲邻之法回赎，但是案涉争议田产九姑坛的权属不明。司法官查明九姑坛的田产登记在江子诚的名下，江子诚向官府供述已将九姑坛退还给邓先，但邓先并没有赎买该田产，田产的播种人现在是邓文礼的儿子邓十二。司法官认为虽然江子诚想通过邓先占有该块田产，不享有对九姑坛田产的占有使用权，但是邓震甫也不享有对该田产的回赎权。一是"揆之于法，自有专条"，依照亲邻法的法理分析，邓先与邓文礼是亲兄弟，依照亲邻之法，优先权有先亲后疏，邓先既然已经承认享有亲邻法的优先回赎权，那么邓震甫就没有理由与其争讼。二是讲明事理，审查契约的性质为典契，九姑坛的契约为出典，业主之子尚在，邓震甫没有强行占据的道理，"纵邓震甫可得，他日取赎，亦须退还，无强留之理"。

宋朝随着土地交易流转的频繁，典卖发展受到法律和政策的保护。转典促进了宋代土地的流通，出典人因为经济能力等各种原因无法及时回赎田产，造成土地的所有权和使用权的长期分立，也是宋代形成独有的"一田两主"制的原因。为了维护土地现实占有和使用权利，司法实践中对于亲邻优先权的限制越来越严，司法官坚持依据法条，摒弃不合时宜的私情人意。不仅对亲邻作出严格的字义限制，而且对出典田产的回赎权时间也作出更加细化的规定。如在案例"妄赎同姓亡殁田业"中，[①]原告江氏的

---

① 参见中国社会科学院历史研究所宋辽金元史研究室点校：《名公书判清明集》卷九《户婚门·取赎·"妄赎同姓亡殁田业"》，中华书局1987年版，第319~320页。

诉讼请求为被告江文辉等人妄自收赎身故的江通宝已经出典的田产。该案的争议焦点为江文辉是否享有亲邻优先权，回赎江通宝的田产。官府查明：江朝宗系江氏的父亲，宋孝宗淳熙十五年（1188年）江朝宗承典江通宝田地共三段，支付现钱一百贯。又于宋光宗绍熙四年（1193年），再次承典田地二段，支付现钱一百贯。宋宁宗嘉定五年，江朝宗将五段田拨付给江氏，作为奁妆，嫁给黄主簿。根据法律规定：依据朝廷所颁发的申明与指挥：出典产业的契约当事人死亡，经过三十年的，官府不予受理。司法官认为江文辉妄自收赎江通宝已经出典的田产于法无据。理由为一是不符合法理。该案从江朝宗到江氏儿承典至今已有四十八年，承典人江朝宗和出典人江通宝均已经亡故，依据法律规定官府不应当受理此案。二是根据亲邻回赎法规定，回赎人必须是出典人的亲属。根据江文辉供称自己为江通宝的直系子孙，根据其提交的江宗闵宋宁宗庆元三年（1197年）的分家文书，江浩生有二子，长子二十八生有一子江彦，次子三十生有一子江宗闵。分家文书上没有江通宝的名字，但在"三十"旁添加了"名通宝"。司法官认为该节事实的证明力不足，既然没有江通宝的正式名字的分家支书，难以辨明属于江浩的嫡亲子孙。三是根据交易惯例，既然要赎回田产，必须提交当年出典契约。江文辉无法提供，其请求依据没有证据支持。四是根据实地勘察记录，江文辉所指的记载出典田地与契约内的田地名称不同，并且是添加的地段，不能作为证据使用。五是江文辉提交了另外年代久远的契约和纳税凭证作为补充证据，但是因为时间过久不能反映土地权属的实际变动情况，难以作为证据。

宋高宗绍兴二年（1132年）八月二十九日，有臣僚上言道：典卖田宅按照法律规定需要依次问邻至。根据近几年的市场行情，米价上涨,田价也相应增高,因此就有妄诉之人为争田产利益而起诉。理由有:在业主典卖田产五至七年后,自称有房亲、墓园邻至,曾经业主典卖田产时自己没有签字批退。此类家产争讼案件较多,请求依照绍兴令,"三年以上,并听离革"。又因为该条法令日期限制过于宽松,争讼案件依然没有减少,请求国家"请降诏旨,并限一年内陈诉"。① 为减少亲邻优先权对土地交易的正常流转的干预,立法和司法实践中逐渐对亲邻权的亲邻含义、回赎时间作出限制规定,以避免家庭成员之间就此产生纷争。

2. 辨理在事理论证中的适用

同居共财家庭成员为了私利都能相争共财,何况在同居情况下,私财与共财并存,难免不起侵占吞并之心。横渠先生张载对《仪礼·丧服》中传文"古者'有东宫,有西宫,有南宫,有北宫,异宫而同财'"的情况提出自己的见解,他说到此礼亦可行。古人考虑长远,目下虽似相疏,其实如此家人才能长久和睦相亲。比如数十百口之家,"自是饮食衣服难为得一",从饮食生活起居上百口之家难得统一,作息一致,所以有分者,避子之私也,允许子有私财。"又异宫乃容子得伸其私",从人性偏私上讲"子不私其父,则不成为子"。张载的意思是兄弟"逐位"分房是合乎情理的,因为兄弟可以单独作息,没有必要连吃饭也同一时间同一地点,"故异宫,犹今世有逐位,非如异居也"。② 朱熹赞同张载的意见。他认为虽然服制上应该遵从古制"古者宗法有南宫、北宫",古代宗法强调嫡长子继承制,长子死立长孙,但是如今宗法已坏绝,长子

---

① 刘琳等点校:《宋会要辑稿》第 12 册《食货六一之六四》,上海古籍出版社 2014 年版,第 7471 页。

② (清)茅星来:《景印文渊阁四库全书·子部五·儒家类》第 699 册《近思录集注·卷九》,台北,商务印书馆 1983 年影印本,第 315~316 页。

死不用长孙而用次子,显然违背宗法原则。但是感叹之余也只能从今法,"今若同爨固好,只是少间人多了,又却不齐整,又不如异爨"。① 高闶说到"异居同财有余,则归之宗。不足则资之宗"。他认为今天兄弟各房在日常生活、经济收入和消费都独立自主,这是比较符合实际的做法。现在的人并不理解古代人的分居另住的意义,"今人不知古人异居之意",而认为他们分家另住,就要自畜财产,"而乃分析其居更异财",岂不会产生误解?②

兄弟通过分家析产,划清各自的私有财产权属的界限,以减少财产纷争。赵彦霄鉴于兄彦云惟好声色博弈是娱,生业坏已逾半,谏之不入,遂求析籍,财产乃各居其半,③避免长为争财利欺瞒幼者,盗卖、侵占幼者的私财份额。司法实践中兄长盗卖胞弟私财的情况较多,司法官采取"察情·依因·据理"三要素结合的法律论证讲明事理,以实质思维审查契约的真实性,保护胞弟的已析分的私产。同时,司法官秉持恤幼怜孤的人文审判理念,维护处于弱势的胞弟及其家人的合法权益,如在案例"从兄盗卖已死弟田业"中,④原告阿刘的诉讼请求为:被告丘庄盗卖亡弟丘萱已经分配的田产,请求官府追回已盗卖的田产。丘庄辩称为丘萱在世时与其一起签订的田产买卖契约,不是盗卖。该案争议焦点为

---

① (宋)黎靖德编:《朱子语类》卷九十《礼七·祭》,王星贤点校,中华书局1986年版,第2308页。

② 参见(宋)刘清之:《景印文渊阁四库全书·子部九·儒家类》第703册《戒子通录卷六·送终礼》,台北,商务印书馆1983年影印本,第73页。

③ 参见(元)胡炳文:《景印文渊阁四库全书·子部二五八·类书类》第952册《纯正蒙求卷上·长平诣贼彦霄分家》,台北,商务印书馆1983年影印本,第18~19页。

④ 参见中国社会科学院历史研究所宋辽金元史研究室点校:《名公书判清明集》卷五《户婚门·争业下·"从兄盗卖已死弟田业"》,中华书局1987年版,第145~146页。

丘萱是否在生前与丘庄一起订立出卖自己田产的契约。官府查明：丘庄别名丘六四，是丘萱的堂兄。丘萱与阿刘成婚，无子，身故。丘庄在丘萱身故后，欲插手丘新立嗣一事，失败后，将丘萱已经分配三瞿里的五十亩田产私自与朱府订立买卖契约。该节案件客观事实有丘庄的供认。但丘庄后来翻供，辩解自己是被县狱逼供。该节事实真伪不明。司法官认为客观事实无法查明的情况下，以实质思维核查物证与证人证言、书证之间的关联，推理案件实情。根据经验法则，事物的常理逆向推测该案情理均不符合丘庄所陈述的事实：在丘庄与朱县尉的买卖交易中，丘庄无法说清交易对象和交易地点。而朱县尉家的仆人范寅证言与丘庄陈述的丘庄领丘萱到朱府进行交易不符。在丘庄与朱总领的买卖交易中，丘庄同样无法说清交易对象和交易地点，而总领的仆人王传证言与丘庄陈述的丘庄领丘萱到总领府进行交易不符。根据丘庄提供的契约文书，契约的内容与丘庄供述、证人证言均不符。司法官审理意见为"何缘可得其实？""但以理密察之"（明刻本），点校本改为"但以意密察之"。从事物的常情常理推断丘庄为侵占亡弟丘萱的私财而伪造契约。上述事实的价值评判为如果订立契约、委托牙人、领取钱款，均出自丘庄一人之手，岂有交易的地点前后如此错杂无法确定的吗？但根据三要素结合的法律论证，事理的讲明还需要证据的支持，才能作为案件的规范依据。出于保护善意交易第三人的权益"朱府名贤之阀，举动悉循理法，此等交易，断不肯为"。司法官拟定案件两个审查处理结果，押解丘庄前往朱府请求提供原契，与官府的契约样本对比查看丘萱的字迹是否相同。如果相同，交易合法有效，阿刘的诉求应被驳回。如果不同，根据法律规定，交易非法，属于盗卖行为，丘庄定为盗赃，将收取的钱款赔给朱府，保护孤寡幼弱的合法权益,即将案涉田产归还给阿刘,但对阿刘的田产所有权进行限制"仍旧照契佃,却不许非理典卖"。

3. 权理在情理推理中的适用

在传统父权制大家庭中,同居共财是理想的家庭结构形式。随着宋代以来民间产权实践的形成,受到民间别籍异财风气的影响,宋代政府不仅从法律上修改承认子孙的部分财产私有权利,而且在诉讼权利中维护卑幼诉告尊长侵占私财的不当行为的权利。根据儒家"无讼"思想下的家事争讼,卑幼不能告尊长,无论实告还是诬告,与尊长告卑幼相比,卑幼告尊长的处罚总体上更重,而且尊长与卑幼的亲等愈近则罪亦递增。[①]《唐律疏议》规定:凡是告期亲尊长、外祖父母、丈夫、丈夫的祖父母,虽查证属实,也得处徒刑二年;……告大功亲尊长,各减罪一等;告小功、缌麻亲尊长减罪二等。《宋刑统》除了将期亲改为周亲,其余内容沿袭唐律,同样对卑幼告尊长的诉讼权利作出限制。但是根据宋代基层官府处理家事中亲属争讼案件,呈现的却与儒家立法构制的理想型有所偏离。司法实践中司法官根据案件情理,依据契约、查明亲属财产的私有权,讲明权属的事理,根据相关的法理、事理,权衡情理,采用"依法·比附·疑谳"的综合权衡的法律推理方法,在法理与情理之间,维护卑幼的正当诉权和合法的财产权益,提高判词说理的有效性,如在案例"叔侄争"中,[②]司法官审查诉讼案件的重点不在于是尊长诉卑幼还是卑幼诉尊长,而是根据原告的诉讼请求,以实质思维预判案件的法律关系。对于疑难案

[①] 参见瞿同祖:《中国法律与中国社会》,商务印书馆2010年版,第70~71页。

[②] 参见中国社会科学院历史研究所宋辽金元史研究室点校:《名公书判清明集》卷六《户婚门·争屋业·"叔侄争"》,中华书局1987年版,第188~191页。

件来说,二审官府需要比照相关法律条文,阐明法理,根据事理之常理,重新审谳。

观察推官的意见是审理田地诉讼案件,查明事实要以契约干照、邻里族人的证人证言为依据。原告盛荣的诉讼请求为:被告盛友能侵占古路与祖坟、强占竹地和桑地。该案的争议焦点为盛友能是否具有古路、祖坟、竹地、桑地的所有权?官府查明:盛荣与盛友能是堂叔侄关系。由于两者贫富程度不同,盛友能擅长理财,但未周济过盛荣。盛荣擅长口舌之争,两人就此兴起连年之讼。针对盛荣提起的第一项诉讼请求:盛友能侵占古路与祖坟。司法官认为首先要查明盛荣是否享有古路与祖坟的所有权,才能提起侵权之讼。官府查明古路不是盛荣的使用路段,祖坟不是盛荣的亲祖宗。司法官认为该节事实的价值为如果友能跨越古路有邻居作证并不妨碍大家通行。"所争古路……乃众人所由之径也。"如果盛卸三作证说祖坟没有被侵占,"所争古墓……乃同姓盛卸三之祖墓也",则以上两项诉讼请求的理由和事实于理于法无依据,是原告盛荣的荒诞无稽之词。司法官认为针对盛荣的第二项诉讼请求:友能强占竹地、桑地。司法官查明竹地是盛文旺和盛文贵分得的家产,盛文旺是盛荣的父亲,盛文贵是盛友能的祖父。盛友能现在全部占据竹地的事实,没有凭证可以证明其享有全部竹地的所有权。司法官认为该节事实的规范依据为盛友能占据全部竹地是否有相关的购买契约作为凭证,一审官府未能就此事实进行查明。针对盛荣诉盛友能强占桑地诉讼请求,司法官认为需依照法律条文、法理和参酌情理,"揆之条法,酌之人情"。

官府查明盛荣父亲盛文旺早先购买盛文智的产业,绍定年间被侄子盛友闻盗卖给盛友能。一审县衙官府从事理之常理分析:盛荣与友能是同族叔侄,住所相近,"安有绍定二年卖过此产,而不知之理"？根据卑幼私自典卖土地的法律规定：凡是同居的晚辈私自典卖土地，"在五年内者，听尊长理诉"。盛友能获得此块桑地后已经历时 14～15 年，土地的地上物增加了土地的价值，地上物有：土地上的房屋已经建成，种植的竹子长成了竹海。根据法律规定：凡是祖父母、父母已经亡故，因而典卖众人共有田地，私自占有钱款的，按照份额追还田地，勒令原典卖人偿还受让人价款；交易时间满十年的免于追还田地，只赔偿钱款。不应取回产业。此处五年和十年的诉讼时效的规定，是官府保护民事权利的一种法定期间，该制度的主要目的就是督促权利人积极行使权力，与现代民法中的调整思路——法律不保护睡眠于权利之上的人，有异曲同工之效。因为随着时间的推移，当事人之间的纠纷事实的查明、证据保存会越发困难，为权利人行使权利设置一定的时间限制，也是为了督促其保存证据、主张权利，不仅权衡案件的情理因素，还在事实和规范之间平衡双方的价值利益关系，这样有利于维护正常的商业交易行为，稳定市场秩序，防止投机倒把，也能够合理配置有限的司法资源，增加了权利实现的可能性。官府结合法理，根据查明的事理，保护合法真实的契约，承认卑幼的私财所有权。判决盛友闻将盗卖土地所得钱款按份额偿还给盛荣，原先出卖的契约仍旧还给友能掌管产业。

由上述可知，宋代家庭私财争讼案件类型包含已析分财产中的兄弟争财纠纷、亲邻优先购买权纠纷、叔侄争产纠纷。在家庭私财纠纷中，司法官的审判理念一为"参法意"：依法"理"诉；辨实真伪；现场勘验。二为"达人情"：参酌情理、权衡当事人诉求和利益；保护孤幼的合法权益；审慎原则处理宗族群体性家产纠纷。宋代私财产生的冲击下，家事法中用来维护儒家家族伦理的内容有所修改且有弱化的倾向。在有关亲邻优先购买权纠纷中，司法官注重维护个体的私有财产权利。通过析理在法律解释中的适用,义理阐释亲邻权的含义,保护典卖田产交易,对亲邻回赎权进行限制。在有关兄弟争财纠纷中司法官采取"察情·依因·据理"三要素结合的法律论证、讲明事理,以实质思维审查契约的真实性,保护胞弟的已析分的私产。同时司法官秉持恤幼怜孤的人文审判理念,维护处于弱势的胞弟及其家人的合法权益。在叔侄争产纠纷中根据案件情理,依据契约、查明亲属财产的私有权,讲明财产权属的事理。对于疑难案件二审官府比照相关法律条文,阐明法理,根据事理之常理,重新审谳。权衡情理,采用"依法·比附·疑谳"的综合权衡的法律推理方法,在法意与人情之间维护卑幼的正当诉权和合法的财产权益,提高判词说理的有效性。从以上三种案件类型的诸理在法律中的适用,可以判断宋代以来的家事法并未呈现全部法律儒家化的趋势,而是在复杂的社会经济中呈现出部分儒家化向近代私法化过渡的现象。

第三节　宋代家产案件成因

宋代频繁的家产争讼案件与宋代社会独特的民法时代特色息息相关,主要表现为别籍异财风气、亲属先买权、家庭成员私有财产权利意识的兴起。宋代家产案件成因主要可以归纳为以下几个方面。

一是宋代社会商品经济的发展。首先,宋代经济社会领域发生了有关民事法律发展的因素,土地制度出现了重大变化。宋代实行了"不立田制""不抑制兼并"的宽松土地政策。宋朝初年屡次发布有关开垦荒田的诏令,承认民众的土地所有权。例如,北宋初年宋太祖赵匡胤在乾德四年(966年)闰八月颁布了法令:全国各地的官府长吏应向当地百姓告知此意,凡是能够广泛种植桑树和枣子,开垦荒田土地的人,只需缴纳以往的税款,永远无须接受官府的通检,"永不通检"。① 其次,两宋土地关系集中表现为国家官田的私田化和官租的私租化,由此也产生了宋代土地兼并剧烈化趋势。土地买卖成为土地兼并或土地集中的重要方式。土地买卖的盛行促进了私有权利制度的完善,民间出现了大量诸如典卖、绝卖、典当、倚当、质举等多样化的物权交易方式。最后,宋代的土地交易保护民事财产权。土地交易法中对出典、绝卖、倚当等作出了规范化的规定,保护合法契约的交易方式,并通过官府的红契、过割纳税、业主离业等物权公示制度,完善对物权、债权等民事财产权利的制度化规定和法律保护。

二是别籍异财地方习俗的存在。一方面唐宋时期国家虽然倡导同居共财的大家庭,通过旌表义门提倡不分财异居的行为。但事实上在南朝刘宋孝建年间江南地区普遍存在别籍异财的现象,"今士大夫以下,父母在而兄弟异计,十家而七矣;庶人父子殊产,亦八家而五矣"。② 宋代时期川峡和东南地区也存在别籍异财的风气。宋真宗天禧三年(1019年)发布诏令,子孙在祖父母、父母生前析分的,在父母死后诉家产分配不均要求重新分配,官府不支持。南宋光宗绍熙三年(1192年)户部看祥规定,祖父母、父母生前愿意分家摽拨的且有照据为证,官府承认分家析产的合法性。另一方面别籍异财习俗的存在也与宋朝政府赋役过重有关,宋高宗对大臣上言禁止别籍异财一事作出答复"此固当禁,然恐

---

① 刘琳等点校:《宋会要辑稿》第10册《食货一之一六》,上海古籍出版社2014年版,第5945页。

② (南朝梁)沈约:《二十四史全译·宋书》卷八十二《列传第四十二　周郎》,许嘉璐、安平秋、杨忠编译,汉语大词典出版社2004年版,第1755页。

行法有弊,州县之吏科率不均,民畏户口大而科率重,不得已而为,诚可怜者"。① 宋朝实行两税法以来,地主通过隐田漏税的方式兼并土地,政府将逃亡者的赋税加在未逃亡者的户口上。为逃避繁重的税役,各家都设法降低户等,宋仁宗时期韩琦曾说,民间有的家庭为了降低户等,以至于让孀母改嫁,或者与亲族分开居住或者遗弃田产与他人等,以求免除赋税,或"非分求死以就单丁"。② 家庭结构的变化也造成家庭内部财产权属不明,兄弟争财或叔侄争产也是民间促成别籍异财的原因之一。

三是法律文化流动多变的渗透。首先同居共财的法律规定与民间习俗的存在产生冲突,家产争讼多由此产生。宋仁宗景祐四年(1037年)正月乙未发布诏令承认家庭成员自置财产私有权利,从法律上打破了同居共财之禁,将个人从共财的禁束中解脱出来,尊重个人的劳动所得和私有财产。但受户等登记制度的影响,旁系家庭共财和私财的权属容易混杂,在义利观的转变和追逐财利的驱动下,宋代家庭成员多为家庭共财、墓祭田、分家或妇女奁产、亲属先买权而争产相互竞诉。其次法律保护合法诉权,由此卑幼可以控告尊长而不受罚。法律维护私有财产权利的完备,家庭成员围绕"典当权""抵押权""继承权""买卖权""租佃权""借贷权"等展开激烈的诉争。最后民间诉讼的兴起也与司法实践中的官吏断狱听讼不公有关,宋代名公吴势卿曾说好讼之风的原因不能归罪于民众,是因为官员不重视刑狱案件,"本路狱事

---

① (宋)李心传:《建炎以来系年要录 六》卷一百四十五《绍兴十二年六月乙亥条》,胡坤点校,中华书局2013年版,第2739页。
② (宋)李焘:《续资治通鉴长编》卷一百七十九《仁宗至和二年四月辛亥条》,上海师范大学古籍整理研究所、华东师范大学古籍整理研究所点校,中华书局2004年版,第4330页。

之多,莫如饶、信……",这也并不是由当地顽犷的民间风俗所造成,而是因为官府没有重视狱事,每次遇到重大刑事案件或者有关案件的重要证物时,就全权依托给胥吏办理,只会一味株连追责……"不期推吏等人,非其所乐闻,只愿狱户充斥,可以骗乞。"①南宋时期胡颖曾对此感叹道:"此等词讼,州县之间,无日无之。"②南宋通过对北宋的"婚田入务法"时间进行修改,以此来保障民众的诉权。《绍兴令》规定:凡是乡村的农务期限开始日期(入务)为每年的2月1日,在此期间各个州县官府停止对田地、住宅、婚姻、债务、地租等民事案件的受理。农务期限截止日期(务开)为10月1日,自此以后才可以受理民事案件。③

第四节 宋代家产案件审判原则

关于宋代家产案件的审判特征,主要表现为司法官依据理性思维,注重规则之治,依法进行"理"讼。在裁判依据中强调法理的解释和事理的法律论证,由于作者在前文已对事理论证中的事实与价值二元区分的理论基础作出说明,且结合有关学者对南宋理学家对事实与价值的相关论述,④在此基础上通过诸理在法律适用中具体情况,又可进一步对价值与规范进行区分,由此提出

---

① 中国社会科学院历史研究所宋辽金元史研究室点校:《名公书判清明集》卷十一《人品门·公吏·"治推吏不照例襁袱"》,中华书局1987年版,第426页。

② 中国社会科学院历史研究所宋辽金元史研究室点校:《名公书判清明集》卷十一《人品门·军兵·"弓手土军非军紧切事不应辄差下乡骚扰"》,中华书局1987年版,第438页。

③ 参见刘琳等点校:《宋会要辑稿》第14册《刑法三之四六》,上海古籍出版社2014年版,第8417页。

④ 参见王小康:《"法"中求"理":南宋士大夫的法律哲学与裁判方法》,中南财经政法大学2021年博士学位论文,第255~257页。

宋代名公在裁判理由中参酌情理进行权衡推理,并分析宋代家事判词的释法说理的审判原则。司法官遵循"参法意""达人情"的审判理念,以实质思维进行事理辨析,查明契约的真伪性,重视现场勘验,以三要素结合的法律论证区分物权的所有权、占有权、使用权,以审慎原则参酌情理,权衡当事人的诉求和利益。

一、惟其是

《说文解字注》中对"惟"字注解为:"方言曰,惟思也"。① 对"是"字注解为:"以日为正则曰是。从日正。会意天下之物莫正于日也"。② "惟其是"的含义是思考事物的道理。

其一,《礼记·礼器》曰:"义理,礼之文也。"所谓义理,即义与理两个方面。宋代以来的理学也称义理之学,注重穷究物理,格物致知。宋代士大夫们认为儒家经义的解经思想重在义理和融贯,提出了"其道贯于灵府,其理浃于事物"的观点。道理作为规范性的规则标准,也被中央高层所重视,"天下事惟其是而已。是者当于理之谓也"。③

其二,宋儒将这种义理思想融入司法裁判之中,讲究司法审判的"义理"原则,通过"义理之所当否"的法律解释方法,依法"理"讼来判断诉讼双方关系中诉讼者的诉求是否有理,是否具备诉讼主体资格,通过审查勘验证据的真伪、契约真实性是否符合义理,解释法条蕴含的法理,支持惟其是的一方。叶岩峰在"伪批诬赖"案中,审阅案卷时发现吴五三无理而依靠权势,陈税院

---

① (清)段玉裁撰:《说文解字注·第十篇下》,中华书局2013年版,第509页。
② (清)段玉裁撰:《说文解字注·第二篇下》,中华书局2013年版,第70页。
③ 汪圣铎点校:《宋史全文》卷二十五下《宋孝宗四》,中华书局2016年版,第2114页。

有理但惧怕权势,怎么能委屈有理一方而顺从权势,"必惟其是而已"。①

二、惟其理

"理"字在《说文解字注》中释义为"治玉也""玉虽至坚,而治之得其鰓理以成器不难,谓之理""理也者,情之不爽失也"。② "惟其理"的含义为不仅思考事物的所以然之理,即说明事实,而且思考事物的所当然之理,即规范层面的道理。

一方面,深入探究事物的原理就是要知道事物为什么会这样,"事物之所以然",和事物必然会这样,"与其所当然而已"。知道了事物的为什么,"故志不惑";知道了事物的必然性,"故行不谬"。③ 宋代理学大家在探究事物的哲学原理中注重区分事物的事实和价值。古代政府在"治吏"中关注行政管理的理性,注重事理。因为实际中大吏难以撼动,而基层小吏则容易受到绳束,这是由于他们的地位造成的。"惟其理,不惟其势",官府应该关注的是事物的原理,而不是官员的地位和势力,这才是优秀管理官吏的品质。或者有时根据事情的简易和困难程度来作为自己判断宽严的标准,事情必定会存在委曲求全的情况,"岂可例以为非驭吏之善哉"!④ 在对事理的展开过程中,不仅探究事理的必然法则,而且追寻事理的当然之则,即理的规范性。

---

① 中国社会科学院历史研究所宋辽金元史研究室点校:《名公书判清明集》卷六《户婚门·争田业·"伪批诬赖"》,中华书局1987年版,第182页。
② (清)段玉裁撰:《说文解字注·第一篇上》,中华书局2013年版,第15页。
③ 曾枣庄、刘琳主编:《全宋文》第249册卷五五九三《朱熹 一六六》,上海辞书出版社、安徽教育出版社2006年版,第267页。
④ 曾枣庄、刘琳主编:《全宋文》第277册卷六二八五《曾丰一三 策问三》,上海辞书出版社、安徽教育出版社2006年版,第365页。

另一方面，宋代司法官将这种哲学思维运用在家事审判的法律论证过程中，从事理中发现法理。从事理到法理的论证是基于事实的属性和行为效果进行论证，相关的事实或行为根据现有的法律，没有明确的规定的，"官司理断交易，且当以赤契为主"。在法律论证中以事实、价值和规范三要素对诉讼行为依据事实进行综合判断，"所谓抵当，必须明辨其是非"，以此论证事实的属性和行为的价值。吴恕斋在案例"以卖为抵当而取赎"中，①对以卖为抵当的案件事实真伪不明之时，他说富人大多数心怀贪婪的私欲，当然应该揭露其用心；穷人遇有冤屈之事更是应当哀矜，但是"然官司亦惟其理而已"。

三、惟其公

"公"字在《说文解字注》中释义为"平分也"。注解引用韩非的话说，与私相背，就是公。②"惟其公"的含义是君子思考公理，不偏私结党。这是对南宋名公在事实层面和规范层面之外，结合家事审判实践进一步在价值层面作出的思考。

一是以公心区分君子与小人。张居正曾说过"盖君子之心公，惟其公也，故能视天下犹一家，视众人犹一身，理所当爱的，皆以爱之，而不必其附于己，恩所当施的，即有以施之，而不待其求于己"。③

二是通过穷极义理来实现人心为公。《尚书·大禹谟》中云：

---

① 参见中国社会科学院历史研究所宋辽金元史研究室点校：《名公书判清明集》卷六《户婚门·抵当·"以卖为抵当而取赎"》，中华书局1987年版，第169页。
② 参见（清）段玉裁撰：《说文解字注·第二篇上》，中华书局2013年版，第50页。
③ 陈生玺等译解：《张居正讲评〈论语〉皇家读本·论语卷一·为政第二》（修订本），上海辞书出版社2013年版，第20页。

人心是危险难安的，"人心惟危"，道心却微妙难明，"道心惟微"。惟有精心体察，专心守住，"惟精惟一"，才能坚持不偏不倚的中正之道，"允执厥中"。朱熹的弟子蔡沈解释"人心易私而难公，故危"。所以要通过"惟能精以察之，而不杂形气之私；一以守之，而纯乎义理之正，道心常为之主，而人心听命焉"。① 王安石在性理学说的基础上提出"通天下之志在穷理，同天下之德在尽性"，② 因此性命之理并非抽象的形而上的规定，而是与人的心理感情具有紧密的联系。

三是宋代名公将这种情理哲学思想注入断狱听讼，表现为：第一，以公心理断。官府审理家事纠纷案件，强调亲戚骨肉之讼要"从公"处理。真德秀在提到家事纠纷案件时，他认为"从公均分""依法理断"的规范性审判理念不可或缺。如果遇到有晚辈诉告尊长分配家产不公平的案件，固然应当依法裁断，但是从追求司法公正的价值层面考虑，也必须先劝告尊长，家产按照均分原则分配，"自行从公均分"。③ 第二，不可汩于私情。诸葛公有言，"吾心如秤，不能为人作轻重"，有人以个人私利凌驾于公众利益之上，凭借个人喜怒行事、屈从贿赂，就不能做到公正。真文公希望其同僚能够在处理公事之时，能够"以公心持公道，而不汩于私情"。④

---

① （宋）蔡沈注：《书经：书经集传》卷一《虞书·大禹谟》，上海古籍出版社1987年版，第14页。

② （清）蔡上翔：《王荆公年谱考略》卷二十《熙宁十年下》，上海人民出版社1973年版，第275页。

③ 中国社会科学院历史研究所宋辽金元史研究室点校：《名公书判清明集》卷一《官吏门·劝谕事件于后·"崇风教"》，中华书局1987年版，第10页。

④ 中国社会科学院历史研究所宋辽金元史研究室点校：《名公书判清明集》卷一《官吏门·申儆·"谕州县官僚"》，中华书局1987年版，第6~7页。

第五章 宋代家事审判的特征和启示

宋代的家事审判,从不同的角度可以归纳出不同的特征。如果将这些宋代的家事审判法源与国外的家事审判法源相比较,明显具有包容性的特征。如果将这些古代的家事审判方法与现在的民事审判方法相比较,则明显具有伦理性的特征。如果将古代的家事审判思维与现在的家事审判思维相比较,则明显具有衡平性的特征。此外,宋代作为中国传统法的最高峰,其法律文化中具有一种其他朝代和同时代周边小国难以比拟的时代理性意识。简言之,宋代家事审判的三大特征实为传统中国"私法社会"的缩影:其中包容性展现了司法整合多元规范的能力,伦理性揭示了道德与法律的共生关系,衡平性彰显了实用理性的司法智慧。下面将对宋代家事审判的几个特征分别进行阐述。

第一节 宋代家事审判的包容性特征

习近平总书记曾经说过这样一句话,回顾历史,支撑我们这个古老民族走到今天的,支撑5000多年中华文明延绵至今的,是植根于中华民族血脉深处的文化基因。① 这种文化基因就是"体现天下一家,求同存异的包容性"。史伯在为桓公论兴衰中提到"夫和实生物,同则不继"。包容性是中华法治文明不断发展的根源,为整体宏观把握中国传统民事法律的特征提供了研究视角。户婚田土是古代家事法律调整的重要领域,宋代受古代中国儒家提倡的"和合"思维影响,家事法律文化能够将不同的法律制度、法律形式和法律方法融入家事司法裁判系统中,形成包容性的特征。如礼法和合的裁判依据、"律"典与其他法律形式和合的调整手段、规则理念与情理因素和合的裁判方法等。

一、礼俗规范与法律规范和合的裁判依据

礼法规范作为优秀传统法律文化的内容,成为构建中华法系的重要文化资源之一。中华法系以此为立法指导思想,成就了中国古代独具特色的法源,形成了一方面以律为主的正式法源,另一方面以礼为辅的非正式法源。《礼记》云:"礼也者,理之不可易者也。"宋代判词的独特魅力在于既能兼顾多元规范,又能在个案中彰显法源顺位、效力的不同。

判词的裁判法源一是国家制定法,法官在判词中直接引用法律条文作为裁判依据。宋太宗认为"夫刑法者,理国之准绳",②《宋刑统·断狱令》规定:凡是定罪处刑都必须援引律、令、格、式等法律,法规正文,"违者笞三十"。南宋书判中的名公们忠于对

---

① 参见习近平:《携手建设更加美好的世界——在中国共产党与世界政党高层对话会上的主旨讲话》,载人民网 2017 年 12 月 1 日,http://politics.people.com.cn/n1/2017/1202/c1024 - 29681216.html。

② 司义祖编:《宋大诏令集》,中华书局 1962 年版,第 742 页。

法律的遵守,"父在立异姓父亡无遗还之条"一判中,[1]法官驳回郑逢吉欲驱逐异姓子元振的诉讼请求并引用法条说明:"准法:诸养子孙,而所养祖父、父亡,其祖母、母不许非理遣还",且又引用《宋刑统》中的养子条规定进行详解,"其遗弃小儿年三岁以下,虽异姓,听收养,即从其姓"。

二是民间习惯法。"法所不载,然后用例"。[2] 民事审判中田宅纠纷尊重民间习惯,司法官在判词中写道:"凡人论述田业,只凭契照为之定夺。"[3]这个凭据就是乡原体例。"高七一诉陈庆占田"判就是例证,[4]陈文昌假冒高七一名义开立户头登记田产,此时高七一却起诉称自己是田产权属人并提交空白契约文书佐证。司法官认为白契未经官府认证,不具有证据效力,判词云:当地惯例为:凡是订立契约进行交易,必定要书写字号数码、田产面积在契约上,"以凭投印"。

三是法理原意。《尹文子》载彭蒙之说云:"圣法者,自理出也",理是法的基础。宋代典卖纠纷关系复杂,仅凭法律条文难以对案件准确裁决,应结合案件情况探求立法原意和立法目的。在"漕司送下互争田产"一案中,当坟地先赎权与田产亲邻先赎权相冲突时,衡平权利冲突是关键所在。本案应适用坟地先赎权的法律规定,原因在于维系同宗族的感情和保护宗族财产权的完整

---

[1] 参见中国社会科学院历史研究所宋辽金元史研究室点校:《名公书判清明集》卷八《户婚门·立继类·"父在立异姓父亡无遗还之条"》,中华书局1987年版,第245页。

[2] (元)脱脱等撰:《二十四史全译·宋史》卷199《志第一百五十二 刑法(一)》,许嘉璐、安平秋、倪其心编译,汉语大词典出版社2004年版,第4092页。

[3] 中国社会科学院历史研究所宋辽金元史研究室点校:《名公书判清明集》卷九《户婚门·取赎·"伪作坟墓取赎"》,中华书局1987年版,第318页。

[4] 参见中国社会科学院历史研究所宋辽金元史研究室点校:《名公书判清明集》卷四《户婚门·争业上·"高七一状诉陈庆占田"》,中华书局1987年版,第103页。

性,范西堂在判词中分析说到"墓田之于亲邻两项,俱为当问,然以亲邻者,其意在产业,以墓田者,其意在祖宗。今舍墓田,而主亲邻,是重其所轻,而轻其所重,殊乖法意"。①

二、"律"典与其他法律形式和合的调整手段

宋代家事审判调整手段采取的法律形式多样,如何通过多种裁判说理方式达到有效的社会治理效果。张居正曾说:"窃闻致理之要,惟在于安民,安民之道,在察其疾苦而已。"以德说理是民意在司法治理中的体现,其能够回应民众的期待,增加裁判的合理性和可接受度,因此裁判说理离不开道德的助力。《宋刑统·职制律》中规定长吏的重要职责就包括导德齐礼,移风易俗。名公真西山在《名公书判清明集·官吏门·申儆》中说道:"听讼之际,尤当以正名分、厚风俗为主。"宋代家事审判通过"律"典与其他法律形式和合的调整手段来表现道德名目,具体形式有三种:

首先,宏观方面为司法政策。宋代司法官范西堂曾道:"圣主垂训,所以经世,祖宗立法,所以治讼,二者须并行而不悖也。"这表明国家在依法治讼之际同样重视礼的精神原则。《管子·心术》曰,"礼者,谓有理也",礼具有天理人情之意。尤其是家事案件的审理与血缘尊卑、伦常秩序有关,用"礼"作为防患于未然的温情治理方式,比生硬的依法裁判更能为群众接受。因此,国家制定有关家事的礼法政策,引导群众建立和谐稳定的家庭关系。

---

① 中国社会科学院历史研究所宋辽金元史研究室点校:《名公书判清明集》卷四《户婚门·争业上·"漕司送下互争田产"》,中华书局1987年版,第121页。

司法官胡石壁在"夫欲弃其妻诬以暧昧之事"案件中,[1]以礼为裁判说理依据,即"在礼,子甚宜其妻,父母不悦,则出之"。法官查明虞氏没有宜其夫与奸情,又无盗窃行为,不符合法律规定"出妻"理由。但江滨叟为求离婚,无夫妻之义。休妻对女性伤害最深,和离具有人情味。法官基于此念询问女方意见"虞士海既称情义有亏,不愿复合",既然如此,"官司难以强之,合与听离"。

其次,中观方面为经义典故。经义的作用在于经世济民、切乎人情、教化人心。"子与继母争业"就是这样一个案例,[2]儿子诉继母侵占亡父财产,但王氏的田产契约权属人都是其本人,依法应当判决驳回吴汝求的诉请。依礼的规范分析此举必有损母子情谊,司法官于是结合礼经之典在开篇援引诗经,隐喻夫妻家庭之道、母子孝道之义。"自柏舟之诗不作,寡妇始不能守义以安其室;自凯风之什既废,人子始不能尽孝以事其母"。但是王氏是吴贡士的妻子,吴汝求是吴贡士的儿子,倘若王氏没有忘记夫妻恩义,"岂独无母子之情"。为兼顾母子人伦之情法官最后判决为,请王氏以前夫吴贡士为念,将所置买的刘县尉的房子给吴汝求居住,同时要求吴汝求不得典卖。希望本案这样处理后,夫妇之情、母子之义不至于断决,生者得以安生,死者也能在泉下得以抚慰了。

最后,微观方面为家礼中的行为准则。宋代士大夫依据道德之理制定家礼,以此明确家庭成员之间的行为准则,具体内容为

---

[1] 参见中国社会科学院历史研究所宋辽金元史研究室点校:《名公书判清明集》卷十《人伦门·夫妇·"夫欲弃其妻诬以暧昧之事"》,中华书局1987年版,第380~381页。

[2] 参见中国社会科学院历史研究所宋辽金元史研究室点校:《名公书判清明集》卷十《人伦门·母子·"子与继母争业"》,中华书局1987年版,第365页。

"父慈子孝""兄友弟恭""夫妇之义"。吴恕斋在"生前抱养外姓殁后难以摇动"一判中认为,被抚养八年的异姓侄子邢坚具有财产继承权,①而叔父邢柟欲驱逐"于理断断乎不可"。于是司法官劝解原告邢柟念及叔侄天伦之情,行为要符合兄友弟恭之义,家庭才能和谐幸福,"柟非特不能抚其侄,实不知孝弟于其父母兄弟。以人心天理,不可磨灭",同时注重平衡双方利益,司法官最后检校吴氏家业一分为二,叔与侄各得其一。

三、规则理念与情理因素和合的裁判方法

"承天道以治人情"是中国传统法律的核心。裁判文书体现的不仅是规则意识,还有情理因素。个案中民众诉求的多样化,使得司法官在法律规范与案件事实之间要融入情理才能推导出合法合理的裁决结果。明朝徐师曾说写作判牍要"执法据理,参以人情",这是一种自上而下的抽象认识论,即"形而上者谓之道,形而下者谓之器"。

在具体的司法实践中如何将天理之道与国法、人情之器相结合,还需具体的方法论,即遵循"化而裁之谓之变,推而行之谓之通"。② 一方面要求司法官有整体性规则理念。胡石壁在"典卖田业合照当来交易或见钱或钱会中半收赎"判词中曰:殊不知国法与人情实际上同为一体,既不可曲从人情而违反国法,也不可固守国法而违背人情。在国法与人情两者之间权衡,做到上不违

---

① 参见中国社会科学院历史研究所宋辽金元史研究室点校:《名公书判清明集》卷七《户婚门·立继·"生前抱养外姓殁后难以摇动"》,中华书局1987年版,第201~203页。

② 杨天才、张善文译注:《周易·周易系辞上》,中华书局2011年版,第600页。

反国法,下不违背人情,"则通行而无弊矣"。① 另一方面是参酌情理因素的经权之道。唐代柳宗元曰:"经也者,常也;权也者,达经者也。"经权之道是实现古代司法公正的策略手段,目的是通过判词说理让当事人服判息诉、实现情理法的统一。

要点如下:一是道德法律化,运用道德之"权"来变通法律之"经"。我国自古有"恤幼矜弱"的理念,宋朝也不例外。当民间的家族法规之"经"无法保护孤幼,道德之"权"就会变通法律,实现对孤幼的关照。"僧归俗承分"一判中叔父何烈图谋亡兄何点家产,②逼令亡兄之子 14 岁的何德懋出家为僧。范西堂认为,何烈背弃兄弟之情,欺负孤幼的行为已难以用说教进行训诫,应适用国法严惩。即国家立法规定:凡是引诱或者强迫同居亲属为童行、僧人、道士,谋求财产者,责杖一百,同时改正僧道身份,"赃重者坐赃论"。

二是法律道德化。法律适用之"经"要符合情理而权变,才能确保变而能通。朱熹云:"凡其所行,无一事之不得其中。"③司法官在个案中的自由裁量权要以法律公正为价值追求,基于人情断之于法,否则将会作出合法不合理的怪谬判决。"定夺争婚"一案中,④女子阿吴,先嫁与翁七七之子,后又再嫁与李三九为妻,致使翁家与李家在公堂争婚。刘后村在判词中写到依法应将阿吴还

---

① 中国社会科学院历史研究所宋辽金元史研究室点校:《名公书判清明集》卷九《户婚门·取赎》"典卖田业合照当来交易或见钱或钱会中半收赎"》,中华书局 1987 年版,第 311~312 页。
② 参见中国社会科学院历史研究所宋辽金元史研究室点校:《名公书判清明集》卷五《户婚门·争业下》"僧归俗承分"》,中华书局 1987 年版,第 138~139 页。
③ 曾枣庄、刘琳主编:《全宋文》第 245 册卷五四九七《朱熹 七〇》,上海辞书出版社、安徽教育出版社 2006 年版,第 321 页。
④ 参见中国社会科学院历史研究所宋辽金元史研究室点校:《名公书判清明集》卷九《户婚门·婚嫁·"定夺争婚"》,中华书局 1987 年版,第 348~349 页。

给翁七七之子,但阿吴此时与李三九形成事实婚姻且怀有身孕,强行遣返给翁家,李家为了夺妻与子,势必要兴起诉讼。刘后村依据实际案情作出另外的判决。司法官当厅唤上翁七七告知此意,翁七七欣然退让顺从,不愿意娶回阿吴,只是请求监督归还财礼,"别行婚娶"。

第二节 宋代家事审判的伦理性特征

通过前几章的论述,我们可以概括出宋代家事审判与当前相比,具有伦理性的特征。现在家事纠纷呈逐年递增的趋势,通过法律审理家事纠纷并不能很好地解决家事矛盾,实现法律效果与社会效果的有机统一。家事纠纷的伦理性一方面体现在其具有较强的人身属性,涉及婚姻身份关系、子女抚养、家庭财产分配等,另一方面体现在家事纠纷具有较强的社会属性和公益特性,不仅关乎当事人之间纠纷的解决,还涉及其他家庭成员之间的利益和道德角逐问题。家事纠纷的伦理性源自中国传统的伦理性文化。中国传统文化最重要的社会根基,是建立在以血缘关系为纽带的宗法制度之上。孟子云:"天下之本在国,国之本在家。"宋代理学名儒立足家族发展,教育其子孙要有"身修而后家齐,家齐而后国治,国治而后天下平"的家国理念,[①]以此通过维护家族伦理,进而维护良好的基层社会秩序。由此观之,宋代家事审判的伦理性特征,使其在"厚人伦、美教化、移风俗"中达到较好的社会治理效果,这种审判的伦理性主要体现在家事审判的情理法一体方式、家事审判对象的伦理性和家事审判的家风伦理化原则。

[①] (宋)朱熹撰:《四书章句集注今译上·大学章句·经》,李申译,中华书局2020年版,第11页。

一、家事审判方式：情理法理一体化

清末大理院正卿张仁黼曾说："一国之法律，必合一国之民情风俗"，他道出了"天理、国法、人情"一体相调谐的基本面貌。天理、国法、人情本是一体，都属于法的范畴。天理是国法制定的依据，国法的适用要顺应人情。宋代司法官情理法一体的审判技艺恰恰能体现民意，为公众所认可。

其一循天理。《近思录》云："循天理，则不求利而自无不利；循人欲，则求利未得而害已随之。"朱熹提出循天理就是顺着天理之公，不求利而自无不利。从以上天理的两个层面来看，循天理就是遵守社会伦理道德、不违背自然法则。司法实践中天理属于抽象的范畴，如何运用法律规范调适，对于法官来说并非易事。首先要秉持公心审断，其次须参考伦理规范。司法官真德秀提出"殊不思是非之不可易者，天理也"，[①]他强调案件事实要辨明是非、遵循公平公正原则。吴雨岩认为"听讼之法，公则平，私则偏"。[②]

其二参法意。国法指国家的法律制度。宋代的国家法包含律、令、格、式、敕等。宋史记载"律不足以周事情，凡律所不载者，一断于敕"。[③] 由此可见，宋代司法官审案依据的法律形式多样，不拘泥于法律。当然司法官在灵活判案的基础上第一要依法断罪。真德秀在《谕州县官僚》中指出：公家的事由官吏处理，是非

[①] 中国社会科学院历史研究所宋辽金元史研究室点校：《名公书判清明集》卷一《官吏门·申儆·"谕州县官僚"》，中华书局 1987 年版，第 6 页。
[②] 中国社会科学院历史研究所宋辽金元史研究室点校：《名公书判清明集》卷十《人伦门·母子·"母子兄弟之讼当平心处断"》，中华书局 1987 年版，第361 页。
[③] （元）脱脱等撰：《二十四史全译·宋史》卷 199《志第一百五十二　刑法（一）》，许嘉璐、安平秋、倪其心编译，汉语大词典出版社 2004 年版，第 4091 页。

要遵循公理,轻重当依据法律,不能因一己私利违背公理,也不能因顺从人情曲枉法律。① 范西堂在"漕司送下互争田产"案件中所言:"且如田诉,自有专条,引条定断,一言可决。"②第二要探究立法原意。案件在法律适用中难免会遇到冲突规范,司法官要依据情理参酌立法本意,方能进行裁断。

其三达人情。人情是传统法律文化中的重要因素。现代汉语词典对人情字面解释为:(1)人的感情、人之常情;(2)情面;(3)恩惠、情谊;(4)礼节应酬等习俗;(5)礼物。古代法律语境下的人情多涉及人伦之常情和习俗。梁治平认为,人情是法治精神的体现,他在《法意与人情》中提及古代司法官员会基于人情作出变通的裁判。在衡量情与法孰轻孰重时,国家的态度是"盖律设大法而例本人情",法律的订立是基于人情。虽然根据法律的规定,居丧期间禁止嫁娶,但在偏僻乡里小民中,由于对礼法规范不理解,常常会有违反这些规定的行为发生。如果按照律令的规定必须离婚,可能导致妇女的贞节受到损害,所以按照法律制度来看似乎处罚过于严厉了。如果没有严重影响名分上的关系,允许各地官府临时自行决定,"于曲顺人情之中",在顺从人情的基础上仍能够维护礼法的本意,"仍不失维持礼法之意"。③ 可见司法审判只有做到理法情的统一,才能保障法律的公信力和增加社会的认可度。

---

① 参见中国社会科学院历史研究所宋辽金元史研究室点校:《名公书判清明集》卷一《官吏门·申儆·"谕州县官僚"》,中华书局1987年版,第6页。

② 中国社会科学院历史研究所宋辽金元史研究室点校:《名公书判清明集》卷四《户婚门·争业上·"漕司送下互争田产"》,中华书局1987年版,第122页。

③ (清)祝庆祺等编撰:《刑案汇览全编》第七卷《居丧娶妻可以原情免其断离》,杨一凡、尤韶华等点校,法律出版社2007年版,第493~494页。

二、家事审判对象:家庭角色伦理化

《礼记·曲礼》曰:"道德仁义,非礼不成;教训正俗,非礼不备;分争辩讼,非礼不决;君臣上下,父子兄弟,非礼不定。"中国传统文化中注重人伦秩序的家庭伦理可以为我国当下家事纠纷处理提供良好的文化理念根基。家庭伦理性以血缘感情为心理基础,宗法人伦为主要内容。这就表示家事审判伦理性需要礼法共治,古代的家事法是道德与法律的混同,与当下的家事法律法规不同,后者是法律与道德的分离。由此观之,家庭伦理性可从三个方面把握:

一是"义理决讼"。《礼记·礼器》记载:"礼也,有本有文。忠信,礼之本也;义理,礼之文也。无本不正,无文不行。"朱熹认为礼学有根本,这个根本的意思就是名分之守与爱敬之实,礼学有仪节,这种仪节表现为冠婚丧祭的具体仪章度数。朱熹认为,家族、家庭内部日用常行之礼是社会公共层面的礼的基础,就是通过家庭举案问安之末度以达到纪纲人道始终之大数。这个本也有"端绪"的意思。朱子说道:"凡礼有本有文",所有礼节仪式都有本源和形式两个部分。从家庭实施的角度看,坚守名分与真挚的爱护尊重是家礼之本。冠礼与婚礼、丧礼,仪节标准是家礼的形式。对于家庭的日常生活所用的常礼,"固不可以一日而不修"。同样礼的各种形式也是始终管理人事的准则,虽然这些礼需要根据具体情况来实施,"行之有时,施之有所",但如果平常没有充分的研究和熟悉,那么当事情发生时,就无法恰当地合乎适宜的应对,因此对于家礼的学习和练习每天都要坚持。[①] 宋代司

[①] 参见(宋)朱熹:《朱子全书》第 7 册《家礼·家礼序》,王燕均、王光照点校,上海古籍出版社、安徽教育出版社 2002 年版,第 873 页。

法官重视在家事纠纷中以"义理"阐述法律规范的含义。如在婚约案件中,通过明之于法、晓之以理,实质考量案件的情理。刘后村说到"定亲帖子虽非婚书,岂非私约乎?"①另外,在寡妇改嫁案件中,官府从婚姻缔结的实质条件入手,认可再婚的合法性。阿区嫁给梁肃,主婚人是叔祖李伯侃,送嫁人是族叔李孝勤,不能按照钻穴逾墙的偷情私奔行为对待。② 宋代司法官这种追求理之义、礼之情,体现了司法追求真与善的合一。③

二是等与不等。家庭具有宗法伦理性,一方面等者同等。从家庭身份上而言,当民事主体承担同一角色时,法律上赋予同等的权利和义务,如家户制度下尊长的财产支配权、对外交易权、子孙教令权。法律儒家化在继承中体现的是家长的立嗣权,司法官注重对立嗣权的义理阐释,追求"和"的审判目标。另一方面不等者不等。家庭成员身份地位的不同,造成享有权利和义务不同。如在户绝立嗣中,法律对于在室女、出嫁女、归宗女、亲子、义子、立继子、命继子、别宅子、遗腹子的财产继承权和继承份额作出不同的规定。寡妇继承权在户绝条件下具有代位继承丈夫财产份额的权利,但是法律规定"尝为人继母而夫死改嫁者,不得占夫家财物,当尽付夫之子孙。幼者官为检校,俟其长然后给之,违者以盗论",④司法官需要根据个案的"情理推断"经验法则对财产继

---

① 中国社会科学院历史研究所宋辽金元史研究室点校:《名公书判清明集》卷九《户婚门·婚嫁·"女家已回定贴而翻悔"》,中华书局 1987 年版,第 346 页。

② 参见中国社会科学院历史研究所宋辽金元史研究室点校:《名公书判清明集》卷九《户婚门·婚嫁·"嫂嫁小叔入状"》,中华书局 1987 年版,第 344 页。

③ 参见张新国:《义理与礼制并举:读〈礼理双彰——朱熹礼学思想探微〉》,载《原道》2021 年第 1 期。

④ (宋)李焘:《续资治通鉴长编》卷十八《太宗太平兴国二年五月丙寅条》,上海师范大学古籍整理研究所、华东师范大学古籍整理研究所点校,中华书局 2004 年版,第 405 页。

承案件事实进行认定,维护家族伦理秩序。

三是个体之私。儒家的民本思想以关心民瘼,重视民心为主,他们认为富国必先富民、立国应先利民。孟子曾说:"民事不可缓也""民之为道也,有恒产者有恒心,无恒产者无恒心"。朱熹赞同道:"民事,谓农事""农事至重,人君不可以为缓而忽之"。① 虽然儒家伦理重视家庭主体性地位,但是也对个体伦理之私予以承认。宋代在商品经济和社会务实、司法求"理"之规范过程中,在一定程度上承认家庭成员的个体之私。如妇女的奁妆、诸子的已析分之产、赘婿的财产继承权等,宋仁宗景祐四年发布的诏令从立法认可子孙的自置财产权。

三、家事审判原则:司法说理道德化

家事审判追求的不仅是个案公正,更是夯实社会和谐的稳定基石。现代家事审判倡导彰显柔性司法、温情司法的特点,这就要从中华民族重视家庭和睦的优良传统中挖掘。宋代家事审判的原则是"为政之本,风化是先",②家事纠纷处理的审判目标是敦亲睦族,厚风俗,美人伦。司法官要倡导伦理家风中的优秀道德规范和价值理念。

首先恤孤幼,保护家庭中的弱者。一方面,宋代司法官在买卖亲子案件中,通过比附援引加强对事理的论证,判词说理中依据天理人伦,通过礼法结合方式,防止幼童再次被拐卖,保护其人身权益。司法官认为元老是官宦之后,郑七乃一介农夫,"非我族

---

① (宋)朱熹:《四书章句集注今译下·孟子集注·滕文公章句上》,李申译,中华书局2020年版,第611~612页。
② 中国社会科学院历史研究所宋辽金元史研究室点校:《名公书判清明集》卷一《官吏门·申儆·"咨目呈两通判及职曹官"》,中华书局1987年版,第1页。

类,其心必异",郑七不应该再次前来相认。① 另一方面,官府虽然尊重民间立嗣权的自由化,但是也要参照情理,通过允许民间双立嗣子,维护家族和睦和嗣子的合法继承权,"然庆安、尧赉盖均之为阿游之的孙,阿游愿为亡长男如旦两立,官司亦只得听从其说"。②

其次重孝道,提倡"父慈子孝"的理念。《孝经》曰:"夫孝,天之经也,地之义也,民之行也。"孝是人伦规范的根基,亦是法律文化的核心价值,可分为三层:"利亲、善事、慎终。"对应在物质层面就是赡养父母,精神层面就是态度恭敬,顺从父母,宗教层面就是为父母服丧。《宋史·孝义传序》云:"冠冕百行莫大于孝,范防百为莫大于义。"在以孝治天下的古代,重视孝道是基层治理的首要政务。发挥基层政府的引领功能,以德政为先,宣扬孝道文化。司法官真德秀在"取肝救父"一案中说"郡邑之布宣孝治,尤今日之先务也",③当政者通过政务引导、贴文示谕的方式,对詹事尹割肝救父的孝子德行进行宣传,同时对其进行荣誉表彰和物质鼓励,在民间形成崇尚孝道,树立优良家风的好风气。司法实践中不孝是重罪,那么如何在礼与刑之间抉择?孔子曰:"不教以孝,而听其狱,是杀不辜也。"司法官应秉持礼法并用、以情释法的审判理念审理不孝案件。《名公书判清明集·子未尽孝当教化之》

---

① 参见中国社会科学院历史研究所宋辽金元史研究室点校:《名公书判清明集》卷八《户婚门·归宗·"衣冠之后卖子于非类归宗后责房长收养"》,中华书局1987年版,第277页。

② 中国社会科学院历史研究所宋辽金元史研究室点校:《名公书判清明集》卷八《户婚门·立继类·"后立者不得前立者自置之田"》,中华书局1987年版,第272页。

③ 中国社会科学院历史研究所宋辽金元史研究室点校:《名公书判清明集》卷十《人伦门·孝·"取肝救父"》,中华书局1987年版,第384页。

记载被告彭明乙偷盗父亲的牛,这种情形属于同居卑幼私自使用家庭共有财产,是对尊长的不敬,依法应处以笞刑。但是蔡久轩法官认为轻率用刑会损害父子之情。他通过礼刑并用对被告实行教化,暂且将彭明乙按排定的日程上枷拘禁,同时勒令其每天对父母行下拜之礼,等到父慈子孝之日,即将彭明乙予以释放。

最后倡和睦,体现"夫妇有义"的理念。程颐在《语录》中云:"顺理而行,是为义也。"夫妻相守不仅从道德之知以"敬"为宗旨,而且要符合"义"的外在行为规范。宋时妇女因男方贫困导致离婚,司法官依据案件情理,实质考察夫妻婚姻状况,比如男方携赍财独自亡去的不义之为,司法官会给予女方离婚自由权,保护其正当的权益。例如,宋真宗在大中祥符七年(1014年)颁布的诏令:如果有不逞之民为骗取女方奁产在新婚之后就离家出走,并带走了所有财产导致女方无法维持生计的情况,允许她们再次嫁人以维系正常生活,"自今即许改适"。[①]

第三节　宋代家事审判的衡平性特征

家事案件不仅涉及法律上的权利义务关系,还关系到家庭成员的情感及伦理纠葛。[②] 家事审判不能够仅仅局限于法院承担的社会控制职能,更为重要的是救治婚姻家庭关系。家事案件类型复杂,涉及身份与财产关系的叠加,通过社会主义核心价值观在

---

① (宋)李焘:《续资治通鉴长编》卷八二《真宗大中祥符七年正月壬辰条》,上海师范大学古籍整理研究所、华东师范大学古籍整理研究所点校,中华书局2004年版,第1861页。
② 参见宋耀红:《从司法实践角度谈我国家事审判立法的完善》,载《人民法院报》2016年6月9日,第5版。

家事裁判文书中的应用,以此加强诉讼法理与非诉法理的交错适用,达到情理法的统一是家事审判改革中的重点。判词文化是中华优秀传统法律文化的精华再现,尤其是宋代名公书判的汇编集,展现了古代判词说理论道的经验智慧。晚清鸿儒王棻曾云,"文章之用三:明道也,经世也,纪事也",他道出文章的真传,即阐释义理。判词作为一种独立的文体,不仅蕴含以法释明纪事,以经义通达说理的审判方式,而且承载着理法情相融的抒情蕴藉思路,为今天裁判文书释法说理提供历史镜鉴。这种思路体现为宋代家事审判中衡平性的特征,下面将具体进行阐述。

一、情理法融通的经权之道

古代希腊思想家们运用自然法理论中的"公平"和"正义"等观念对法律的一般性、原则性所造成的不足和缺陷问题进行讨论,这是衡平思想的来源。中国传统司法中"衡平"的含义,是指司法官在天理、国法、人情,以及社会习俗等的支配和综合作用下,根据案件的情理、法律条文的法理、蕴含的事理之常情常理,在儒家伦理为主流的多元综合性思维中,权衡裁判方案的情理法的选择过程。①

其一,在古代律、例、习惯法和判例不能顾及的领域,需要用情理来规范。尤其在家事审判领域,情理型的能动司法在我国古代以成文法为传统的司法实践中出现,有其深层次的原因。虽然司法官在裁判依据的过程中发现"律有正条",但是面对"情重法轻""情轻法重"的疑难案件时候,仍旧面临着规则选择之中的困惑。虽然儒家的治国理念为"刑罚为政教之用,德礼为政教之

---

① 参见顾元:《衡平司法与中国传统法律秩序——兼与英国衡平法相比较》,中国政法大学出版社2006年版,第9、13页。

本",但是司法官在审判案件时,大多依据法律条文,即使案件情理有可矜之处也不敢违背法律判决,而是死板地依法定罪,统治者们担心因此会造成冤案,"守文定罪,惑恐有冤"。① 这就为经权之道在情理文化背景下产生奠定了基础。

其二,传统情理文化体现在司法实践运用中为经权之道。经权之道来自儒家经典,也是传统官员最基本的为政之道。司马迁曾说:作为一名合格的大臣,必须了解和熟悉《春秋》这部书,它会让你明白如何处理常规事务,而不是"守经事而不知其宜",学会应对突发事件的方法,而不是"遭变事而不知其权"。② 经权之道在司法中就是一种灵活性的权衡法制原则。③ "经"代表了法律的原则,"权"表示灵活变通处理事情的方式,法官判决不仅需要遵循法律法规的明确规定,还需依据具体的案例中的情况作出相应的变通调整。因为古代司法官审判的要旨在于恢复和谐、解决纷争。这种经权之道通过德法共治的模式体现出来,蕴含着法官的实质思维模式。

情理在古代司法运用中具有多方面的作用,它不仅是制度层面的道德法律化的手段体现,而且也是实践层面法律道德化的情理目的。④ 从制度层面看为了防止法官陷入法条主义的"常经"中,需要以道德之"权"探寻法条背后的实质目的,为裁判正当性

---

① (唐)吴兢:《景印文渊阁四库全书·史部一六五·杂史类》第407册《贞观政要卷八·论刑法第三十一》,(元)戈直集论,台北,商务印书馆1983年影印本,第512页。
② (汉)司马迁:《二十四史全译·史记》第一百三十卷《太史公自序》,安平秋编译,汉语大词典出版社2004年版,第1556页。
③ 参见肖建新:《论朱熹的法制思想》,载《北大史学》2007年。
④ 参见曹刚:《法律的道德批判》,江西人民出版社2001年版,第225页。

提供基础。① 这种经权之道在宋代家事审判实践中得到充分的运用。例如,"僧归俗承分"一判中叔父何烈图谋亡兄何点家产,②逼令亡兄之子 14 岁的何德懋出家为僧。范西堂认为,何烈的背弃兄弟之情,欺负孤幼行为已难以用说教进行训诫,应适用国法严惩。

二、情理法融通的权变技术

经学中的经权两不失理论为司法官在裁判依据中提供法律适用方法。

一方面,明确权变的范围。与"经"相对应的概念就是"权","权"是儒家经典中的重要概念。"权"的基本定义是,在普遍性和恒定性的礼义基本准则前提下,根据实际状况在特殊情境下对"经"的灵活变通运用。董仲舒在《春秋繁露·玉英》中说道:"《春秋》有经礼,有变礼……明乎经变之事,然后知情重之分,可与适权矣。"儒家经典对于权变的范畴和界限在一定程度上给出了答案。《礼记·王制》中曰:凡是审案断罪五种类型的案件,一定要从父子之亲、君臣之义的角度加以衡量,"权,平也"。司法官始终秉持平的司法理念,考虑每个案件的不同情况,罪行有轻重,量刑有深浅。"意,思念也。浅深,谓俱有罪,本心有善恶。"司法官要竭尽其才智,发扬忠恕仁爱之心,使案件秉公处理,真相大白,"以尽之"。北宋理学家方悫对上述含义进行解释:父母子女之间的亲密关系源自情感,需要宽容谅解,所以称为原。君主与

---

① 参见牟治伟:《实质主义的思维模式在裁判中的具体运用》,载《人民法院报》2020 年 11 月 20 日,第 6 版。

② 参见中国社会科学院历史研究所宋辽金元史研究室点校:《名公书判清明集》卷五《户婚门·争业下·"僧归俗承分"》,中华书局 1987 年版,第 138 页。

大臣之间基于职务确定的敬重关系,被称为立。亲子之间的感情主要体现在关爱上,一旦过度强调了这种关爱,就会使刑法不忍执行。而通过义确立的关系主要体现在敬重上,一旦过度重视这一点,就会使刑法不敢触及这些人的利益。所有的情况如果都这样处理,"岂足以为法之经哉"! 其或者在亲情上有所宽容,或者从义的敬重关系上有所顾虑,那么就要特别运用法之权来处理,"故曰以权之也"。①

另一方面,从实践层面看法律适用之"经"要符合情理才能权变,确保权变的实质通行。② 当法无明文规定时,司法官便会求助"情理"技术,并结合具体案例中的伦理道德进行判断,作出既合法律又合情理的判决。③ "定夺争婚"一案中女子阿吴,先嫁与翁七七之子,后又再嫁与李三九为妻,致使翁家与李家在公堂争婚。刘后村在判词中写到依法应将阿吴还给翁七七之子。但阿吴此时与李三九形成事实婚姻且怀有身孕,强行遣返给翁家,李家为了夺妻与子,势必要兴起诉讼。刘后村依据实际案情作出另外的判决,劝解翁七七退婚,另行婚娶,同时要求阿吴将财礼退赔给翁七七。④

三、情理法融通的衡平执中

传统情理法文化强调的是实体正义。苏力曾经分析过现代

---

① (明)邱浚编:《慎刑宪点评》,鲁嵩岳整理点评,法律出版社1998年版,第53页。
② 参见苏力:《法条主义、民意与难办案件》,载《中外法学》2009年第1期。
③ 参见王志强:《法律多元视角下的清代国家法》,北京大学出版社2003年版,第83页。
④ 参见中国社会科学院历史研究所宋辽金元史研究室点校:《名公书判清明集》卷九《户婚门·婚嫁·"定夺争婚"》,中华书局1987年版,第348页。

法律人的思维特点,即受传统情理法文化的影响,他指出虽然大部分的法律从业者主张"形式正义"或者"程序正义",但是一旦遇到现实问题,法律从业者与普通的百姓想法一样,更加关注案件的"实质正义"或者"结果正义"。① 这就说明从事实上司法应该考量情理,中国的历史与当下,都应是一以贯之。

一方面,司法实践中的情理法相融,体现了法官的衡平思维。宋代司法官员以"情理"变通法律,追求的是法律原则和事实规范之间的衡平性。通过考察情理在司法实践中的运用,法官根据情理进行逻辑推断,用衡平思维通观个案的法理与情理,这样才能在法律规范与法律事实推理中实现逻辑自洽,提高裁判结果的社会认可度,追求情理法之间的价值衡平。② 宋代名公吴恕斋在"执同分赎屋地"案件中,③在判词中写明:"有祖坟桑地一亩,照原价仍兑还毛永成为业",如此才能"法意人情,两不相碍"。清代王又槐总结出地方司法官如何在制作给上级审阅的"叙供"中达到"情法相平"的审判技巧。"叙供"文书主要依据法律法规制定而成,一旦接收到新的案件,司法官应当审核案件情节,何处为重要情节,应当引用何种法律条文,犹如文章书旨,重点在哪一句,此处的题旨重点又在何字之中。犯罪情节严重则罪行处罚就重,犯罪情节轻微则罪行处罚就轻。如果相反处理,比如罪行处罚轻微但是情节严重,罪行处罚严厉但是情节轻微,就会使得案件格外复

---

① 参见苏力:《法条主义、民意与难办案件》,载《中外法学》2009 年第 1 期。
② 参见张本顺:《"法意、人情,实同一体":中国古代"情理法"整体性思维与一体化衡平艺术风格、成因及意义》,载《甘肃政法学院学报》2018 年第 5 期。
③ 参见中国社会科学院历史研究所宋辽金元史研究室点校:《名公书判清明集》卷六《户婚门·赎屋·"执同分赎屋地"》,中华书局 1987 年版,第 166 页。

杂繁冗,"牵扯案外繁冗",有碍法律条文的规定,"干碍别条律例"。① 因此,应当根据案件的时间、地区,合乎人情常理,参照考量法律条例,灵活地设身处地考量案件事理,不可固执己见,"擅逞其才,托诸空言并贻后患也"。②

另一方面,立足于中国社会情理文化的传统与现实,我们发现中国人在衡平的思维方式中,"法理"和"情理"这两个概念应该是相辅相成的,二者并非对立的关系。当我们将已经正式化规范化的法律条例与非正式化规范化的情理放在一起时,会发现尽管它们的法律来源不同,但却具有共通性,那么它们之间并不是一种"非此即彼"的排斥性关系,而是一种"既此且彼"的互补性关系。

宋代州县官在处理家事纠纷案件的时候,通常会将案件的情理与立法的律令条例相结合,追求一种具有中国特色的衡平正义感。范西堂曾说祖宗立法,参酌人情、公理,无不体现在国法之中。如果违背人情、违逆公理,"不可以为法于后世矣"。③ 从中国古代司法官的审判思维方式来看,理法的律令条例和案件情理的相关概念是相辅相成的,并非对立的关系。清代州县的司法官员在审理案件的过程中,实际上运用的是将情理与律例相融会贯通的方法。当他们依据情理自行理讼案件审判时,所依凭的是一种衡平思维,心中未必没有律例,同样推之,依据律例进行审判

---

① 郭成伟主编:《官箴书点评与官箴文化研究》上篇《官箴书点评·办案要略·叙供》,顾元点校,中国法制出版社2000年版,第161~162页。

② 郭成伟主编:《官箴书点评与官箴文化研究》上篇《官箴书点评·办案要略·论作禀》,顾元点校,中国法制出版社2000年版,第165~166页。

③ 中国社会科学院历史研究所宋辽金元史研究室点校:《名公书判清明集》卷十二《惩恶门·奸秽·"因奸射射"》,中华书局1987年版,第448页。

时,心中未必没有情理。①

第四节 宋代家事审判对现代司法的启示

2016年最高人民法院在开展家事审判方式和工作机制改革中针对试点工作提出意见:在家事审判案件中要积极培育和践行社会主义核心价值观,保护当事人的情感利益,注重实现家事审判的司法功能和社会功能的有机结合。② 2018年最高人民法院在进一步深化家事审判方式和工作机制改革中提出要在审判理念中注重对当事人情感利益的保护,工作方式中加强裁判文书说理的情理法结合。③ 2021年《民法典》将社会主义核心价值观入法,强化了其对婚姻家庭的价值引导。在同一年,最高人民法院为了《民法典》的正确贯彻实施,充分利用司法判决在国家和社会治理领域中的规则性指导引领和价值性导向作用,明确了社会主义核心价值观是当代法律的精神内核。④

在习近平新时代中国特色社会主义思想的引领下,将社会主义核心价值观融入家事裁判文书是开启德法和合的社会治理模式,回应民众对司法公正的要求和期待,达到情理法统一的重要

---

① 参见林端:《韦伯论中国传统法律:韦伯比较社会学的批判》,中国政法大学出版社2014年版,第100~103页。

② 参见最高人民法院《关于开展家事审判方式和工作机制改革试点工作的意见》(法〔2016〕128号)。

③ 参见最高人民法院《关于进一步深化家事审判方式和工作机制改革的意见(试行)》(法发〔2018〕12号)。

④ 参见最高人民法院《关于深入推进社会主义核心价值观融入裁判文书释法说理的指导意见》(法〔2021〕21号)。

司法途径。① 在此背景下深入反思如何有效地将社会主义核心价值观融入家事裁判文书的说理路径显得尤为重要。② 2018 年最高人民法院发布《关于加强和规范裁判文书释法说理的指导意见》中要求讲明情理,情理要符合社会主义核心价值观,才能体现法理情的相互协调作用,但未对情理与社会主义核心价值观的具体化关系作出细化规定。③ 2021 年最高人民法院强调将社会主义核心价值观融入裁判文书释法说理中需要积极讲明情理。在结合本国国情的基础上,以综合性的思维考量法、理、情等因素,④ 以此能够提升司法裁判在法律、社会、情理方面的认同感。⑤ 以上凸显情理在裁判说理实践中的重要性,但是在弘扬社会主义核心价值观中如何结合情理进行释法说理缺乏普遍标准。⑥ 这种普遍标准需要与本土法律文化相适应,才具有合理性。

前文提到礼法规范是中华优秀传统法律文化的重要内容,礼法结合的综合治理模式是中国古代统治者治国的总方针和总政策,⑦它生长于中国传统文化的土壤之上,适合中国的国情。而近

---

① 参见向达:《中国式法治的情理法意蕴:礼法渊源、内涵结构及现代功用》,载《深圳大学学报(人文社会科学版)》2023 年第 2 期。
② 参见雷磊:《社会主义核心价值观融入司法裁判的方法论反思》,载《法学研究》2023 年第 1 期。
③ 参见杨贝:《裁判文书说理的规范与方法》,法律出版社 2022 年版,第 63~64 页。
④ 参见郝银钟、周永胜:《法官的新思维——从调解型转向判决型思维模式》,人民法院出版社 2013 年版,第 31 页。
⑤ 参见最高人民法院《关于深入推进社会主义核心价值观融入裁判文书释法说理的指导意见》(法〔2021〕21 号)。
⑥ 参见张杰:《刑事审判中情理的运用模式与文化逻辑——以 749 份刑事判决书为例》,载《法制与社会发展》2023 年第 3 期。
⑦ 参见俞荣根:《儒家法思想通论》(修订本),商务印书馆 2018 年版,第 162~163 页。

代引进的西方法治,实行的是德法分治模式,这种模式源自西方的法律文化,中国若生搬硬套,削足适履,难免会与本土法律文化相冲撞,无法取得良好的社会治理效果。① 党的二十大报告中指出:"弘扬社会主义法治精神,传承中华优秀传统法律文化。"优秀传统法律文化是推动中国式法治现代化的重要文化根基,需要我们进行创新性继承和创造性转化。宋代《名公书判清明集》作为传统中国经典案例汇编,集中展现了宋代家事审判的精神智慧,尤其是以"天理、国法、人情"相统一的司法理念指导具体个案的成功经验,能够为当今家事裁判文书释法说理提供借鉴,宋代家事案件的判词说理不仅阐明法理、剖析事理,而且融贯情理在两者之间,其遵循儒家礼法思想下衡平情理法一体的裁判思路,似与当下家事裁判文书说理中融入社会主义核心价值观的路径不谋而合。它可以在法律解释、法律论证、法律推理方面,给现代司法者在裁判文书释法说理方面实现情理法一体的法律效果和社会效果提供参考。

一、法律解释层面:遵循"和合"整体性思维

《关于深入推进社会主义核心价值观融入裁判文书释法说理的指导意见》(以下简称《指导意见》)第 5 条规定内容大意为如果要依据规范性的法律文件,法官需要通过理解案件情况来明确阐释相关法律文件的规范性规定,再结合法律的精神与本意,运用社会主义核心价值观,解读法律含义、阐述立法目的和论述裁判理由。承载司法功能的家事判决书,其适用社会主义核心价值观的目的不仅是概括引用,作为价值宣扬和政策讲读,还要涉及

---

① 参见龙大轩:《新时代"德法合治"方略的哲学思考》,载《中国法学》2019年第 1 期。

具体的引用和法理分析,体现的是法官体系思维下的文本解释。这种体系化的文本解释体现在三个方面:一是彰显整体性思维。裁判文书说理的核心在于通过社会主义核心价值观的弘扬,彰显中国法律的情理文化精神,裁判文书背后体现的是法官释法说理的思维路径,①展现了儒家提倡的"和合"思维。"和合"可作为代名词,意指中国古代官员的综合性思维。它喻示万事万物虽不相同,但可以通过调和不改变其内在本质。②"和合"涵含着不同性质的文化元素,在不同语境下确保它们能够和谐共生,维护个人之间的和睦相处、社会之间的和谐有序、国家之间的安全稳定。③"和合"是中华优秀传统法律文化,是社会主义核心价值观的重要源泉。它的表现形式为整体思维,说明古代司法官审理案件提炼的不仅仅是一门司法技术,而且是一种社会治理的技艺。④

但是,在当下家事裁判文书中,存在在裁判规范依据适用中直接引用含有"社会主义核心价值观"词语的法条,而不作法理解释的现象。如在 2021 年上诉人张某(原审被告)与被上诉人谢某(原审原告)离婚后财产纠纷一案中,⑤初审法院并没有结合社会主义核心价值观,在个案中对最高人民法院《关于适用〈中华人民共和国民法典〉时间效力的若干规定》(以下简称《民法典》时间效力司法解释)的立法目的和法律原则进行具体阐释。二审法官

---

① 参见宋龙凌主编:《构建和谐社会背景下的司法机制研究》,陕西人民出版社 2008 年版,第 270 页。
② 参见龙大轩:《道与中国法律传统》,商务印书馆 2022 年版,第 42~43 页。
③ 参见陈松青:《文化视域下的社会主义核心价值观培育和践行》,武汉理工大学 2020 年博士学位论文,第 70~71 页。
④ 参见里赞:《司法或政务:清代州县诉讼中的审断问题》,载《法学研究》2009 年第 5 期。
⑤ 张某诉谢某离婚后财产纠纷案,云南省楚雄彝族自治州中级人民法院(2021)云 23 民终第 1616 号民事判决书。

在论证离婚纠纷的效力适用民法典的情形,直接引用法条:"本院认为,《最高人民法院关于适用〈中华人民共和国民法典〉时间效力的若干规定》第二条规定……"(该条是关于有利溯及适用规则的规定,详见法条)。但也未说明社会主义核心价值观的具体内容与法律事实、法条之间的关联。

社会主义核心价值观能够成为一种裁判规范的依据,源于它的正式渊源的法律地位,即那些关于社会主义核心价值观的具体立法规定和司法解释。通过立法将社会主义核心价值观转化为具有刚性法律效力的规定。目前有三种方式:一是党中央发布的文件,二是国家制定的法律规范,三是司法机关发布的文件如司法解释和弘扬社会主义核心价值观的典型案例。根据民事案件的裁判来源依据,其顺序依次为法律规定→相类似法律规定→习惯、法律原则、立法目的。① 如社会主义核心价值观在《民法典》时间效力司法解释中的具体规定,可以直接作为法律依据使用。② 而在无法律明文规定条件下难以适用类推原则及民事习惯,家事案件审判需要填补法律漏洞时,社会主义核心价值观作为立法目

---

① 最高人民法院《关于加强和规范裁判文书释法说理的指导意见》(法发〔2018〕10号)第7条规定:"民事案件没有明确的法律规定作为裁判直接依据的,法官应当首先寻找最相类似的法律规定作出裁判;如果没有最相类似的法律规定,法官可以依据习惯、法律原则、立法目的等作出裁判,并合理运用法律方法对裁判依据进行充分论证和说理。"

② 最高人民法院《关于适用〈中华人民共和国民法典〉时间效力的若干规定》(法释〔2020〕15号)第2条规定:"民法典施行前的法律事实引起的民事纠纷案件,当时的法律、司法解释有规定,适用当时的法律、司法解释的规定,但是适用民法典的规定更有利于保护民事主体合法权益,更有利于维护社会和经济秩序,更有利于弘扬社会主义核心价值观的除外。"

的才能成为法官的裁判依据,即《民法典》第1条。① 也就是说在个案裁判中以整体含有"社会主义核心价值观"或以组合方式出现在同一个案中全部运用十二个社会主义核心价值观不能直接作为法律依据。

二是关注情理文化。司法官断案的裁判依据具有多元性,同时还要兼顾天理和人情,这就需要法官整体性的裁判思路。法官作出裁判依据从规范性角度考虑,法律规范是必选项。但由于有限的法律条文不可能包含社会生活中的各种事理、情理,这就需要法律解释来弥补这些法律规范中的漏洞。裁判依据在不同的语境中具有不同的界定。从审判或者诉讼原则而言,裁判依据包括事实依据和法律依据,即"以事实为根据,以法律为准绳"。2023年修正的《民事诉讼法》第7条规定:"人民法院审理民事案件,必须以事实为根据,以法律为准绳。"2018年修订的《人民法院组织法》第6条规定:"人民法院坚持司法公正,以事实为根据,以法律为准绳,遵守法定程序,依法保护个人和组织的诉讼权利和其他合法权益,尊重和保障人权。"从裁判文书样式来看,裁判结论最终必须依据规范性裁判结果的基础,即裁判文书样式中的"依照……作出如下判决"的省略号中所指的内容。②《民法典》第10条规定:"处理民事纠纷,应当依照法律;法律没有规定的,可以适用习惯,但是不得违背公序良俗。"从目前的研究看,法律解释权回归法官,但是相同或者相似的法律解释方法经常出现在

---

① 《民法典》第1条规定:"为了保护民事主体的合法权益,调整民事关系,维护社会和经济秩序,适应中国特色社会主义发展要求,弘扬社会主义核心价值观,根据宪法,制定本法。"

② 参见刘树德:《无理不成"书":裁判文书说理23讲》,中国检察出版社2020年版,第195~196页。

不同体系编制的不同位置上,这就需要法官整体性地把握法律解释的各种方法。

古代司法官在判词中关注的正是司法实践中不能忽视的情理,从整体性上能够围绕解决纠纷、维护社会秩序这一司法目的入手,实现法律解释方法的法律效果最大化。①《名公书判清明集》记载"夫欲弃其妻诬以暧昧之事"一案,②原告江滨叟为了达到与被告虞士海离婚,诬告虞士海与他人通奸。司法官胡石壁查明此案属于诬告,被告不符合离婚"七出"的条件,依据法律规定是判不离的。但从情理剖析本案夫妻情义已尽,可以判离。"迁延岁月,使虞氏坐困,不愿复合",于是判决离婚,"虞士海既称情义有亏,不愿复合,官司难以强之,合与听离"。孔子曰:"夫礼,先王以承天之道,以治人之情。"③,当下社会主义核心价值观写入《民法典》后就要厘清它的司法功能和法源作用,以整体化思维方式结合个案的"情"与"理",即强化社会主义核心价值观的指引,以法律为依据、准确适用法律、释明法理,正确理解立法目的和法律原则。

三是确保法律元素统一性。家事裁判涉及复杂的社会关系,需要法官在家事司法中以整体性的思维运用社会主义核心价值观,确保法律概念、法律体系的统一性。首先,法律方法的重要目标就是尊重法治,所以裁判释法首先应坚持法理优先。《指导意

---

① 参见孙光宁:《法律解释方法的体系整合——制度和谐的视角》,载陈金钊、谢晖主编:《法律方法》(第7卷),山东人民出版社2008年版。

② 参见中国社会科学院历史研究所宋辽金元史研究室点校:《名公书判清明集》卷十《人伦门·夫妇·"夫欲弃其妻诬以暧昧之事"》,中华书局1987年版,第380页。

③ (清)阮元校刻:《十三经注疏·礼记正义》卷第二十一《礼运第九》,中华书局2009年版,第3063页。

见》第 5 条中明确强调法官要在法律规定的范围内运用社会主义核心价值观进行释法说理,这是因为依法裁判是基本原则。其次,从主体选择论出发,法官可在文本解释的基础上实施体系解释,即在体系思维中把握服从与创造法律之间的"度"。① 即根据《指导意见》第 5 条规定结合法律的原意,进一步运用社会主义核心价值观阐释法律的内涵、阐明立法目的和论述裁判理由。② 古代司法官"和合"的整体性思维,使中华法系的不同法律元素"礼"与"法"在家事裁判中能相互融合。法官在判词中的裁判依据既能兼顾多元规范,又能在个案中彰显法源顺位、效力的不同。法官在裁判文书释法层面的司法活动是找法与分析法律的过程,尤其是家事案件具有隐私性和伦理性。依据法律决断可能会导致合法不合理的社会效果时,就需要法官以整体性的思维实施体系解释,探求法条背后的情理、以案情的常理来论证,③用社会主义核心价值观阐明法理即法律内涵、立法目的和法律原则,④弥补"法条主义"机械思维在解决纠纷中的不足。如在沙某某诉袁某某探望权纠纷一案⑤中,法律并未对隔代探望权作出规定,文义解释方法不能提供有效的法律适用指导。这时法官需要结合体系解释,根据情理规范,重新审视外部证成,即法律规范适用和事实

---

① 参见陈金钊:《法律人思维中的规范隐退》,载《中国法学》2012 年第 1 期。
② 参见郭明瑞:《民法典体系性思维在司法实践中的适用》,载《山东法官培训学院学报》2021 年第 1 期。
③ 参见罗发兴:《"以理找法"疑难案件的逆向裁判思维》,载《理论探索》2013 年第 5 期。
④ 参见高圣平、曹明哲、李露希:《社会主义核心价值观融入民商事裁判文书释法说理的实现路径——以法学方法论的运用为视角》,载《人民司法》2022 年第 16 期。
⑤ 第三批人民法院大力弘扬社会主义核心价值观典型民事案例四(2023 年)。

的认定,将社会主义核心价值观的"文明、和谐、友善"与民法中的习惯相连接,指向具体的家风、美德,解读法条背后的法理。该案祖父母可以通过子女的探望权实现"探望"孙子的目的,为裁判依据提供标准的即《民法典》第10条(关于民事习惯的法律适用)、第1043条(婚姻家庭的倡导性规定),以追求个案的合理性。

二、法律论证层面:参考"天人合一"无讼理念

家事裁判文书援引社会主义核心价值观,从裁判依据上讲要依法裁判,从裁判理由上要关注个案的事理和情理。裁判理由与裁判依据不同。司法裁判是一种用法律来推理或论证的过程,这种过程是需要举出理由支持某种主张或判断的活动。上述司法裁判需要具备三大要素才是一种合乎追求个案正义的依法论证活动。这三大要素分别是规范基础,法学方法和论证负担。"裁判依据"和"裁判理由"应从同一语境中加以框定,裁判结论的证成从论证层次上来讲,基于系列不同层次的论证结果。这种论证贯穿于三个环节,即"审查判断证据""认定案件事实""法律适用"。裁判论证的环节中法官需要根据证据的价值来识别事实与价值之间的二元差异。在这个司法实践中,对于证据的评价与认定通常被视为一个关乎事实方面的问题,而通过明确未决事实的认定情况,从而决定某个特定的法律事实是否能被作为法院审理判决的依据,这又是一个关乎价值方面的问题。法官在得出这种裁判依据的法律事实基础上推出的结论,还需要对其判决理由进行规范论证。[①] 这一过程即要阐明事理,又要讲明情理。

苏力曾经强调,在中国追求法治的过程中,最关键的并不是

---

① 参见王晓:《论法哲学视野中的证明对象》,载葛洪义主编:《法律方法与法律思维》(第5辑),法律出版社2008年版。

照搬西方的法律制度,而应更加关注中国人在传统情理文化环境中形成的行为模式。① 社会主义核心价值观融入裁判文书释法说理路径就是彰显中国式法治的自我面相,研究中国的问题要依赖中国传统的文化基础。② 社会主义核心价值观融入家事裁判说理目的在于实现法律效果和社会效果的有机统一,因此裁判说理离不开中国传统情理法文化性状,以此才能展开有效的法律论证。③ 首先需要参考"天人合一"的法哲学观,④对于古代的人们来说,他们认为宇宙是由对立和协调构成的一个完整体系,这个协调体现在了所有事物的有条不紊中,而且自然的概念被视为世界起始的源头,人类也被纳入其中,也就是所谓的"天人合一"。古代社会希望达到"天人合一",自然与社会井然有序,整个社会的矛盾与事物都能有机统一,从而达到均衡。这种"天人合一"的思想反映到司法上就是追求"无讼",在家事审判中司法官以"天人合一"的无讼理念实质考量个案的情理法,查明家事纠纷的事理、讲明情理,非诉化地处理家事纠纷。

首先,目前社会主义核心价值观在裁判文书说理论证中的表现形式为事实论证引用社会主义核心价值观,存在指向不明、与具体案情关联性小的问题。如简明提及论据为:"无法律依据+社会主义核心价值观",与案件情境无关。在案例2023年上诉人杨某1(原审被告)与被上诉人杨某2(原审原告)、张某(原审原

---

① 参见苏力:《法治及其本土资源》(第4版),北京大学出版社2022年版,第30~34页。
② 参见郝铁川:《中华法系的创造性转化》,载《东方法学》2022年第1期。
③ 参见马小红:《确立传统法文化自信,乃法治中国之必然》,载《检察日报》2021年7月8日,第3版。
④ 参见吕丽、潘宇、张姗姗:《中国传统法律制度与文化专论》,华中科技大学出版社2013年版,第185页。

告)、杨某3(原审被告)赡养纠纷中,①二审法院在事实部分中论述结果为:上诉人杨某1与被上诉人杨某3是杨某2与张某的成年子女,她们二人都有赡养两位老人的义务。论述前提为:现在上诉人杨某1提出不赡养的理由为她是外嫁女,不能单独承担赡养父母的义务,家庭财产分配不明确,论述依据为:法院认为无法律依据,遂驳回了杨某1提出的诉讼理由,"主张免除其赡养义务无法律依据,亦与社会主义核心价值观不相符"。法律论证需要区分案件的客观事实和法律事实,即事实与价值的二元划分,要做到在个案裁判中作出的规范,是在应然与实然、规范与事实之间能够相互对应统一的关系。②

其次,家事司法中不能单纯依靠证据规则认定案件事实,事实的认定诉诸常识与理性的经验判断。③ 在运用社会主义核心价值观进行裁判论证时,需要运用实质思维借助情理推断(日常经验常识和逻辑判断)将无法提供证据的断裂案件事实串联起,④即法律论证理论中反映出的案件事实与法律规则构成要件之间存在落差问题时,需要通过涵摄的演绎模式来填补。在当代法学方法论中,司法三段论形式化为大前提:T→R(如果某个事实满足法律构成要件T,则产生法律效果R);小前提:S=T(S为T的一个事例);结论:S→R(对于S应当赋予法律后果R)。涵摄论

---

① 杨某1诉杨某2、张某、杨某3赡养纠纷案,云南省大理白族自治州中级人民法院(2022)云29民终第2053号民事判决书。
② 参见胡志坚:《个案裁判规范之构建是司法裁决证立的关键》,载葛洪义主编:《法律方法与法律思维》(第5辑),法律出版社2008年版。
③ 参见王星译:《情理推断在刑事证明中的规范运作——以事实证成理论为分析框架》,载《中外法学》2022年第1期。
④ 参见武飞:《事实建构的修辞方法》,载陈金钊、谢晖主编:《法律方法》(第12卷),山东人民出版社2012年版。

证的基本形式如下:(1)(x)(Tx→ORx)(2)(x)(M1x→Tx)(3)(x)(M2x→M1x)……(n-1)(x)(Mnx→Mn-1x)(n)(x)(Sx→Mnx)(n+1)Sa(7)ORa。在该图式中,(1)T 表示法律规则,R 表示法律效果,把(1)看作大前提,(n+1)表示对具体案件事实的描述,(n)相当于司法三段论中的小前提。(2)通过 Mi(1≤i≤n)对 T 进行的语义解释,其中(n)通常是一个经验命题,这部分构成要件要素与具体案件事实描述之间的落差需要通过 Mi 解释来弥补,使得案件事实涵摄于法律规范的事实构成。[①] 即"目光往返于规范与生活事实之间",确保司法的实质理性。[②]

最后,社会主义核心价值观就是在涵摄过程中引入的 Mi 规则。《指导意见》第 2 条规定的内容为各级人民法院应当在裁判文书释法说理中深化推进社会主义核心价值观的融入方式。另外,社会主义核心价值观应被视为理解立法目的与法律原则的重要指引,并被作为考量自由裁量权是否合理妥当行使的重要标准,以此确保对事实的准确认定和法律的正确适用。《指导意见》第 3 条提出案件事实的认定以证据标准和事实要件等客观因素为判断,同时要结合社会主义核心价值观,以便能够详细地阐述裁判事实认定的过程与理由。Mi 规则要求满足 Mnx→Mn-1x,即充分条件推理形式中"肯定前件就肯定后件"。社会主义核心价值观具有抽象性,在说理论证中就要结合案件情境进行推断,Mnx→Mn-1x 就是通过层层递进解释,精确社会主义核心价值观转化为法律规范的含义,直至能将具体案件事实与构成要件严

[①] 参见雷磊:《规范、逻辑与法律论证》,中国政法大学出版社 2016 年版,第 224~225 页。

[②] 参见[德]罗伯特·阿列克西:《法律论证理论——作为法律证立理论的理性论辩理论》,舒国滢译,中国法制出版社 2002 年版,第 273~300 页。

丝合缝地连接起来,这种相关性体现的是实质化思维。古代司法官依据"天人合一"的无讼理念进行司法行为说理是其最有魅力的特性,判词的制作并不是案件事实和法律文本的机械相加,对于依据证据和法律规定裁判会导致合法不合理的判决。司法官要结合情理经验和推断实质考量案件中的理法与情法,维护和谐的家庭秩序,作出情法两尽的正当性判决,这是儒家价值体系在司法裁判中的实践化展现。① 当下由于家事案件的私密性,案件事实往往会存在真伪不明的情况,依证据、法律来认定事实的形式化思维已经落伍,再生搬硬套社会主义核心价值观来说理论证只会背离民意。

法官应在家事裁判文书说理中以实质化思维关注个案的情理,将社会主义核心价值观变通地与具体的家庭道德、伦理规范相结合,这样较之道德泛化说理会收到更好的实质理性效果。在林某诉杨某离婚纠纷一案中,②对于杨某要求林某补偿因离婚遭受的损失时,证明该节事实的证据难以认定,这就需要法官通过情理经验兼顾个案中的具体情况对证据进行认定。如该案杨某自女儿出生和母亲患病后便辞职在家抚育女儿和照顾母亲,法院从家庭义务方面应该支持杨某的离婚经济补偿诉求。法官以情理经验将社会主义核心价值观中的"平等、公正"转化为最普遍的家庭道德伦理,即家事纠纷中的保护弱势群体权益,实现个案的实质正义。

---

① 参见武建敏:《传统司法行为及其合理性》,中国传媒大学出版社 2006 年版,第 31 页。
② 林某诉杨某离婚纠纷案,重庆市江北区人民法院(2021)渝 0105 民初第 15373 号民事判决书。

三、法律推理层面:借鉴"经权之道"的衡平原则

社会主义核心价值观体现了现代中国法治的精神,在法的价值位阶上属于元价值,是实现整体精神的价值引领。《指导意见》第7条指出,法官在裁判文书释法说理中运用社会主义核心价值观时,应当提供多元价值的评判标准和复杂利益裁量的指引方向。

一是社会主义核心价值观与中华民族优秀传统文化相契合,与民法典中的优良家风、传统家庭美德息息相关,尤其家事案件的审判更加重视个体的道德伦理评价,情理推断应遵循法的价值位阶从个体→家庭→社会的渐进转化。① 社会主义核心价值观的道德属性借鉴了传统情理文化,这种情理文化在司法实践中体现为经权之道。《说文解字》中对"经"的释义为:"经,织从丝。"《左传·昭公二十五年》云:"夫礼,天之经也。""经"意味常道,表示一种常行不变的原则、礼仪和法则等。《说文解字》中对"权"的释义为:"变通的理念",如"通权达变"。《孟子·离娄上》记载男女之间不亲手传递接受东西,这是礼制,"礼也";嫂溺水后伸手相救,"权也"。"权"字亦可表示衡量。《孟子·梁惠王上》云:"权然后知轻重,度然后知长短。""权"引申到社会行为中就有了权宜、变通的含义。如《春秋公羊传》曰:"权者何?权者反于经,然后有善者也。"②"反经行权"指为顺应形势,暂悖常道,采用变通做法。

---

① 参见张骐:《司法判决与其他案例中的法律推理方法研究——说理的艺术》,载《中国法学》2001年第5期。
② (汉)何休解诂、(唐)徐彦疏:《春秋公羊传注疏》卷第五《恒公十一年》,刁小龙整理,上海古籍出版社2014年版,第175页。

孔子曾说:可以在一起学习,未必能够走共同的道路,"未可与适道";可以一起求道的,未必能够一起坚守道,"未可与立";可以一起坚守道的人,未必可以灵活变通,"未可与权。"朱熹认为"经是万世常行之道,权是不得已而用之,须是合义也。如汤放桀,武王伐纣,伊尹放太甲,此是权也。若日日时时用之,则成甚世界了!"程颐认为经权一体,他说汉代的儒生以违背经义而合乎道义作为权,所以有"权变"的说法,有关"权术"的讨论,但是这些说法都不对,权也是经。汉代以来,"无人识权字"。① 朱熹又对程子的说法评论道:有人询问关于"经与权"的含义,在"反经合道"为权衡之术的问题上公羊和伊川有不同的看法,前者认为是,后者以为非。如果从事物的平常道理看,反经也未必全然错误。就如同君臣兄弟之间的关系,是天地之间的常理常经,不可轻易改变。汤武诛杀桀纣,虽然是臣子弑杀君主,周公诛杀管蔡,虽然是胞弟诛杀兄长,看起来似乎是违背事物的常理常经,但在特定的时期下,应当遵循事物的正义道理,即便违背经义常理的规定,"却自合道理"。他认为经与权具有不同的含义。权与经固然有着不同的含义,但如果完全摒弃经义原则而只论权,则会不妥,"盖权是不常用底物事"。② 宋代司法官在审理案件的同时要实现社会治理,而法律规定又不能与案件情理处处相贴合,因此司法官办案的要领在于:法律适用之权变要符合情理,才能保证变而能通。宋代将"稽者有律,当者有比,疑者有谳"的综合权衡的法律推理方法融入家事案件审判,将天理、国法、人情融入裁判文

---

① (宋)朱熹:《四书章句集注今译上·论语集注·子罕第九》,李申译,中华书局2020年版,第247页。
② (宋)黎靖德编:《朱子语类》卷三十七《论语十九》,王星贤点校,中华书局1986年版,第989~991页。

书说理、衡平情理法的统一,但又恐于司法官行权的自由裁量度过大,所以要"疑者有谳",赋予当事人断由并且有申诉的权利,这正是宋朝特有的审判技艺。①

二是家事裁判审理以保护弱势群体和婚姻自由、家庭和谐为司法目的,法官的裁判思维应该是"衡平式"的、②可以发挥司法能动作用、遵从法律的精神、运用社会主义核心价值观作出情理判断。③ 而不是通过抽象的法条和系统化的法律原则,以抽象的逻辑思维作出法律推理、脱离现实主义的裁判论断。④ 现在社会主义核心价值观在裁判文书中的法律推理中的问题表现形式为:社会主义核心价值观直接应用在裁判文书"本院认为"的段首、段中或段尾部分,无法反映出其在大前提法律规范与小前提事实论证之间的价值指引和利益衡平作用。⑤ 家事裁判文书在"本院认为"段首部分中简明提及"社会主义核心价值观+美德"。如在赵

---

① 参见胡旭晟:《解释性的法史学——以中国传统法律文化的研究为侧重点》,中国政法大学出版社2005年版,第419页。

② 参见顾元:《衡平司法与中国传统法律秩序——兼与英国衡平法相比较》,中国政法大学出版社2005年版,第10页。

③ 参见张文显:《裁判是说理的艺术》,载微信公众号"法学学术前沿"2022年8月18日,https://mp.weixin.qq.com/s/Ktqjm6mqEaPcHX_KXvcT9w。

④ 参见胡君:《原则裁判论——基于当代中国司法实践的理论反思》,中国政法大学出版社2012年版,第65页。

⑤ 这里的推理主要指演绎推理(又称三段论推理),由两个前提和一个结论组成,大前提是一般原理(规律),小前提则是具体事实。通过这一推理过程,法律人将完成从普遍准则到具体判断的转变。如果一个演绎推理的形式结构是正确的,则这一推理就是逻辑上有效的。演绎推理的特点在于,它的结论具有必然性、确定性。形式推理结论的可靠性与推理的形式结构有关,与内容无关。这就容易导致演绎推理以确定的结构为依托,不问实质内容的正确与否。在这一推理过程中,结论的得出完全是基于固定的推理结构,并不追究前提得正确与否,因此,结论的形成只是形式的产物。参见杨贝编:《法律方法案例教程》,高等教育出版社2015年版,第113~114页。

某某与徐某某赡养纠纷一案中,①大前提法律规范为:《民法典》第1067条规定:"成年子女不履行赡养义务的,缺乏劳动能力或者生活困难的父母,有要求成年子女给付赡养费的权利。"小前提事实为:赵某某年事已高,失去劳动能力,虽有一定的养老金收入,但不足以维持其基本生活,徐某某作为赵某某的次子,对赵某某负有赡养义务。结论为:"本院认为,赡养孝敬老人既是中华民族的传统美德,也是社会主义核心价值观的应有之义。"法院依据《民法典》第1067条作出判决:"被告徐某某支付原告赵某某赡养费18561.7元,于本判决生效之日起十日内付清。"

在另一起案件2022年上诉人李某1(原审被告)、李某2(原审被告)、王某(原审被告)与被上诉人周某(原审原告)婚约财产纠纷中,②一审法院未引用社会主义核心价值观对于李某1是否应当返还彩礼的事实进行说明论证。二审法院直接将"传统美德+社会主义核心价值观"作为推理结论依据,未具体论述社会主义核心价值观如何平等、客观判断婚前个人财产和婚约彩礼金额及其在婚姻自由、家庭和谐等多元价值推断中的衡平作用。"彩礼是我国的传统婚嫁习俗,给付彩礼也应当作为男方表达与女方缔结婚姻的礼节,而不能因高额彩礼让男方背上沉重的负担,影响婚后家庭的和谐,在婚姻关系无法存续时,男女双方应当遵循中华民族传统美德,弘扬社会主义核心价值观,平等、客观的看待彩礼问题,不能将问题进一步扩大,从而引发不必要的矛盾。"从上述案例可见,法官对于案件事实与法律规范的证立过

---

① 赵某某诉徐某某赡养纠纷案,山东省五莲县人民法院(2023)鲁1121民初第2368号民事判决书。
② 李某1、李某2、王某诉周某婚约财产纠纷案,甘肃省天水市中级人民法院(2022)甘05民终第1206号民事判决书。

程,需要将事实与价值能够双重相符合才是一种理性的推理过程。法律规范并非仅由事实要件(F)和法律后果(P)要件构成,其法律规范命题中必须包含立法者所持有的价值观念和价值判断(V)。这个法律规范的逻辑规范化表达公式为"$Fx \wedge Vx \to OPx$",而不是"$Fx \to OPx$"(如果存在事实 F,那么产生法律后果 P)。因此,法官对于案件事实的判断是一种特殊判断,这种判断具有双重属性,即事实性与价值性。因此,在认定待判案件的事实特征过程中,法官能够将相关法律规范的事实与待判案件的事实构成要件相互符合,同样地,待判案件事实包含的价值判断能够被法官调整与立法者在法律规范中的价值判断相互符合,该待判案件事实就能够达到该法律规范所预定设想的法律效果。①

三是法官在家事裁判文书的法律推理中形式化地将社会主义核心价值观作为价值宣示和教育说教,不能体现法官在推理中的衡平思维。《指导意见》第 7 条规定内容为一旦具体的案件涉及复杂的价值取向,法官就必须依据立法的精神、法律的原则、具体的法律规定以及社会主义核心价值观的指引进行裁判、权衡与选择,以此确定适用于个案的价值取向,并且法官要在裁判文书中详细阐明依据及其理由。② 在李某诉朱某甲变更抚养关系纠纷一案③中,孩子朱某乙在父母离婚后判给朱某甲生活,李某突然要求变更抚养关系的诉讼请求没有法律和事实上的理由。法官以

---

① 参见杨知文:《司法判决证立的基本方法初探》,载陈金钊、谢晖:《法律方法》(第 7 卷),山东人民出版社 2008 年版。
② 参见雷磊:《从"看得见的正义"到"说得出的正义"——基于最高人民法院〈关于加强和规范裁判文书释法说理的指导意见〉的解读与反思》,载《法学》2019 年第 1 期。
③ 第三批人民法院大力弘扬社会主义核心价值观典型民事案例六(2023 年)。

社会主义核心价值观中的"友善"作为元价值指引,家庭中应以未成年子女的最大化利益为先,优先保障未成年人子女的健康成长,其次才是家庭其他成员的权益。法官以情理推论、细化裁判说理,积极回应原、被告基于情理的诉讼请求和答辩意见,最终促成双方达成分段利用时间、异地抚养未成年子女的协商意见。法官将社会主义核心价值观的"文明、友善"与未成年人利益目标结合,平衡儿童利益与家庭和谐,向民众展示情理推理的过程和裁判结果的合法合情性。

四是家事案件在法律推理中要重视情理判断下社会主义核心价值观的运用,以衡平思维从而检视多元利益在个案中的妥当性。① 法律推理通常采用三段论形式,大前提:对 T 的每个事例均赋予法律效果 R。小前提:S 为 T 的一个事例。结论:对于 S 应赋予法律效果 R。法律推理结论不是 R(规则) + F(事实) = C(结论)简单相加,内部证成关注从前提推出结论逻辑的有效性,即推理形式是否正确。三段论内部证成的形式结构为:(1)(x)(Tx→ORx),对于所有 x,如果 x 满足 T,则 x 应当赋予法律效果 R。(2)(x)M1X∨M2X∨……MnX↔Tx(n−1),M1X – MnX 均符合 T 的构成要件,(x)(M1X∨M2X∨……Mn−1X→ORx),如果 X 满足 M1X 或者 M2X 或者……或者 Mn−1,则 x 应当赋予法律效果 R。(n)(x)MnX→ORx。如果 x 满足 Mn,则 x 应当赋予法律效果 R。T 规则可以通过 M1X – MnX 界定,至少一个特征存在时,法律后果 ORx 就会出现。M1X – MnX 可理解为在证立过程中所使用的表述之用法规则,这些规则将个案涵摄于法律规范之下并得出裁判结论,这就需要对 M1X – MnX 规则进行价值判

---

① 参见武飞:《衡平司法与和谐社会建设》,载陈金钊、谢晖:《法律方法》(第7卷),山东人民出版社 2008 年版。

断,确定先后次序。这种权衡判断方法首先依据基本法的"价值秩序"(自由、正义、秩序等),判断个案涉及的法益优先性;其次考量受保护法益的重要性和实现度,最后衡量损害法意的比例原则。①

综上,中国式法治思维是国家治理技术的体现,法官秉持整体性、实质性、衡平性思维处理法与情理之间的关系是社会主义核心价值观融入裁判文书说理的有效路径。司法裁判的价值取向离不开"情理"二字,就此而言,社会主义核心价值观融入家事裁判文书说理后的最大问题,②就是如何在个案中将抽象的社会主义核心价值观与司法裁判相联系,实现具体的正义。当然,这需要法律方法和法律思维的双重保证。从法律方法角度看,社会主义核心价值观融入家事裁判文书的三维路径分别是:裁判释法、裁判说理、裁判推理。③ 这些方法路径各有其论证规则,方法的有效性离不开思维的检校。

关于古代裁判理念和裁判方法的智慧,如何作为当代类案裁判思维和方法的镜鉴,确保相似案件相似审判,学界和实务界对此研究颇多,难以一一论述到位。本书从宋代家事审判的理念、思维和方法着手,探讨中华优秀法律文化中的裁判方法,希望通过优秀传统法律裁判方法倡导如何树立行为规则、引领社会风尚,也是当下司法助力国家治理体系和治理能力现代化的重要体现。习近平总书记指出,法律是成文的道德,道德是内心的法律,

---

① 参见雷磊:《规范、逻辑与法律论证》,中国政法大学出版社2016年版,第276页。

② 参见李德嘉:《认真对待传统司法裁判中的情理思维》,载《人民法院报》2019年5月31日,第6版。

③ 参见马凤岗:《主流价值观融入刑事裁判思维的路径——以情理型疑难刑事案件为研究对象》,载《山东法官培训学院学报》2019年第5期。

法律和道德都具有规范社会行为、维护社会秩序的作用。将社会主义核心价值观融入裁判文书,体现了社会主义法治与德治的有机结合。最高人民法院印发的《指导意见》,要求各级人民法院深入推进社会主义核心价值观融入裁判文书释法说理,司法裁判中融入社会主义核心价值观也反映了中华优秀传统文化和谐共存于现代法治之中。《周易》曰:"观乎人文以化成天下",司法裁判的辨法析理,是一种人文关怀,判词决讼的字斟酌句,关乎是非曲直。《周易·需卦》言:"有孚,光亨。"需卦象征着心怀诚信,光明亨通。"以文化人"守持正直之心,利于涉过大河;"以艺通心"如练琴之道、持之以恒。笔者对于学术正是怀揣一颗赤诚之心和敬畏之心,"利用恒""以正中也"。

后　　记

"慎终如始,则无败事。"论文从下笔至今,已过 8 个月时间。从 2024 年暑假前期历经感染最后一波的新冠疫情,曾一度怀疑自己是否能够如期毕业。记得在 2022 年 4 月参加的龙门运动会中,龙老师曾说起体育运动的益处。他说"孔子曰'志于道,据于德,依于仁,游于艺。'"其中的"艺"就是指礼、乐、射、御、书、数,"射"和"御"的意思是射箭和御车,其实就是指体育运动。师门举行趣味运动会就是培养学生不仅要从书本中学习知识,还要从运动中锻炼意志,在实践中获得成长,健全人格。本人谨遵恩师的教导,好在长年坚持冬泳和跑步,身体恢复较快,学习进度中间虽有停顿,但也由于疫情的暴发,致使全民禁足,让自己在学校能够潜心写作,论文写作才能够继续下去。

"'鸣谦贞吉',中心得也。"论文写作内容从开始的不知所云到后来的文字表达规范、清晰,这也全凭借恩师的耐心教导和鼓励。庆幸人生中总是能够遇到好的老师,从我学习古筝的老师到硕士研究生的老师,再师从恩师门下,学习学术文章的阅读和写作。感慨学习的要领就是始终谦卑地跟着导师不断从书本和实践中获取知识,调整自身的思维模式和心智状态,以便能与所学的知识和不断变化的外物相适应。并且能够通过学习看透事物的本质,发现其运行的规律,提高驾驭掌控复杂局面和处理各种纷繁芜杂问题的能力。学术的写作枯燥如同练琴，让我常常回忆起在琴房练琴的时光，所有春去秋来的美好光景全部锁在弦音之中，如此十级技艺才能够练成，学术写作之理亦如此。从渝北校区的图书馆到宝圣湖校区的自习室，每日清晨疾步迈向自习室，到夜幕笼罩星空，独自赶回宿舍休息。这样匆匆流逝的时光如同曾经在法院工作时一样，从山间的乡镇法庭到县法院的机关办公室，每晚整理完卷宗和案例材料，回到院中的宿舍，已是夜晚星光点点，此时开始抚琴练曲，放松身心。读《周易》品味人生哲理，思考刑事、民商事案件的审判实践难点，构思写作大纲，总结办案要略。本人感悟所有一切的知识学习和获取，始终贵在立志，坚守正道，卑以自牧，如此才能逐渐融会贯通学术、实践和琴道知识。正如恩师所说要帮助学生树立志向，才能在瞬息万变的人生轨道上顺利走下去。

"修身、齐家、治国、平天下。"从实践到书本再到实践，是一个螺旋上升的不断获取真理和发展真理的理性认识过程。当初立志学习法律知识时候，曾以为获取法律职业资格证书就可以在办案过程中驾驭各种类型案件，等到参与各类疑难案件的审理，才发现自己所学不过是沧海一粟，理论与实践还是存在差距。正如唐代时期的孙思邈在《论大医精诚》中所说："世有愚者，读方三年，便谓天下无病可治；及治病三年，乃知天下无方可用。故学者必须博极医源，精勤不倦，不得道听途说，而言医道已了，深自误哉。"本人刚到西南政法大学读博时候，写作中常常出现问题有"事理不辨，学理不精，发为文章，已弗能达，况根柢浅薄，有文无质哉。"还是要感谢导师的谆谆教诲，学校授课老师和编辑老师的关注与启发，法院前辈们的倾听指点，师兄弟姐妹们的耐心讲解和帮助，家人们的默默支持，朋友们的爱心鼓励，同学们学习间的相互探讨,本人才得以将实践问题与学术理论联系,能够写出有点价值的学术内容以供同行借鉴,如此才不辜负所学。知识是一个祛魅的过程,本人在使自己不断通达的过程中,也希望如同恩师一样,学习"炼金之术",为自己所遇的当事人、学生祛魅,获得知识和认知上的理性。